智库 中社 年度报告
Annual Report

中国政府透明度

2018

田　禾　吕艳滨　主编

中国社会科学出版社

图书在版编目(CIP)数据

中国政府透明度.2018／田禾,吕艳滨主编.—北京:中国社会科学出版社,
2018.5

ISBN 978 – 7 – 5203 – 2412 – 0

Ⅰ.①中…　Ⅱ.①田…②吕…　Ⅲ.①国家行政机关—信息管理—评估—
中国—2018　Ⅳ.①D630.1

中国版本图书馆 CIP 数据核字(2018)第 073726 号

出 版 人	赵剑英
责任编辑	马　明
责任校对	郝阳洋
责任印制	王　超

出　　版	中国社会科学出版社
社　　址	北京鼓楼西大街甲 158 号
邮　　编	100720
网　　址	http://www.csspw.cn
发 行 部	010 – 84083685
门 市 部	010 – 84029450
经　　销	新华书店及其他书店

印刷装订	北京明恒达印务有限公司
版　　次	2018 年 5 月第 1 版
印　　次	2018 年 5 月第 1 次印刷

开　　本	710 × 1000　1/16
印　　张	20.25
插　　页	2
字　　数	322 千字
定　　价	86.00 元

凡购买中国社会科学出版社图书,如有质量问题请与本社营销中心联系调换
电话:010 – 84083683

《中国政府透明度(2018)》
编 委 会

主　　编　田　禾　吕艳滨

编委会成员(按照姓氏汉字笔画排列)

王小梅　王祎茗　田　禾　吕艳滨　刘雁鹏
胡昌明　栗燕杰　徐　斌

学 术 助 理(按照姓氏汉字笔画排列)

王　洋　王昱翰　田纯才　冯迎迎　刘　迪
赵千羚　葛　冰

撰 稿 人(按照姓氏汉字笔画排列)

马效领　王　沛　王　洋　王　展　王万秀
王小梅　王述珊　王祎茗　王昱翰　毛宇翔
卞泽娟　叶伟奇　田　禾　田纯才　冯天阳
冯迎迎　吕艳滨　朱　琴　任昱希　向　林
刘　玉　刘　迪　刘文国　刘雁鹏　汤继伦
许　鹿　许福成　阮雨晴　杜　丹　李　左
李　凯　李佳奇　李晓冉　李遵伟　杨　顿
杨德世　吴建飞　吴俊杰　汪　磊　沈甜甜
宋大伟　张　弛　张　航　陈宏云　罗　琳
罗亚平　金　钊　金元哲　金俊州　赵千羚
荆　涵　胡昌明　侯冰洁　俞文书　胥开文
聂独席　栗燕杰　徐　斌　高勋炳　唐小红
黄其松　黄恩浩　葛　冰　詹清华

技 术 支 持　北京蓝太平洋科技股份有限公司

中国社会科学院法学研究所简介

　　中国社会科学院法学研究所（Institute of Law，CASS），简称"中国社科院法学所"，是中国社会科学院所属的国家级法学研究机构、党和国家重要的法治智库。前身是根据董必武同志提议于1956年筹建、1958年10月正式成立的中国科学院法学研究所，隶属于中国科学院哲学社会科学学部。1977年，法学研究所随着哲学社会科学学部独立建制而转隶，并改用现名。现任所长为陈甦研究员，党委书记为冯军研究员。

　　建所六十年来，特别是改革开放四十年来，中国社科院法学所在推动中国法学研究和法治实践方面做了大量工作，取得了突出成绩，被誉为法学研究的"国家队"。1980年初，法学所组织了全国第一个"人治与法治"专题讨论会，推动了法学界的思想解放和拨乱反正。法学所专家学者率先讨论了"法律面前人人平等""法的阶级性与社会性""法律体系协调发展"等法学重大理论问题，提出了"市场经济就是法治经济""依法治国、建设社会主义法治国家""尊重和保障人权"等重要的法律根本理念，并多次担任中央政治局法制讲座、中央政治局集体学习和全国人大常委会专题讲座主讲人，在很大程度上直接推动了中国的法学繁荣、法律发展和法治进程。

　　2008年，中国社科院法学所成立法治国情调查研究室（简称"法治国情室"），职能是在理论联系实际的基础上，对法学理论和法治建设问题进行实证调研和量化分析。法治国情室是法学所顺应国家法治建设的需要和法学研究发展的趋势，打破原有的部门法学科限制按照研究方法成立的新型研究机构。2011年法治国情室入选中国社会科学院实验室，2012年法治国情室的"中国国家法治指数研究"项目进入中国社会科学院首批创新工程。

中国社会科学院国家法治指数
研究中心简介

  中国社会科学院国家法治指数研究中心（Center for National Index of Rule of Law，CASS）简称"法治指数中心"，是专门从事国家法治指数研发、法治国情调研的学术研究机构，前身是成立于 2011 年的中国社会科学院法学研究所国家法治指数研究中心，2016 年 8 月经中国社会科学院批准更名并升格为院属研究中心，现任主任为田禾研究员。

  法治指数中心自成立以来，坚持立足中国法治建设实际，关注中国法治发展进程，服务中国法治建设顶层决策，动员和组织各学科法学学者参与法治指数研究，打造法治指数研发、评估、发布、宣传平台，全面系统总结中国各领域法治发展取得的成效，面临的问题，提出有针对性的决策咨询建议，为全面推进依法治国、建设社会主义法治国家建言献策。

  中心在法治指数指标体系、考核标准的研发、实施方面做了大量开创性工作，已成功研发了政府透明度指数、司法透明度指数、检务透明度指数、警务透明度指数、中国立法指数、公信法院指数、儿童权利保障第三方评估、政府采购指数，并曾连续多年受国务院办公厅委托对全国政府信息公开进行第三方评估，受最高人民法院委托分别对司法公开法院信息化和基本解决执行难等工作开展第三方评估，在学术界和实务界产生广泛影响，直接推动相关制度的实施和完善。

  法治指数的成果发布引起了国际关注，美国商务部、美国贸易代表办公室、中国欧盟商会、法国驻华使馆等国际性机构、组织先后就本中心的研究成果来访、交流，推动了中国法学"走出去"。

摘　　要

　　《中国政府透明度（2018）》以实证和量化研究为主要方法、立足一线的实践经验、使用一手数据材料，对 2017 年度全国政务公开工作开展情况进行了观察和总结。全书分为总报告、专题报告、政府透明度评估、特定领域政务公开和地方政府政务公开五部分。

　　本书总报告立足全国，坚持结果导向，总结了 2017 年度国务院部门和地方各级政府在决策公开、执行公开、管理公开、服务公开、结果公开、解读回应、依申请公开等方面取得的显著成果，如对本领域本地区政务公开工作指导成效明显，积极探索决策公开，部分行政执法领域信息公开程度较高，有的领域的执行和结果公开相对规范，重点领域信息公开情况较好等，同时提出了现阶段政务公开工作仍存在的问题，并对新时期的政务公开发展予以展望。

　　本书围绕重大决策预公开、社会救助、环境保护、交通运输、教育等与社会公众切身利益密切相关、社会关注度高的领域的政务公开专项工作进行了调研和总结，并对国务院部门和地方政府积极试点和探索的政务公开标准化、规范化工作进行了专题研究。

　　本书还选取一些有代表性的省、市，对地方政务公开工作中的创新举措和经验问题进行了有针对性的梳理，对其面临的困难进行了深入剖析总结，以便为全国的政务公开工作提供借鉴的样本。

Abstract

Annual Report on Government Transparency of China (*2018*), based on the empirical and quantitative research as the main method and the first – line practical experience, the first – hand data materials, observed and summarized the development of openness of government affairs throughout China in 2017. The whole book is divided into five parts, such as general report, special reports, assessment reports on government transparency, reports on openness of government in specific fields and local practice of openness of government affairs.

Basing on the whole country and insisting on result oriented, the general report summarizes significant effects of departments of the State Council and local governments at all levels in openness of government affairs in decision making, enforcement, management, service, implement, policy interpretation, response to public concerns and openness according to applications. It shows that China has made remarkable progress in the work of openness of government affairs. For example, the guidance in specific fields and areas of open government achieved obvious effect; the transparency of decision – making has improved consistently; the degree of disclosure of information about administrative enforcement is high; the openness in some implementation fields is normative; the disclosure of information in some key areas is good; significant progresses have been made in the work of explanation of policies and response to public concerns. Meanwhile, the general report also reveals some problems at the present stage and looks forward to the new development of the work of openness of government affairs in the new period.

Focusing on decision making, social assistance, environmental protection, transport, education and other fields closely related to public interest and social attention, this book makes surveies and summaries of the special works of openness of government affairs. Furthermore, this book carries out a special study on the standardized work of openness of government affairs which has been explored actively by departments of the State Council and local governments.

In order to provide examples for reference in openness of government affairs, this book combs the innovative measures, experience and problems, and makes an in – depth analysis of the difficulties in the work of openness of government affairs of local governments with the samples of several provinces and cities.

目　录

第一编　总报告

第一章　2017 年中国政务公开发展与 2018 年展望

………中国社会科学院法学研究所法治指数创新工程项目组（3）

第二编　专题报告

第二章　决策预公开的现状与展望（2017）

………中国社会科学院法学研究所法治指数创新工程项目组（99）

第三章　政务公开标准化的现状、问题与因应（2017）

……中国社会科学院法学研究所法治指数创新工程项目组（109）

第四章　政府回应社会关切情况调研报告（2017）

……中国社会科学院法学研究所法治指数创新工程项目组（123）

第三编　政府透明度评估

第五章　社会救助信息公开评估报告

……中国社会科学院法学研究所法治指数创新工程项目组（137）

第六章　安徽省政务公开第三方评估报告

安徽省安策智库咨询有限公司政策研究室

…………北京安策智行咨询有限公司政务研究中心课题组（154）

第四编　特定领域政务公开

第七章　环境信息公开的经验与未来 ……生态环境部办公厅（185）

第八章 交通运输政务公开的实践与展望
………………………… 交通运输部办公厅（199）

第九章 提升教育透明度的实践与成效
………………………… 教育部政务公开办公室（211）

第五编 地方政府政务公开

第十章 北京市全面推进政务公开调研报告
………………… 北京市政府信息和政务公开办公室（223）

第十一章 上海市政务公开的进展
………………… 上海市人民政府办公厅政务公开办公室（236）

第十二章 贵州省推进政务公开调研报告
………………… 贵州省政务公开调研课题组（246）

第十三章 以政务公开提升社会治理能力的四川样本
………………… 四川省人民政府信息公开办公室（260）

第十四章 安徽省提升政务公开实效的实践与探索
………………………………… 李 左 高勋炳（271）

第十五章 陕西省政务舆情回应的实践与展望
………………… 陕西省人民政府政务公开办公室（286）

第十六章 福州市政务公开的做法与成效 ………… 叶伟奇（295）

后 记 ………………………………………………（305）

Contents

Part I General Report

Chapter 1 Openness of Government Affairs in China: Development in 2017 and Prospect in 2018

Innovation Project Team on Rule of Law Indices,

CASS Law Institute (3)

Part II Special Reports

Chapter 2 Present Situation and Prospect of Pre – disclosure of Policy Decision (2017)

Innovation Project Team on Rule of Law Indices,

CASS Law Institute (99)

Chapter 3 Present Situation, Problems and Reply for the Standardization of Openness of Government Affairs (2017)

Innovation Project Team on Rule of Law Indices,

CASS Law Institute (109)

Chapter 4 Research Report on Government Responses to Social Concerns (2017)

Innovation Project Team on Rule of Law Indices,

CASS Law Institute (123)

Part Ⅲ　Assessments of Government Transparency

Chapter 5　Assessment Report on Information Disclosure of Social Assistance

Innovation Project Team on Rule of Law Indices,

CASS Law Institute（137）

Chapter 6　Assessment Report on Openness of Government Affairs in Anhui

Project Team of the Research Center for Openness of

Government Affairs, Ance Think Tank（154）

Part Ⅳ　Openness of Government Affairs in Specific Fields

Chapter 7　Experience and Future of Environmental Information Disclosure

General Office of Ministry of Environmental Protection（185）

Chapter 8　Practice and Prospect of Transport Information Disclosure

General Office of Ministry of Transport（199）

Chapter 9　Practice and Effects of Transparency of Education

Office on Openness of Government Affairs of the

Ministry of Education（211）

Part Ⅴ　Local Practice on Openness of Government Affairs

Chapter 10　Investigation Report on Comprehensive Openness of Government Affairs in Beijing

Office on Government Information and Openness of Beijing（223）

Chapter 11　Progress of Openness of Government Affairs in Shanghai

Office on Openness of Government Affairs of People's

Government of Shanghai（236）

Chapter 12　Investigation Report on Openness of Government Affairs in Guizhou

Project Team on Openness of Government

Affairs in Guizhou（246）

Chapter 13   Practice of Improving the Ability of Social Governance with
Openness of Government Affairs in Sichuan

Office on Information Disclosure of People's
Government of Sichuan (260)

Chapter 14   Practice and Exploration of Improving the Actual Effect of
Openness of Government Affairs in Anhui

Li Zuo, Gao Xunbing (271)

Chapter 15   Practice and Prospect of Response to Public Sentiments about
Government in Shaanxi

Office on Openness of Government Affairs of People's
Government of Shaanxi (286)

Chapter 16   Practice and Effects of Openness of Government Affairs in
Fuzhou   *Ye Weiqi* (295)

Postscript   (305)

第一编

总报告

第一章　2017年中国政务公开发展与2018年展望

中国社会科学院法学研究所

法治指数创新工程项目组[*]

　　摘　要： 为全面展示2017年中国政务公开工作的进展、成效与问题，进一步推动政务公开工作，中国社会科学院法学研究所法治指数创新工程项目组，围绕信息公开、政策解读与回应关切等方面，对2018年国家机构改革前的54家国务院部门、31家省级政府、49家较大的市政府和100家县级政府2017年政务公开工作开展第三方评估，并对2018年政务公开发展进行了展望。研究发现，2017年各级政府政务公开取得显著进步，但仍存在一些问题。对此，应树立对政务公开的正确认识，理顺公开工作机制，注重总结和推广经验，注重处理好公开和不公开的关系，以大公开理念推动政务公开工作，加强政府网站的信息化建设。

　　关键词： 政务公开　法治政府　政府透明度　法治指数

---

　　* 项目组负责人：田禾，中国社会科学院国家法治指数研究中心主任、法学研究所研究员；吕艳滨，中国社会科学院法学研究所研究员、法治国情调研室主任。项目组成员：王小梅、栗燕杰、胡昌明、徐斌、刘雁鹏、王祎茗、赵千羚、刘迪、田纯才、王洋、王昱翰、葛冰、冯迎迎、马效领、王述珊、王展、毛宇翔、冯天阳、任昱希、向林、阮雨晴、杨德世、金俊州、荆涵、侯冰洁、胥开文、黄恩浩等。执笔人：吕艳滨；田禾；刘迪：中国社会科学院国家法治指数研究中心学术助理。

导　　论

公开透明是现代法治政府的基本特征。全面推进政务公开，让权力在阳光下运行，对于发展社会主义民主政治，提升国家治理能力，增强政府公信力、执行力，保障人民群众知情权、参与权、表达权、监督权具有重要意义。2016 年 2 月以来，中共中央办公厅、国务院办公厅先后印发《关于全面推进政务公开工作的意见》等多个文件，对全国政务公开工作作出指导。2018 年 2 月，党的十九届三中全会强调，"加快推进机构、职能、权限、程序、责任法定化……全面推行政府部门权责清单制度，规范和约束履职行为，让权力在阳光下运行"，吹响了新时代推进政务公开、建设法治政府的新号角。

为进一步推动全国政务公开工作，中国社会科学院国家法治指数研究中心、中国社会科学院法学研究所法治指数创新工程项目组（以下简称"项目组"）围绕决策公开、管理服务公开、执行和结果公开、重点领域信息公开、政策解读与回应关切、依申请公开等方面，对 2018 年国务院机构改革前的 54 家国务院部门、31 家省级政府、49 家较大的市政府和 100 家县级政府 2017 年度政务公开工作开展了第三方评估。本报告分析了各评估对象在政务公开工作中取得的进展和存在的问题，并提出相应的对策建议。

一　评估对象、指标及方法

本次评估指标体系的设计主要依据《政府信息公开条例》，中共中央办公厅、国务院办公厅《关于全面推进政务公开工作的意见》，国务院办公厅《〈关于全面推进政务公开工作的意见〉实施细则》《2017 年政务公开工作要点》，以及国务院近年来发布的关于政务公开的一系列文件。

（一）评估对象

本次评估的对象为 54 家国务院部门（本书选用 2018 年国家机构改革之前的机构名称）、31 家省级政府、49 家较大的市政府和 100 家县级政府（见附件一）。其中，国务院部门评估对象为具有独立行政法人资格，对外有行政管理权限，与企业、人民群众办事密切相关或社会关注度高的部门；本次选取的 100 家县级政府为《国务院办公厅关于印发开展基层政务公开标准化规范化试点工作方案的通知》确定的试点区县政府。

（二）评估指标

针对国务院部门和地方各级政府的一级指标为决策公开、管理服务公开、执行和结果公开、重点领域信息公开、政策解读与回应关切、依申请公开（指标见附件二）。

决策公开指标主要考察国务院各部门、各级政府进行重大决策预公开的情况，对国务院各部门、省级政府还考察了建议提案办理结果公开情况。管理服务公开指标主要考察有相应职权的国务院部门、各级政府公开政务服务信息、"双随机"监管信息、行政处罚信息的情况，对各级政府还考察了其公开权力清单的情况。执行和结果公开指标主要考察各级政府公开审计结果、政府工作报告的情况，国务院各部门、各级政府公开法治政府建设情况年度报告的情况，较大的市政府和县级政府公开政府信息公开工作年度报告的情况。重点领域信息公开指标主要考察国务院部门、各级政府公开规范性文件、财政预决算和地方政府债务信息的情况，还抽查了省级政府公开城市水环境质量排名、较大的市政府公开集中式生活饮用水水源水质监测信息、棚户区改造信息、县级政府公开教育信息的情况。政策解读与回应关切指标主要考察国务院部门和各级政府进行政策解读和回应关切的情况。依申请公开指标仅考察 100 家县级政府信函申请的渠道畅通性和答复规范化程度。

（三）评估方法

评估坚持结果导向，基于公众视角，侧重对各评估对象实际公开效果进行评价，从外部观察评估对象是否落实公开要求、公开的内容是否方便获取。项目组通过以下方式获取评估数据：观察各评估对象门户网站公开各类信息的情况；以信函方式向政府发送信息公开申请以验证依申请公开的畅通性与规范化程度。

本次评估的总体时间为 2017 年 7 月 1 日至 12 月 31 日，期间项目组对评估数据进行了反复核查。

表 1　　　　　　　　　　各指标的评估截止时间

指标	评估截止时间
重大决策预公开	2017 年 10 月 10 日
建议提案办理结果公开	2017 年 12 月 31 日
权力清单	2017 年 10 月 17 日
政务服务信息公开	2017 年 10 月 17 日
"双随机"监管信息公开	2017 年 11 月 6 日
行政处罚信息公开	2017 年 10 月 17 日
规范性文件公开	2017 年 12 月 31 日
财政预决算和地方政府债务信息公开	2017 年 10 月 23 日
集中式生活饮用水水源水质监测信息公开	2017 年 10 月 17 日
棚户区改造信息公开	2017 年 11 月 7 日
教育信息公开	2017 年 8 月 11 日
审计结果公开	2017 年 11 月 1 日
政府信息公开工作年度报告	2017 年 8 月 15 日
法治政府建设情况年度报告	2017 年 11 月 16 日
政府工作报告	2017 年 11 月 16 日
政策解读和网站互动	2017 年 10 月 15 日
依申请公开	2017 年 12 月 31 日

二　总体评估结果

2017 年是全面深入推进政务公开工作的第二年。以中共中央办公厅、国务院办公厅印发《关于全面推进政务公开工作的意见》为里程

碑，国务院办公厅相继出台了一系列推动政务公开的文件，所传达出的
信号也越来越清晰，即各级政府和部门应全面推进决策、执行、管理、
服务和结果全过程、全流程公开；发挥信息发布、政策解读、回应关切
三位一体、相辅相成的作用；全面扩大公众参与，使社会大众全面深入
参与到政府治理的各个环节。评估发现，2017 年全国政务公开工作成
效显著。

（一）政务公开取得的显著成效

1. 注重加强领导与指导成效明显

政务公开工作需要相应的操作规范和标准，各级政府政务公开工作
情况的好坏离不开上级政府的指导。评估发现，各地方各部门多年来通
过制发相关文件、统一公开平台等方式明确了本系统本地区政务公开的
标准，规范了公开平台的建设，提升了相关领域相关地区的公开水平。
如环境保护部印发了《关于印发〈建设项目环境影响评价政府信息公
开指南（试行）〉的通知》（环办〔2013〕103 号），对多项与建设项目
环境影响评价相关的行政审批信息公开做了明确规定，尤其是对上述行
政审批结果的内容要素进行了明确。评估发现，全部省级政府都公开了
环境保护领域的行政审批结果。又如国家食品药品监督管理总局先后印
发了《食品生产经营日常监督检查管理办法》《食品安全抽样检验管理
办法》《食品药品监管总局关于做好食品安全抽检及信息发布工作的意
见》《关于印发药品质量监督抽验管理规定的通知》《药品质量抽查检
验管理规定》等文件，对食品监督抽检信息和药品监督抽验信息的公开
内容、公开时间、公开方式等做了明确规定。评估发现，国家食品药品
监督管理总局、100% 的省级政府食品药品监督管理部门、95.92% 的较
大的市政府食品药品监督管理部门、59% 的县级政府食品药品监督管理
部门都公开了 2017 年本部门作出的随机抽查结果，公开率较高。再如
住房和城乡建设部先后印发了《关于公开城镇保障性安居工程建设信息
的通知》《关于做好 2012 年住房保障信息公开工作的通知》《住房城乡
建设部关于做好 2013 年城镇保障性安居工程工作的通知》等文件，对
公开主体、公开内容要素、公开时间等做了详细规定。评估发现，
44.90% 的较大的市政府公开了 2017 年棚户区改造用地计划，71.43%

的较大的市政府门户网站或其住房和城乡建设部门网站公开了2017年棚户区改造年度建设计划，69.39%的较大的市政府门户网站或其住房和城乡建设部门网站公开了2017年棚户区改造项目进展情况，公开程度相对较高。在政务服务平台建设方面，部分省级政府建设了全省统一的政务服务办事平台，集中公开从省到市再到县乡的政务服务信息，统一了政务服务事项办事指南的内容要素和编排方式，如贵州省、湖南省、广东省等，既方便管理，也方便公众和企业办事。

2. 重大决策预公开水平明显提升

第一，一些重大决策事项目录公开取得新进展。评估发现，6家较大的市政府、2家县级政府网站公开了2017年度重大决策事项目录。一些地方政府在年初拟定并公开重大决策事项目录，细化重大决策事项、承办部门、决策时间及公众参与方式，对本年度的重大决策预公开作出安排，方便群众监督，不失为一种创新。

第二，征集意见反馈情况的公开工作稳步推进。评估发现，1家国务院部门、4家省级政府、6家较大的市政府、10家县级政府门户网站或其政府法制部门网站公开了完整的意见反馈信息，包括征集意见的总体情况、采纳情况和不采纳的理由。

3. 部分执法领域信息公开程度较高

推行行政执法公示制度，是规范市场执法秩序的重要举措。评估发现，行政处罚事项清单、部分领域的行政处罚结果公开程度较高。

第一，普遍公开行政处罚事项清单。评估发现，100%的省级政府、97.96%的较大的市政府、100%的县级政府在门户网站集中公开了各部门的行政处罚事项清单。

第二，环境保护领域和食品药品安全领域行政处罚结果公开情况较好。在环境保护领域，83.67%的较大的市政府环境保护部门公开了2017年本部门作出的行政处罚。在食品药品安全领域，87.76%的较大的市政府食品药品监督管理部门、74%的县级政府食品药品监督管理部门公开了2017年本部门作出的行政处罚。

4. 工作部署落实情况公开相对规范

真实准确地公开政府的重大决策部署的落实情况，有助于加强对政策落实情况的社会监督，增强政府透明度、提升政府公信力，打造法治政府、责任政府。评估发现，部分评估对象定期公开工作总结和部署情况，工作连贯性强。在工作总结方面，2家省级政府、7家较大的市政府、14家县级政府门户网站分阶段地公开了2017年工作的落实情况。并且，部分评估对象按月度公开本月政府工作落实情况及下月工作计划。

5. 部分重点领域信息公开情况较好

第一，国务院部门预决算公开十分规范。评估发现，53家国务院部门公开了本部门2017年预算说明及表格、2016年决算说明及表格。并且，部门预决算说明中内容全面；部门预决算表格中的内容细化到位，非常规范。

第二，集中式生活饮用水水源水质监测信息公开情况尚佳。评估发现，83.67%的较大的市政府按月公开水源水质监测信息，85.71%的较大的市政府按季度公开供水厂出水水质监测信息，85.71%的较大的市政府按季度公开用户水龙头水质监测信息。并且，有的评估对象公开集中式生活饮用水水源水质监测信息的频率比法定要求更高。

6. 重视发挥政策解读回应关切作用

行政机关及时通过政府网站发布政策解读信息，加强答疑解惑，主动回应个人关切，是提升政府公信力、社会凝聚力，稳定市场预期，保障公众切身利益的重要举措。评估发现，行政机关进行政策解读的总体情况较好，网站互动平台建设水平较高。

第一，主要负责人带头宣讲政策，权威性高。87.04%的国务院部门、96.77%的省级政府、91.84%的较大的市政府门户网站公布了主要负责人对政策进行解读的信息。

第二，尝试将政策解读贯穿于政策制定、政策发布和政策执行落实全过程。评估发现，10家国务院部门、3家省级政府、3家较大的市政府和5家县级政府对决策草案进行了解读或说明。部分评估对象在网站上发布了对审计报告的解读信息，如福建省、浙江省、广东省深圳市等。有的评估对象对政府工作报告的内容进行了解读，说明了本年度政府工作落实情况的几大亮点，如山东省等。

第三，普遍设置网站互动平台并回应公众意见建议。评估发现，94.44%的国务院部门、96.77%的省级政府、97.96%的较大的市政府、

97%的县级政府门户网站设置了在线互动平台，如领导信箱、留言板、在线咨询等；75.93%的国务院部门、96.77%的省级政府、100%的较大的市政府、95%的县级政府门户网站都公开了反馈信息。

（二）政务公开工作仍需解决的问题

2017年，政务公开工作虽然取得了上述成就，但仍有一些共性问题需要解决。

1. 政务公开标准有待进一步明确

第一，重大决策事项的范围界定不明确。中共中央办公厅、国务院办公厅《关于全面推进政务公开工作的意见》，国务院办公厅《〈关于全面推进政务公开工作的意见〉实施细则》《2016年政务公开工作要点》等文件都要求推进重大决策预公开，但对于重大决策事项的范围仅笼统表述为"涉及群众切身利益、需要社会广泛知晓的重要改革方案、重大政策措施、重点工程项目"，下级政府及部门在具体操作中无所适从，还有可能出现推卸责任的现象。

第二，随机抽查结果和查处情况的公开方式不明确。虽然《国务院办公厅关于推广随机抽查规范事中事后监管的通知》明确要求加强抽查结果运用，抽查情况及查处结果要及时向社会公布，接受社会监督，国务院办公厅将其写入了《2016年政务公开工作要点》《2017年政务公开工作要点》，但随机抽查只是行政监管或行政检查的一种方式，随机抽查结果是否需要与其他类型的检查结果区分放置，或做明确标注，并无明确要求。此外，经随机抽查发现问题后所作出的查处结果的种类多种多样，如通报、处罚等，单从通报和处罚信息的内容中无法区分哪些是针对随机抽查发现的问题对象的查处。并且，查处情况和抽查结果之间具有关联性，二者是否需要关联发布，尚无明确要求。

2. 部分基础性信息公开尚未到位

2007年出台的《政府信息公开条例》对各级行政机关应重点公开的政府信息作出了规定，但时至今日，《政府信息公开条例》已实施10年之久，其中所规定的对于政府管理而言较为基础性的政府信息的公开仍不到位。

第一，规范性文件的清理、备案信息公开和有效性标注情况欠佳。

《国务院关于加强法治政府建设的意见》（国发〔2010〕33 号）、《法治政府建设实施纲要（2015—2020 年）》等文件均要求，加强对规范性文件的备案和定期清理，探索建立规范性文件有效期制度。评估发现，45.16% 的省级政府、81.63% 的较大的市政府、92% 的县级政府门户网站或其法制部门网站未公开 2017 年规范性文件备案审查信息。31.48% 的国务院部门、32.26% 的省级政府、24.49% 的较大的市政府、43% 的县级政府门户网站或其法制部门网站未公开近三年规范性文件清理结果。75.93% 的国务院部门、48.39% 的省级政府、67.35% 的较大的市政府、77% 的县级政府未在门户网站或其法制部门网站规范性文件栏目或目录中设置效力一栏，或在具体规范性文件页面上方显示有效性，或在文件末尾规定有效期。

第二，政府预决算公开有不规范之处。财政部多次制发推进地方预决算公开的文件，对各级政府应公开的政府预决算说明与表格的内容提出了最基本的要求。评估发现，仍有 1 家省级政府、6 家县级政府门户网站或财政部门网站只公开了各部门预决算信息，未公开本级政府预决算信息。在预算表格公开方面，19 家省级政府、25 家较大的市政府、72 家县级政府未能公开全部 6 张表格（一般公共预算收入表、一般公共预算支出表、一般公共预算本级支出表、一般公共预算本级基本支出表、一般公共预算税收返还和转移支付表、政府一般债务限额和余额情况表）。其中 7 家省级政府、4 家较大的市政府、17 家县级政府未公开任何 2017 年政府预算表格。

第三，政务服务信息公开不细致，有待改进。行政许可是政务服务的重要内容。《行政许可法》《政府信息公开条例》和国务院办公厅历年的政务公开工作要点均反复强调加强对行政许可信息的公开。评估发现，40.74% 的国务院部门、58.06% 的省级政府、42.86% 的较大的市政府、63% 的县级政府公开的部分政务服务事项的办事指南中未包括全部内容要素。92.59% 的国务院部门、74.19% 的省级政府、81.63% 的较大的市政府、94% 的县级政府的部分政务服务事项的办事指南内容不具体明确，或含有"其他""等"此类模糊表述。3.23% 的省级政府、4.08% 的较大的市政府、32% 的县级政府多平台发布同一政务服务事项的办事指南内容不一致。

　　第四，行政处罚结果公开程度不理想。公开行政处罚结果，既是对行政机关行使行政处罚权的监督，也有利于发挥政府信息对市场主体的规范和服务作用。评估发现，68%的国务院部门未公开2017年本部门的行政处罚结果，当然不排除某些部门在2017年未作出过行政处罚决定；51.61%的省级政府质量技术监督部门、51.61%的省级政府的工商行政管理部门、61.29%的省级政府知识产权管理部门、63%的县级政府城市管理综合行政执法部门、71%的县级政府安全生产监督管理部门未公开2017年本部门的行政处罚结果，公开率总体不高。

　　3. 重点领域信息公开仍待继续完善

　　近年来，国务院办公厅每年都印发政务公开工作要点，对当年的政务公开工作进行安排部署，明确本年度的重点任务。评估发现，部分重点领域信息公开情况仍不理想。

　　第一，义务教育阶段信息公开程度较低。国务院办公厅《2017年政务公开工作要点》要求，推进义务教育招生入学政策公开，县级政府要公开义务教育招生范围、招生条件、学校情况、招生结果等信息。评估发现，49%的县级政府未公开本地区小学招生范围，57%的县级政府未公开本地区中学招生范围。其中，北京市东城区开设了义务教育招生工作系统，但该系统中的信息未向一般社会大众开放。虽然不排除有些地方可能会在实体公告栏、宣传栏、学校门口等张贴公告，告知义务教育划片结果，但这已经不能满足信息化时代人们对于随时随地查看信息的需求，所以，仍需完善公开方式，将政府信息"应上网尽上网"。在招生条件公开方面，44%的县级政府未公开幼升小或小升初普通学生招生入学条件，37%的县级政府未公开幼升小或小升初随迁子女招生入学条件。在学校情况公开方面，34%的县级政府未公开学校情况。在招生结果公开方面，仅4%的县级政府公开了2017年义务教育招生结果，其余均未公开。

　　第二，审计结果公开情况不佳。国务院办公厅《2017年政务公开工作要点》要求深化审计结果公开。评估发现，19.35%的省级政府、51.02%的较大的市政府、83%的县级政府的审计部门未公开2016年本级预算执行审计报告；35.48%的省级政府、61.22%的较大的市政府、79%的县级政府的审计部门未公开单独的专项审计报告。

第三，法治政府建设情况年度报告公开程度不高。根据《法治政府建设实施纲要（2015—2020 年）》，县级以上地方各级政府及其部门每年第一季度要向相关单位报告上一年度法治政府建设情况，报告要通过报刊、政府网站等向社会公开。评估发现，77.78%的国务院部门网站、25.58%的省级政府、28.57%的较大的市政府、66%的县级政府门户网站或其法制部门网站未公开 2016 年度法治政府建设情况年度报告。

4. 部分新要求新部署需进一步落实

2016 年，中共中央办公厅、国务院办公厅印发《关于全面推进政务公开工作的意见》，标志着全国政务公开工作进入了新高潮，并对全国政务公开工作提出了新的要求。评估发现，部分新的要求有待落实。

第一，决策预公开亟待加强。重大决策预公开是全面推进政务公开的新要求。重大决策预公开的制度设计不仅在于针对重大决策草案征集意见，还在于对社会大众提出的意见建议进行回应与反馈，这是构建良好政民关系的必然要求。评估发现，53.70%的国务院部门网站、41.94%的省级政府、16.33%的较大的市政府、56%的县级政府门户网站或其法制部门网站未公开 2017 年重大决策草案征集意见的信息；96.30%的国务院部门网站、77.42%的省级政府、73.47%的较大的市政府、87%的县级政府未在门户网站或其法制部门网站公开 2017 年对重大决策草案征集意见的反馈。不仅如此，部分评估对象对重大决策草案征集意见的反馈内容不详细。

第二，"双随机"监管信息公开程度低。为了规范市场执法秩序，提高政府执法透明度，《国务院办公厅关于推广随机抽查规范事中事后监管的通知》要求，制定并公开随机抽查事项清单，加强抽查结果的运用，向社会公开抽查情况和查处结果。评估发现，42.22%的国务院部门未公开本部门随机抽查事项清单，64.52%的省级政府、48.98%的较大的市政府、79%的县级政府门户网站未公开本级政府各部门随机抽查事项清单。其中，有的政府门户网站仅公开了部分部门的随机抽查事项清单。另外，国务院部门的随机抽查结果公开程度低。80%的国务院部门网站未公开 2017 年本部门的随机抽查结果。安全生产监督管理领域的随机抽查结果公开程度不高。87.10%的省级政府安全生产监督管理部门、77.55%的较大的市政府的安全生产监督管理部门、87%的县级政府安全生产监督管理部门未公开本部门 2017 年的随机抽查结果。

　　5. 政策解读发布水平仍有待改进提升

　　政策解读与政策文件同步发布、关联阅读程度低。国务院办公厅《2017 年政务公开工作要点》规定，各地区各部门要按照"谁起草、谁解读"的原则，做到政策性文件与解读方案、解读材料同步组织、同步审签、同步部署。国务院办公厅《〈关于全面推进政务公开工作的意见〉实施细则》规定，文件公布时，相关解读材料应与文件同步在政府网站和媒体发布。政策解读与政策文件同步发布，可以提高政策解读的时效性，政策解读与政策文件关联阅读，可极大地方便公众查找和理解政策文件。评估发现，53.70% 的国务院部门、93.55% 的省级政府、36.73% 的较大的市政府、23% 的县级政府的政策解读信息的上网时间与政策文件的上网时间间隔超过 3 个工作日。甚至有的评估对象先发布政策解读，数日之后才发布政策文件。59.26% 的国务院部门、35.48% 的省级政府、61.22% 的较大的市政府、37% 的县级政府门户网站没有在政策解读项下设置可导向该解读所对应政策文件的链接，甚至存在找得到政策解读却找不到对应政策文件的情形。

　　6. 依申请公开仍有规范空间

　　依申请公开是政府信息公开制度的重要方面，评估发现，部分评估对象仍有未按期答复申请、答复不规范的现象。第一，仍有评估对象答复不及时。26% 的县级政府未在法定期限内答复申请。第二，答复格式不规范。18% 的县级政府出具的答复书未盖公章，或未明示作出答复的机关。其中，大多数基层政府答复依申请公开信息时所使用的邮箱为个人邮箱，而非官方办公邮箱，且一些私人邮箱的昵称不恰当。经统计，邮箱域名为".gov"的仅有上海市与北京市两个直辖市的区县政府。第三，答复内容不规范。行政机关作出对申请人不利的答复时，应援引法律依据、说明理由、明示救济渠道。但在作出不利答复的 16 家县级政府中，2 家县级政府未告知法律依据，9 家县级政府未说明理由，10 家县级政府未告知救济渠道。

　　7. 公开平台建设仍需加强规范整合

　　政府门户网站是政务公开第一平台，其建设的水平直接影响政务公开的效果。评估发现，仍有政府和部门的网站栏目设置不规范，多平台并存且信息不互通。

第一，政府门户网站栏目设置不规范。政府门户网站是政府信息公开最重要的展示平台，其中的栏目设置及命名应以方便社会大众获取信息和办事为出发点。评估发现，部分评估对象将政府信息按照《2017年政务公开工作要点》（以下简称《要点》）的内容体例进行分类，栏目的名称以《要点》中的标题来命名。如新疆维吾尔自治区乌鲁木齐市政府门户网站的重点信息公开栏目中设有"促稳定""稳增长""促改革""惠民生""防风险""重实效"子栏目，在上述子栏目下的栏目分类仍是以《要点》中的内容标题来命名，辨识度不高，并不能发挥信息指引的作用，失去了设置栏目应有的意义。

第二，多平台并存且不互通。目前，在部分领域，发布政府信息的平台有多个。如行政处罚信息可以发布在部门网站、政府门户网站的双公示专栏、企业信用信息网上，但多个平台上发布的同一部门的行政处罚信息，或交叉重叠，或各不相同，没有一个网站上有完整的信息，有的平台长时间不更新，群众甚至不知道这些信息平台的存在。又如，行政审批事项的办事指南既在部门网站公开，又在政府门户网站的在线办事平台公开，还在政务服务中心的网站上公开，多平台发布的行政审批事项办事指南并非来自同一信息源，且相互之间互不链接，信息的准确性很难保障。

三　各领域评估结果

（一）重大决策预公开

重大决策预公开是政务"五公开"中决策公开的重要内容。对涉及群众切身利益、社会关注度高的重大决策事项进行预公开，广泛吸纳社会大众的意见建议，一方面，有利于提高决策的科学性、民主性和公信力，减少决策执行的摩擦力；另一方面，有利于扩大公众参与，形成良性的政民关系。因此，《关于全面推进政务公开工作的意见》要求，实行重大决策预公开制度，涉及群众切身利益、需要社会广泛知晓的重要改革方案、重大政策措施、重点工程项目，除依法应当保密的外，在决策前应向社会公布决策草案、决策依据，通过听证座谈、调查研究、咨询协商、媒体沟通等方式广泛听取公众意见，以适当方式公布意见收集和采纳情况。

重大决策预公开指标主要考察 54 家国务院部门、31 家省级政府、49 家较大的市政府、100 家县级政府门户网站是否公开 2017 年度重大决策事项目录、是否设置决策预公开专门栏目，上述评估对象门户网站或其法制部门网站是否公开 2017 年重大决策征集意见及反馈信息。需要说明的是，本次评估对重大决策事项的界定较为宽泛，包括规范性文件、规划计划及其他社会关注度高、与群众切身利益密切相关的事项。

1. 评估发现的亮点

（1）主动公开重大决策事项目录

明确公众参与范围、规范公众参与方式是科学合理规范重大决策预公开的重要内容。目前虽然很多地方制定了本地重大决策行政程序规定，通过不完全列举的方式划定重大决策的范围，但是仍不能明确哪些事项是重大决策事项。而有些地方则在年初拟定并公开重大决策事项目录，细化重大决策事项、承办部门、决策时间及公众参与方式，这不失为一种可借鉴的做法。评估发现，6 家较大的市政府、2 家县级政府网站公开了 2017 年度重大决策事项目录，分别是河北省邯郸市、江苏省苏州市、山东省淄博市、湖北省武汉市、广东省广州市、广东省深圳市、广东省广州市海珠区、广东省佛山市禅城区。其中，武汉市、广州市公开的决策事项目录内容完整，包括了决策事项、承办部门、决策时间及公众参与方式（是否听证）等信息。例如，广州市在政府门户网站"法规公文—市政府办公厅文件"栏目下公开了广州市人民政府 2017 年度重大行政决策事项目录和听证事项目录，这有利于严格执行重大决策制定法定程序，充分发挥公众的参与和监督作用。

（2）设置专门栏目且分类公开

设置专门栏目集中公开重大决策预公开信息，并且根据预公开的状态分类放置，有利于提升公开效果，方便公众查找。

大多数评估对象设置决策预公开栏目。评估发现，39 家国务院部门、30 家省级政府、44 家较大的市政府以及 57 家县级政府门户网站设置了意见征集专门栏目，如民意征集、征集调查、在线征集、网上征集等专栏，集中发布对重大行政决策草案征集公众意见的信息。

其中，部分评估对象在栏目中区分征集状态。有 8 家国务院部门、15 家省级政府、18 家较大的市政府及 19 家县级政府在意见征集栏目中对征集状态进行区分。有的直接在栏目目录中标注征集状态或起止日期等信息。如贵州省贞丰县政府门户网站的网上征集栏目中，抬头标注了征集主题、征集状态（正在征集或往期征集）、发布时间和结束时间，意见征集的状态一目了然。有的按不同的征集状态设置不同的栏目，如云南省设置意见征集及往期回顾两个栏目分别公开正在进行及已结束的征集，广东省广州市在其民意征集栏目下又设置当前民意征集与以往民意征集两个板块，广东省新兴县民意征集栏目又分为征集中与已征集两个子栏目。

（3）重视公开解读决策草案

将政策解读关口前移，在对重大决策草案进行意见征集的同时公开对草案的解读，一方面，有利于消除公众在参与阶段的理解障碍，提升公众参与的针对性，提高预公开的质量和效果；另一方面，有利于提升政策解读效果。评估发现，10 家国务院部门、3 家省级政府、3 家较大的市政府及 5 家县级政府公开了对决策草案的解读或说明。有的评估对象将决策草案说明在民意征集栏目中与决策草案同时发布，或在专门板块中呈现，如上海市普陀区；有的以附件形式呈现并可下载，如广东省珠海市、上海市金山区。

（4）积极反馈重大决策预公开征集到的意见

在重大决策预公开阶段，不只是征求社会大众的意见建议，还要对征集到的意见进行反馈，说明征集意见的总体情况、采纳情况和不采纳的理由，这既是对社会大众的尊重，也是构建良性政民互动关系的必然要求。评估发现，个别评估对象对重大决策草案征集意见的反馈工作落实较好。有 1 家国务院部门、4 家省级政府、6 家较大的市政府、10 家县级政府门户网站或其法制部门网站公开了完整的意见反馈信息，包括征集到的意见的总体情况、采纳情况和不采纳的理由。其中，江苏省、四川省、广东省广州市、广东省深圳市、上海市普陀区、安徽省灵璧县、安徽省定远县的反馈内容较为细致，详细说明了征集到意见的总体数量、主要观点、采纳哪些观点、不采纳哪些观点及理由。如四川省在门户网站征集结果反馈栏目下公开反馈情况，以文字描述的形式对上述内容作出说明；上海市普陀区制作了意见征集反馈情况表格，表格内容详细，包含了意见来源、反馈内容、采纳与否以及采纳与否的理由 4 项信息；通过表格形式进行反馈的还有广东省广州市。

2. 评估发现的问题

（1）重大决策预公开信息发布混乱

第一，部分评估对象有意见征集栏目但无相关内容。如国土资源部在政民互动栏目中有网上调查栏目，但该栏目发布的内容是关于调查问卷、投票评选等，没有关于重大决策草案的意见征集内容；国务院国有资产监督管理委员会的意见征集栏目中发布的是关于新版国资委网站网上调查的信息；新疆维吾尔自治区政府门户网站网上调查栏目、新疆维吾尔自治区乌鲁木齐市政府门户网站的调查征集栏目、河北省石家庄市政府门户网站的意见征集栏目是对问题的意见征集，没有重大决策草案意见征集信息；吉林省长春市政府门户网站的网上调查发布的是活动项目、地铁形象宣传语的征集，没有重大决策预公开意见的征集；吉林省吉林市政府门户网站网上调查栏目是关于问卷以及生活问题的调查，没有重大决策草案意见征集信息。

第二，部分评估对象有意见征集栏目，仍将相关信息置于栏目外。如安徽省定远县在民意征集栏目中没有重大决策草案征集意见的通知，只有意见征集整体情况的通知，而征集意见的通知发布在信息浏览栏目中。上海市虹口区意见征集反馈信息放置在规范性文件目录中，混杂在规范性文件草案中，难以查找；广东省汕头市法制局网站中的决策预公开、公告公示、工作动态 3 个栏目中都有征集意见信息。如此，意见征集栏目的设置便失去了应有的意义。

（2）重大决策预公开落实情况较差

多数评估对象未进行重大决策预公开。《关于全面推进政务公开工作的意见》和《2016 年政务公开工作要点》明确要求，积极实行重大决策预公开，扩大公众参与，对社会关注度高的决策事项，除依法应当保密的外，在决策前应向社会公开相关信息，并及时反馈意见采纳情况。评估发现，多数评估对象未公开重大决策草案征集意见及反馈信息。29 家国务院部门、13 家省级政府、8 家较大的市政府、56 家县级政府未在门户网站或其法制部门网站公开 2017 年重大决策草案征集意见的信息；52 家国务院部门、24 家省级政府、36 家较大的市政府、87 家县级政府未在门户网站或其法制部门网站公开 2017 年对重大决策草案征集意见的反馈。

（3）重大决策预公开存在敷衍

第一，重大决策草案征集意见内容有欠缺。重大决策草案在征集意见时应提供决策草案、征集意见的时间和渠道，以便公众能够及时、有针对性地参与进去。评估发现，部分评估对象征集意见的通知未能包括上述 3 项要素。在 2017 年对重大决策草案进行了征集意见的评估对象中，1 家国务院部门、2 家省级政府未提供决策草案；4 家省级政府、9 家县级政府未公开征集意见的渠道；3 家省级政府、9 家县级政府未公开征集意见的期限。这令社会大众无所适从，也降低了意见征集的效率。

第二，征集渠道单一，不便于多渠道参与。重大决策草案应通过多种渠道征集意见，以适应不同群体的习惯和需求。评估发现，部分评估对象仅通过单一渠道收集意见。有的仅通过电子邮箱渠道接收意见建议，如科学技术部、国家食品药品监督管理总局、河北省、浙江省、北京市西城区、浙江省嘉善县、浙江省江山市、广东省广州市海珠区、贵州省贞丰县等；有的仅通过在线平台收集意见，如湖北省；有的仅通过信函渠道收集意见，如住房和城乡建设部、国家安全生产监督管理总局等。

第三，征集期限短，公众参与程度低。重大决策草案征集意见应给群众留有充足的参与时间，评估发现，部分评估对象提供的意见征集时间过短或不明确，如表 2 所示。表 2 是对随机抽选的部分评估对象的征集时间所做的统计。

表 2　　　　　　　　　　部分评估对象的征集时间

区（县）	征集时间段	征集天数（含节假日）
北京市西城区	5 月 19—26 日	8 天
北京市昌平区	6 月 8—14 日	7 天
黑龙江省东宁市	7 月 11—15 日	5 天
浙江省宁波市江北区	7 月 11—17 日	7 天

区（县）	征集时间段	征集天数（含节假日）
浙江省嘉善县	7月12—14日	3天
浙江省江山市	8月18—24日	7天
安徽省定远县	7月13—20日	8天
广东省博罗县	调查时间：4月20日—6月23日（通知中：意见反馈截止时间为5月20日）	征集时间不明确
广东省新兴县	2015年10月12日—无限制	征集时间不明确
贵州省六枝特区	2月8日—9日12时	1.5天

注：资料搜集时间截至2017年8月23日。

资料来源：各区（县）门户网站。

第四，征集对象受限，公众难以参与。重大决策预公开的核心在于让社会大众参与政府决策，评估发现，个别评估对象仅在政府系统内部征集意见，未面向社会大众征求意见。如河南省重大决策草案意见征集的对象限定为各省辖市、省直管县（市）人民政府法制机构、政府执法部门；贵州省六枝特区则需用办公系统反馈，征集对象限于单位内部人员；更多此类问题如表3所示。

表3   部分评估对象的征集对象

区（县）	征集对象
安徽省定远县	乡镇、县直各单位
安徽省灵璧县	乡镇人民政府、开发区管委会、县政府有关部门
安徽省蒙城县	县财政局、县经委、县农委、县招商局、县科技局、团县委、县供销社等9家单位
贵州省六枝特区	各乡镇党委、政府，各社区党委、服务中心，特区党委各部门，特区国家机关各部门，特区人武部，各园区党工委、管委会，各人民团体，省、市属驻区有关单位，区属企事业单位

注：资料搜集时间截至2017年8月23日。

资料来源：各区（县）门户网站。

第五，对重大决策草案征集意见的反馈内容不详细。2家省级政府、7 家较大的市政府、2 家县级政府仅公开了征集意见的总体情况，未公开意见采纳情况；其中，1 家省级政府、4 家较大的市政府甚至仅公开了征集意见的数量，未对涉及的主要观点作说明，过于简略。1 家国务院部门、1 家省级政府、1 家县级政府仅公开了征集意见的总体情况和采纳情况，未对不采纳的理由作说明，这降低了决策的说服力和公信力。

（二）建议提案办理结果公开

第十二届全国人民代表大会第五次会议和政协第十二届全国委员会第五次会议已于 2017 年 3 月在北京圆满闭幕。根据《全国人民代表大会和地方各级人民代表大会代表法》，有关机关、组织应当认真研究办理代表建议、批评和意见，并自交办之日起 3 个月内答复。涉及面广、处理难度大的建议、批评和意见，应当自交办之日起 6 个月内答复。代表建议、批评和意见办理情况的报告，应当予以公开。《中国人民政治协商会议全国委员会提案工作条例》规定，承办提案的人民政府、政府部门和有关人民团体等，根据国家法律、法规、政策和有关规定办理提案，并对提案者作出书面答复。因此，《国务院办公厅关于做好全国人大代表建议和全国政协委员提案办理结果公开工作的通知》明确要求，各地区、各部门对于涉及公共利益、公众权益、社会关切及需要社会广泛知晓的建议和提案办理复文，应当采用摘要形式公开办理复文的主要内容。并且，从 2017 年开始，各地区、各部门进一步推动建议和提案办理复文全文公开。对于涉及公共利益、公众权益、社会关切及需要社会广泛知晓的建议和提案办理复文，原则上都应全文公开。全国人大代表建议和全国政协委员提案集中了社会各界群众的关切和智慧，公开建议提案办理结果，有利于密切政府与人民群众的联系，对保障社会公众的知情权、监督权有积极意义，能有效提升政府的公信力、社会凝聚力。

本年度项目组继续对 54 家国务院部门、31 家省级政府公开 2017 年全国人大代表建议和全国政协委员提案办理结果的情况进行评估。评估内容主要包括政府门户网站是否设置了建议提案办理结果专门栏目，是否公开 2017 年建议提案办理复文全文，是否公开 2017 年办理建议提案的总体情况。

1. 评估发现的亮点

（1）对全国人大建议和政协提案的答复翔实

人大代表和政协委员代表社会各界向政府机关提出意见建议，政府机关对其的回复应当充分，以体现政府机关对社会各界关切事项的重视。评估发现，政府机关对建议提案大多直面回应，对问题进行解析，以数据论理，回答工作进展与成果。

（2）对办理建议提案的总体情况介绍详尽

办理建议提案的总体情况是对本单位一年来收到建议提案、吸收采纳建议意见、开展相关工作等的总结，内容应当具体详尽。评估发现，一些评估对象公开的建议提案办理的总体情况内容详尽。如国家烟草专卖局2017年全国人大代表建议和全国政协委员提案办理工作总结包括了基本办理情况、工作开展情况和答复情况等内容。

（3）专栏分类清晰，公开效果好

如四川省设置建议提案和答复专栏，并将其区分为五个子栏目：全国人大代表建议和答复、全国政协提案和答复、省人大代表建议和答复、省政协提案和答复以及建议提案报告通报总结，分类清晰合理，便于公众查找。

2. 评估发现的问题

（1）建议提案办理结果公开程度不高

第一，多数评估对象未公开2017年建议提案办理复文。评估发现，仍有11家国务院部门、13家省级政府未公开2017年全国人大代表建议的办理复文，13家国务院部门、18家省级政府未公开2017年全国政协提案的办理复文。当然，不排除有的部门2017年度未收到建议提案或不是收到的建议提案的主办单位，又或者有的建议提案的办理结果因为涉密或敏感等原因不宜公开。

第二，多数评估对象未公开本单位2017年办理建议提案的总体情况。《国务院办公厅关于做好全国人大代表建议和全国政协委员提案办理结果公开工作的通知》要求，各地区、各部门应当适当公开本单位办理建议和提案总体情况、全国人大代表和全国政协委员意见建议吸收采纳情况、有关工作动态等内容。评估发现，仍有41家国务院部门、24家省级政府未公开2017年度本单位办理全国人大建议的总体情况，41

家国务院部门、25 家省级政府未公开 2017 年度本单位办理全国政协提案的总体情况，公开率非常低。

（2）建议提案办理结果信息发布混乱

第一，部分评估对象未设置建议提案办理结果专门栏目。设置建议提案专门栏目可方便公众快速查阅相关信息。评估发现，仍有 4 家国务院部门、7 家省级政府未设置专栏。

第二，部分评估对象虽然设置了建议提案专门栏目，但栏目不易被发现。第一种情况是，虽然将建议提案集中发在一个栏目中，但栏目名称不具有辨识度。如国家邮政局将其发在了政府信息公开目录的"其他"栏目中。第二种情况是，栏目位置过于隐蔽。如江苏省虽然设置了专栏，但通过站内搜索建议提案，点击具体信息页面，通过页面上方的查找路径才能找到，无法通过常规的正向查找获得，与未设置专栏无异。

第三，部分评估对象未对栏目内的建议提案信息进行分类。如辽宁省政府门户网站的建议提案栏目中将全国建议提案办理结果与省级建议提案办理结果相混杂，人大建议办理复文和政协提案办理复文相混杂，未做区分。

第四，部分评估对象未将相关信息放置在栏目内。如福建省虽然设置了建议提案办理结果专栏，其全国人大建议办理复文未置于专栏内，而是置于省政府文件专栏中；又如四川省虽然设置了建议提案报告通报总结栏目，但仍将办理建议提案的总体情况放在了建议提案工作动态栏目中，未能有效发挥专门栏目的作用。

（3）建议提案办理复文的标题指向性不强

评估发现，大多数评估对象公开的建议提案办理复文的标题是由会议名称、建议提案号组成的，标题中并没有体现信息的概要内容，不便于定位到具体的信息，如果在此基础上，由会议名称、建议提案号和建议提案的简要内容组成信息标题则会更明确。

（4）建议提案办理结果公开不及时

原则上，建议提案最多应自交办之日起 6 个月内办结，那么，第十二届全国人民代表大会第五次会议和政协第十二届全国委员会第五次会议的建议提案最晚应于 2017 年 9 月底办结。按照《政府信息公开条例》，政府信息应当自形成之日起 20 个工作日内予以公开，建议提案的办理结果应于 11 月初上网公开。评估发现，8 家国务院部门、7 家省级政府公开建议提案办理复文不及时，时间上具有滞后性。有的于 2017年 12 月底公开，有的甚至延迟到 2018 年才予以公开。

（三）权力清单公开

梳理行政机关的权力和责任事项，编制并公开权责清单，有助于明确政府权力运行边界，加强监督，规范权力运行，是建设透明政府、法治政府的重要内容。因此，项目组继续对 31 家省级政府、49 家较大的市政府、100 家县级政府门户网站集中公开各部门权力清单的情况进行评估。

1. 评估发现的亮点

31 家省级政府、49 家较大的市政府、100 家县级政府门户网站都公开了本级政府各部门的权力清单，公开率达到 100%。

此外，部分省级政府不仅清晰展示了本级政府各部门的权力清单，还统一发布了本地区各级政府部门的权力清单。如陕西省政府门户网站设置了专门的权责清单发布平台，集中发布了从省级到市级，再到区县级政府各部门的权力清单，形成了一个统一的整体；且部门之间、上下级政府之间能够相互链接，层级分明，查询十分便利。

2. 评估发现的问题

（1）权力清单动态调整不及时

随着行政权力的取消、下放、保留，行政权力所依据的法律法规的调整，政府部门的行政权力事项应随之及时调整，以保证权力清单的准确性。2016 年颁布并实施的《慈善法》第 105 条规定了县级以上政府民政部门对将信托财产及其收益用于非慈善目的的慈善信托受托人的行政处罚权。所以，县级以上政府民政部门的权力清单中应当包括上述事项。评估发现，仅 6 家省级政府、1 家较大的市政府、6 家县级政府的民政部门的权力清单中有上述处罚事项，其他评估对象的权力清单都没有及时更新。权力清单编制滞后僵化，不及时动态更新，便失去了编制权力清单的意义。

（2）权力清单公开机制待理顺影响对外展示效果

国家在推行权力清单公开的过程中，采取的是由点到面的做法，即由行政审批事项清单公开扩展到9＋X项行政权力事项的公开。由于行政审批事项或者说行政许可事项包含在9＋X项事项中，所以在对外展示方面，应该从单独的行政审批事项清单到统一公布的权力清单，而非仍旧将行政审批事项清单独立放置。评估发现，部分评估对象的行政审批事项清单和权力清单仍分开放置。如青海省西宁市在政府门户网站的"信息公开—行政审批"栏目公开了各部门的行政审批事项清单，又在"便民服务—权力清单"栏目公开了各部门除了行政审批事项之外的权力事项清单。又如，江苏省南京市建邺区在政府门户网站的"在线办事—政府部门权责清单"栏目中集中公开了各部门的各项权力，包括行政审批；又在"政务公开—清单公开"栏目中公开了行政审批事项清单。由此可见，权力清单公开的体制机制并没有理顺，多处反复公开反而影响公开效果。

（四）政务服务信息公开

国务院印发《关于加快推进"互联网＋政务服务"工作的指导意见》，要求加快推进政务服务能力建设，全面公开政务服务事项目录，优化公开办事指南，提升政务服务的标准化和网络化水平，最大限度地利企便民，让企业和群众少跑腿、好办事、不添堵。因此，项目组对政务服务信息公开情况进行了评估。政务服务信息公开指标主要考察54家国务院部门、31家省级政府、49家较大的市政府、100家县级政府门户网站公开政务服务事项目录、政务服务事项办事指南、行政审批结果的公开情况。

1. 评估发现的亮点

（1）地方政府政务服务事项目录的公开情况较好

《关于加快推进"互联网＋政务服务"工作的指导意见》明确要求，国务院各部门、各省级政府要依据法定职能全面梳理行政机关、公共企事业单位直接面向社会公众提供的具体办事服务事项，编制并公开政务服务事项目录，对于市级政府和县级政府没有作要求。评估发现，8家省级政府、27家较大的市政府、39家县级政府门户网站公开了政务服务事项目录。显然，较大的市政府和县级政府的公开程度反而比国务院部门和省级政府更高，省级政府的公开程度比国务院部门更高。这说明，地方政府比国务院部门更加重视政务服务事项的梳理和公开。

（2）注重建设本地区统一的政务服务平台

加快建设本地区统一的政务服务平台，集中公开从省到市，再到县的政务服务信息，不仅有利于统一本地区政务服务信息的公开标准，也有利于明确政务服务事项在不同层级政府部门之间的划分，方便了群众和企业办事，提升了公开效果。评估发现，湖南省、广东省、贵州省等都建有统一的网上办事大厅，且平台下设市、区县级分厅，层级分明，分工清晰。

（3）政务服务事项办事指南公开细致

尽管《关于加快推进"互联网＋政务服务"工作的指导意见》对政务服务事项办事指南的内容要素有明确规定，个别评估对象在此基础上添加了更加细致和人性化的信息。如贵州省贵阳市网上办事大厅的政务服务指南提供的申请材料信息很细致，不仅有申请材料名称和格式文本，还明确了材料来源（申请材料提供方）、申请材料的法律依据。又如，福建省和贵州省的政务服务事项指南提供的信息很人性化，不仅有明确的办事地点，而且有交通指引，方便群众和企业办事。

（4）省级环境保护领域行政审批结果公开程度较高

评估发现，31 家省级政府均公开了环保领域的行政审批结果，占比 100%。这一方面离不开省级政府及其环境保护部门对审批结果公开工作的重视；另一方面也离不开环境保护部对本系统信息公开工作的指导，如环境保护部制发了《关于印发〈建设项目环境影响评价政府信息公开指南（试行）〉的通知》（环办〔2013〕103 号），对环境影响评价文件审批、建设项目竣工环境保护验收和建设项目环境影响评价资质审批的公开作了明确规定，尤其是对上述事项的内容要素进行了明确，为系统内的环境保护部门提供了清晰的指引。

（5）行政审批结果精细化公开，方便查找

目前，行政审批结果公开的普遍做法是在政府门户网站设置双公示专栏，集中公开行政审批结果，按照政府部门对其进行分类，或者是将其公开在企业信用信息网站上。评估发现，有的评估对象在此基础上按照行政审批事项的种类、时间、申请人等对其进行了更加精细化的分类。如四川省成都市安全生产监督管理局在其门户网站的安全生产许可公示栏目下，将行政审批结果分为危险化学品经营许可、危险化学品生产许可、危险化学品安全使用许可、烟花爆竹经营（批发）许可、非煤矿山企业安全生产许可、危险化学品建设项目、建设项目职业卫生项目审批许可、隐患整改方案审查情况、非煤矿山建设项目安全设施设计审查许可、金属冶炼建设项目安全设施设计审查许可、非药品类易制毒化学品二类经营备案证明、非药品类易制毒化学品生产二类备案证明、非药品类易制毒化学品生产三类备案证明等13类，并在每一类中对其进行更加细致的分类。又如，贵州省对公开的行政审批结果进行了精细化的分类，其网上办事大厅公布的行政审批结果可以按照受理部门、时间区间、申请人等关键词进行高级筛选；国家发展和改革委员会的行政审批结果可以按照办结时间、事项类型等进行高级筛选，提高了查找和分析利用的便利度。

2. 评估发现的问题

（1）政务服务事项目录的内容未突出重点

政务服务范围广、事项多，在梳理政务服务事项、推进政务服务事项公开的过程中，应突出重点、需求导向、急用先行。行政审批事项公开是推行行政审批制度改革、简政放权、优化服务的重要内容，基本公共教育、劳动就业服务、社会保险、基本社会服务、基本医疗卫生、人口和计划生育、基本住房保障、公共文化体育、残疾人基本公共服务等基本公共服务事项公开与社会大众生产生活密切相关，而投诉举报等则是基于基本公共服务本身衍生出来的监督服务；相应地，在梳理政务服务事项清单时应按照行政审批事项—基本公共服务事项—监督服务事项的顺序来梳理。评估发现，部分评估对象编制的政务服务事项目录中缺少重要服务事项的内容，有的反而是一些边边角角的服务事项，甚至将不属于政务服务的事项纳入政务服务事项目录。如陕西省的政务服务事项目录中，省民政厅的公共服务事项仅有地名信息查询和福利彩票服务热线（负责受理社会公众的咨询、投诉等）两项，没有社会救助、社会福利等重要事项；省财政厅的公共服务事项仅有会计从业资格证书管理服务和对会计师事务所、注册会计师违法行为的公告，其中，后者并不是政务服务事项。

（2）政务服务事项办事指南的公开程度欠佳

评估发现，仍有 2 家国务院部门、1 家省级政府、1 家县级政府未公开政务服务事项的办事指南。其中，河南省洛阳市洛龙区可能找到办事指南的位置如行政许可和政务大厅栏目链接的都是其上一级政府洛阳市的行政许可和政务服务大厅，本级政府门户网站中所找到的办事指南中办事地点和办事机构显示的是洛阳市行政服务中心，并未找到本级政府的行政审批事项办事指南。另外，国家知识产权局的行政审批事项清单中显示有 3 项行政审批事项，而在其门户网站公布的办事指南只有 1 项《专利审查指南》，且该指南是需要另行下载的文件，篇幅冗长，内容复杂，同其他国务院部门公布的办事指南相比，缺乏简明性和可操作性，不利于企业和群众快速了解申请专利的步骤。

（3）政务服务事项办事指南的内容不全面

政务服务事项办事指南是群众和企业办事的说明书，内容应当具体全面。《关于加快推进"互联网＋政务服务"工作的指导意见》规定，规范和完善办事指南，列明依据条件、申请材料、流程时限、收费标准、注意事项等信息。评估发现，部分评估对象提供的政务服务事项办事指南内容未能包括办理依据、申报条件、申报材料、办理地点、办理流程、办理时限、收费标准等核心要素。2 家县级政府的部分政务服务事项的办事指南未包括办理依据；4 家国务院部门、2 家省级政府、2 家较大的市政府、2 家县级政府的部分政务服务事项的办事指南未包括申报条件；1 家国务院部门、2 家县级政府的部分政务服务事项的办事指南未包括申报材料；6 家国务院部门、8 家省级政府、7 家较大的市政府、22 家县级政府的部分政务服务事项的办事指南未包括办理地点；6 家省级政府、8 家较大的市政府、13 家县级政府的部分政务服务事项的办事指南未包括办理流程；6 家国务院部门、5 家省级政府、12 家县级政府的部分政务服务事项的办事指南未包括办理期限；13 家国务院部门、9 家省级政府、8 家较大的市政府、35 家县级政府的部分政务服务事项的办事指南未包括收费标准。如中国证券监督管理委员会直接将法律法规条文罗列上去作为部分政务服务事项申报条件；安徽省黄山市徽州区的办理时限写的是"办理时间周一至五"。

（4）政务服务事项的办事指南的内容不明确

政务服务事项办事指南是群众和企业办事的说明书，内容应当明确，给予清晰的指引。评估发现，部分评估对象的政务服务事项办事指南中的办理依据、申报条件、申报材料、办理地点、收费标准等都含有模糊性表述，容易让群众和企业看不明白。

第一，部分评估对象的办理依据不明确。政务服务事项的办理依据应包括法律法规名称、条款数和条款内容。评估发现，40家国务院部门、14家省级政府、30家较大的市政府、70家县级政府的部分政务服务事项的办理依据只有法律法规名称和条款数，或者只有法律法规名称，没有具体的条款内容。如黑龙江省齐齐哈尔市的烟花爆竹批发经营许可、供热许可证变更核准等仅有法规名称，权限内社会团体的成立登记的法律依据为"暂行"。

第二，部分评估对象的申报条件不明确。《关于加快推进"互联网+政务服务"工作的指导意见》规定，除办事指南明确的条件外，不得自行增加办事要求。评估发现，35家国务院部门、12家省级政府、24家较大的市政府、67家县级政府的部分政务服务事项的申报条件中含有"其他""等"此类模糊表述。

第三，部分评估对象的申报材料不明确。申报材料的名称、格式、份数等应当明确，以便群众一次性带齐，减少跑腿的次数。评估发现，37家国务院部门、8家省级政府、11家较大的市政府、38家县级政府的部分政务服务事项的申报材料中含有"其他""等"模糊表述。

第四，部分评估对象的办理地点不明确。政务服务办理地点应当包括具体的地址、办理机构名称，如果办理地点是政务服务大厅，还应当注明受理窗口号。评估发现，10家国务院部门、9家省级政府、18家较大的市政府、36家县级政府的部分政务服务事项的办理地点不明确。

第五，部分评估对象的收费标准不明确。有的评估对象仅仅罗列政务服务事项收费依据文件名称或文号，未告知收费标准和方式。

（5）申请材料的格式文本不易网上获取

申请材料是公民或企业在申请政务服务事项中最需要提前准备的部分，而很多申请材料是有格式文本的，在办事指南中提供可复制或可下载的申请材料格式文本，可以提高当事人和办理机构双方的办理效率。

《关于加快推进"互联网＋政务服务"工作的指导意见》要求，明确需提交材料的名称、依据、格式、份数、签名签章等要求，并提供规范表格、填写说明和示范文本。评估发现，12家国务院部门、18家省级政府、24家较大的市政府、69家县级政府未提供可供复制或下载的申请材料格式文本。如黑龙江省齐齐哈尔市提供的格式文本下载链接无效。有的申请材料的格式文本放置位置不规范，如山东省济南市政务服务中心的政务服务事项办事指南中没有提供申报材料的格式文本，反而将其放在各个部门网站的下载中心，甚至有的部门网站的下载中心链接无效。

（6）政务服务事项办事指南的内容不准确

政务服务事项办事指南的内容应当准确，以免误导群众。目前政务服务事项办事指南的公开平台多元，如政府门户网站的在线办事栏目、政务服务中心网站、部门网站等，很容易发生多平台间发布信息不一致的现象。评估发现，1家省级政府、2家较大的市政府、32家县级政府多平台发布的同一政务服务事项的办事指南的内容不一致，主要体现在办理依据的法律法规名称、条款数不一致、申报材料不一致、办理期限不一致、面向对象不一致等。多平台公布的内容一致的办事指南中存在一个内容详细、一个内容简略的情况。这可能是因为，办事指南的发布主体不一致，且没有统一的发布标准，不仅信息重复录入、浪费行政资源，而且使得办事企业、群众无所适从。

（7）行政审批结果公开程度有待提升

公开行政审批结果，有利于提高政府行政管理透明度和政府公信力，有利于加强信用信息资源整合，推动社会信用体系建设；有利于加强社会监督，发挥公众参与规范市场主体行为的积极性。《企业信息公示暂行条例》对此已有明确规定。评估发现，仍有部分评估对象未公开行政审批结果。10家国务院部门网站未公开2017年本部门的行政审批结果；5家较大的市政府、57家县级政府的门户网站或安全生产监督管理部门网站未公开2017年安全生产领域的行政审批结果。有的评估对象在行政审批栏目下公开的是行政审批事项的办理状态，如"办结""处理中"，而非行政审批结果。

（五）"双随机"监管信息公开

为贯彻落实党中央、国务院关于深化行政体制改革，加快转变政府职能，进一步推进简政放权、放管结合、优化服务的部署和要求，切实解决当前一些领域存在的检查任性和执法扰民、执法不公、执法不严等问题，《国务院办公厅关于推广随机抽查规范事中事后监管的通知》要求，大力推广随机抽查监管，制定并公布随机抽查事项清单，法律法规规章没有规定的，一律不得擅自开展检查；建立"双随机"抽查机制，及时向社会公布抽查情况及查处结果，接受社会监督。梳理并公开随机抽查事项清单、抽查结果和查处情况，有利于规范市场执法行为，创新政府管理方式，营造公平竞争的发展环境，推动大众创业、万众创新。因此，本年度项目组对各级政府公开"双随机"信息的情况进行了评估，主要观察有随机抽查权限的45家国务院部门网站是否公开本部门随机抽查事项清单、抽查结果和查处情况；31家省级政府、49家较大的市政府、100家县级政府门户网站是否公开本级政府各部门随机抽查事项清单，其门户网站、部门网站或企业信用信息网是否公开食品药品监督管理部门、安全生产监督管理部门的抽查结果和查处情况。

1. 评估发现的亮点

（1）设置专门栏目公开"双随机"信息

部分评估对象设置专门栏目集中并分类公开"双随机"相关信息，方便公众查找。如山东省青岛市政府在政府门户网站设置"双随机—公开"栏目，栏目中分类公开了与"双随机"相关的政策文件、各部门的检查方案、各部门随机抽查事项清单和抽查结果，方便查看。

（2）食药监领域随机抽查结果公开程度相对较高

评估发现，相对于安全生产监督管理领域，多数评估对象公开了2017年食药监领域的随机抽查结果。国家食品药品监督管理总局、31家省级政府食品药品监督管理部门、47家较大的市政府食品药品监督管理部门、59家县级政府食品药品监督管理部门都公开了2017年本部门的随机抽查结果，公开率较高。这一方面得益于本部门对公开随机抽查结果的重视，另一方面也得益于上级主管部门对本系统公开工作的指导。由于食品药品监督管理部门是垂直管理部门，部分地区食品药品监督管理部门网站的栏目设置都是相似的，可见上级主管部门不仅对公开内容进行了指导，对于网站建设也给予了引导。

（3）随机抽查结果和查处情况一并展示，方便查阅

如山东省济南市食品药品监督管理局将针对某一具体行政相对人的抽查结果、行政处罚结果、原因排查及整改情况一并展示在针对该相对人的核查处置情况通报中，清楚连贯，有利于了解案件的全貌和脉络。

2.评估发现的问题

（1）随机抽查事项清单公开程度低

梳理并公开随机抽查事项清单，有利于明确行政机关的抽查权限，法律法规规章没有规定的，一律不得擅自开展检查，加强社会监督。《国务院办公厅关于推广随机抽查规范事中事后监管的通知》《国务院办公厅关于印发2017年政务公开工作要点的通知》明确要求，制定并公布随机抽查事项清单，明确抽查依据、抽查主体、抽查内容、抽查方式等。评估发现，19家国务院部门未公开本部门随机抽查事项清单，20家省级政府、24家较大的市政府、79家县级政府门户网站未公开本级政府各部门随机抽查事项清单。其中，部分政府门户网站仅公开了部分部门的随机抽查事项清单，海淀区政府发布的随机抽查事项清单中的抽查主体只涉及部分部门。黑龙江省齐齐哈尔市龙沙区、浙江省杭州市拱墅区、安徽省黄山市徽州区、四川省新津县、四川省攀枝花市西区、贵州省遵义市播州区、贵州省兴义市、宁夏回族自治区青铜峡市等政府门户网站只公开了部分部门的随机抽查事项清单。

（2）随机抽查事项清单内容不全面

如前所述，随机抽查事项清单中应明确抽查依据、抽查主体、抽查内容、抽查方式等。评估发现，部分评估对象公开的随机抽查事项清单未包括上述全部要素。在公开了随机抽查事项清单的评估对象中，1家国务院部门、1家县级政府的随机抽查事项清单中未包括抽查依据，3家国务院部门、1家较大的市政府的随机抽查事项清单中未包括抽查主体，1家国务院部门、3家省级政府、1家较大的市政府、6家县级政府的随机抽查事项清单中未包括抽查内容，10家国务院部门、2家省级政府、7家较大的市政府、5家县级政府的随机抽查事项清单中未包括抽查方式。

（3）随机抽查结果公开程度低

《国务院办公厅关于推广随机抽查规范事中事后监管的通知》要求，要加强抽查结果的运用，向社会公开随机抽查结果和查处情况。《国务院办公厅关于印发2017年政务公开工作要点的通知》也要求，及时通过国家企业信用信息公示系统及其他平台公开抽查结果和查处情况。评估发现，第一，国务院部门的随机抽查结果公开程度低。36家国务院部门网站未公开2017年本部门的随机抽查结果。第二，安全生产监督管理领域的随机抽查结果公开程度不高。27家省级政府、38家较大的市政府、87家县级政府的安全生产监督管理部门的部门网站、政府门户网站或企业信用信息网未公开本部门2017年的随机抽查结果。

（六）行政处罚信息公开

公开行政处罚信息，推行行政执法公示制度，是打造透明政府和公信政府的重要体现，是促进简政放权、实现放管结合、切实转变政府职能的有效手段，是推进国家治理体系和治理能力现代化的必然要求。做好行政处罚信息公开，有利于规范市场执法秩序，提高行政执法的透明度和公信力；有利于加强社会监督，发挥公众对规范市场主体行为的积极作用；还有利于为市场提供充分的企业信用信息，合理引导市场主体作出选择，发挥政府信息的服务作用。《企业信息公示暂行条例》，中共中央办公厅、国务院办公厅印发的《关于全面推进政务公开工作的意见》，《国家发展和改革委员会关于认真做好行政许可和行政处罚等信用信息公示工作的通知》（发改电〔2015〕557号）等对行政处罚信息公开有明确要求。因此，本年度项目组继续对行政处罚信息公开进行评估。行政处罚信息公开指标主要考察31家省级政府、49家较大的市政府、100家县级政府门户网站公开各部门行政处罚事项清单的情况，以及有行政处罚权的50家国务院部门、31家省级政府、49家较大的市政府、100家县级政府门户网站、部门网站或企业信用信息网公开行政处罚结果的情况。其中，就行政处罚结果公开指标，针对31家省级政府，抽取的是31家省级政府的质量技术监督部门、工商行政管理部门和知识产权管理部门；针对49家较大的市政府，抽取的是环境保护部门和食品药品安全监管部门；针对100家县级政府，抽取的是城市综合执法部门、食品药品安全监管部门和安全生产监管部门。

1．评估发现的亮点

（1）普遍公开行政处罚事项清单

梳理并公开行政处罚事项清单，有利于明确政府行使行政处罚权的边界，接受群众监督。评估发现，绝大多数评估对象都公开了行政处罚事项清单。31家省级政府、48家较大的市政府、100家县级政府门户网站集中公开了各部门的行政处罚事项清单。

（2）环保与食药领域行政处罚结果公开较好

在环境保护领域，41家较大的市政府环境保护部门公开了2017年本部门作出的行政处罚，占83.67%。在食品药品安全领域，43家较大的市政府食品药品监督管理部门、74家县级政府食品药品监督管理部门公开了2017年本部门作出的行政处罚，分别占比87.76%、74%。

（3）设置专栏公开行政处罚结果

部分评估对象设置专门栏目集中公开行政处罚结果。如中国人民银行、中国银行业监督管理委员会、中国证券监督管理委员会、中国保险监督管理委员会都将行政处罚公开在门户网站显著位置。其中，中国银行业监督管理委员会在其门户网站首页的政务信息栏目下设有行政处罚专栏，专栏中清楚地公布了处罚决定书编号与日期，每一条信息链接打开以后都是一个表格式的行政处罚决定书，清楚明确，内容齐全。

（4）定期发布行政处罚结果

如海南省海口市等部分城市的环境保护局和食品药品监督管理局每月都会公布行政处罚基本信息汇总表，信息完整，条理清晰，一目了然。

2．评估发现的问题

（1）个别行政处罚事项清单发布混乱

在政府门户网站集中公开行政处罚事项清单并按照部门分类展示，有利于提升公开效果。评估发现，个别评估对象的行政处罚事项清单并没有集中分类展示。如湖南省常德市武陵区政府门户网站的权力清单栏目中混乱堆放着各种权力事项，并没有对其按照权力种类和政府部门进行分类，十分混乱，不易查找。

（2）行政处罚事项清单内容有欠缺

行政处罚事项清单中应包括行政处罚事项的法律依据。评估发现，仍有 2 家省级政府、7 家较大的市政府、11 家县级政府公开的行政处罚事项清单中未包括部分行政处罚事项的法律依据。

（3）行政处罚依据不明确

行政处罚的目的在于对违法行为人进行制裁，所以必须具有明确的法律依据。评估发现，4 家省级政府、14 家较大的市政府、6 家县级政府行政处罚事项清单中的法律依据未完整包括法律法规名称、条款数和条款内容，公开得过于简单。

（4）部分领域行政处罚结果公开程度低

公开行政处罚结果，既是对行政机关行使行政处罚权的监督，也是在发挥政府信息对市场主体的规范和服务作用。评估发现，多数评估对象未公开部分领域的行政处罚结果。34 家国务院部门未公开 2017 年本部门的行政处罚结果，当然不排除某些部门在 2017 年未作出过行政处罚决定；16 家省级政府质量技术监督部门、16 家省级政府的工商行政管理部门、19 家省级政府知识产权管理部门未公开 2017 年本部门的行政处罚结果；63 家县级政府城市管理综合行政执法部门、26 家县级政府食品药品监督管理部门、71 家县级政府安全生产监督管理部门未公开 2017 年本部门的行政处罚结果，公开率低。同时，这也反映出，不同部门之间行政处罚结果的公开程度参差不齐。

（5）公开的行政处罚结果内容要素不完整

《国家发展和改革委员会关于认真做好行政许可和行政处罚等信用信息公示工作的通知》规定，各部门各地区应公示各项行政处罚事项的行政处罚决定书文号、执法依据、案件名称、行政相对人统一社会信用代码、处罚事由、作出处罚决定的部门、处罚结果和救济渠道等信息，以及作出行政处罚决定部门认为应当公示的相关信息，如此才能起到公开行政处罚结果应有的效果。评估发现，部分评估对象公开的行政处罚结果仍欠缺核心要素。1 家县级政府城市管理综合行政执法部门公开的部分行政处罚结果中未包括行政相对人名称；2 家省级政府工商行政管理部门、3 家较大的市政府的环境保护部门、3 家县级政府城市管理综合行政执法部门、2 家县级政府食品药品监督管理部门公开的部分行政处罚结果中未包括主要违法事实；1 家国务院部门、1 家省级政府工商行政管理部门、2 家较大的市政府的环境保护部门、1 家较大的市政府的食品药品监督管理部门、5 家县级政府城市管理综合行政执法部门、20 家县级政府食品药品监督管理部门、2 家县级政府安全生产监督管理部门公开的部分行政处罚结果中未包括处罚依据；1 家省级政府质量技术监督部门、1 家较大的市政府环境保护部门、3 家较大的市政府食品药品监督管理部门、5 家县级政府城市管理综合行政执法部门、20 家县级政府食品药品监督管理部门、2 家县级政府安全生产监督管理部门公开的部分行政处罚结果中未包括处罚结论。其中，有些评估对象公布的处罚依据过于简单。如山西省大同市、辽宁省大连市、四川省成都市等的行政处罚信息公示中的处罚依据仅有法律法规名称和条款数，无具体的条款内容。有些评估对象公开的处罚结果过于简单。如吉林省吉林市、湖北省武汉市、湖南省长沙市等的行政处罚信息公示中仅公开了处罚类别，即罚款、罚没等，未公开具体的罚款金额。

（6）行政处罚结果更新不及时

第一，行政处罚信息公开时间滞后。《国家发展和改革委员会关于认真做好行政许可和行政处罚等信用信息公示工作的通知》明确规定，地方各级政府工作部门要在行政许可和行政处罚作出决定之日起 7 个工作日内在作出行政决定部门的门户网站进行公示。评估发现，部分评估对象未能在规定时间内在门户网站上公开行政处罚结果。如上海市金山区安全生产监督管理局 2016 年作出的行政处罚，2017 年才上网公示，这便失去了信息公开的意义。

第二，未常态化公开行政处罚结果。如交通运输部网站虽设有行政处罚专栏，但专栏中没有相关内容，只有 2014 年的通知文件，且近三年来没有更新过信息；河北省知识产权局公布的打击侵犯知识产权领域的行政处罚结果只更新到 2015 年；吉林省发布的产品质量领域行政处罚结果中也没有 2017 年最新的处罚结果，并且已发布的信息内容也不全；湖南省资兴市的企业信用信息网站的行政处罚公示只更新到了 2016 年；广东省新兴县的城市管理局和安全生产监督管理局行政处罚信息也没有公布 2017 年的行政处罚信息等。

（7）行政处罚结果信息发布混乱

第一，行政处罚栏目内信息混乱放置。如江苏省南京市政府门户网站的行政许可和行政处罚等信用信息公示专栏所公示的行政处罚信息中，市政府部门与各区县的行政处罚信息未区分，未按时间顺序排列，导致查询困难。

第二，多平台发布行政处罚信息混乱。目前发布行政处罚信息的平台有多个，如部门网站、政府门户网站的双公示专栏、企业信用信息网等，多个平台上发布的同一部门的行政处罚信息或交叉重叠或各不相同，没有一个网站上有完整的信息，有的平台长时间不更新，群众甚至不知道某些信息平台的存在。如江苏省南京市环境保护局网站上公开的行政处罚信息和市政府门户网站上公开的行政处罚信息有部分交叉；吉林省发布的产品质量领域行政处罚结果分散在省质量技术监督局网站、省政府门户网站、企业信用信息网。究其原因，在于多个公开平台由不同的部门分别管理，且多个平台间没有较好的协调同步机制。信用信息平台本身就有两套系统，一个是国家工商行政管理总局下的国家信用信息公示系统，另一个是工业和信息化部下的信用中国系统。除此之外，各部门按照国家发展和改革委员会的要求在门户网站设置双公示专栏公开行政处罚信息，而3家主管部门之间尚未建立良好的协调沟通和行政处罚信息的同步发布机制，既不利于公开标准的统一，也容易导致信息发布分散化，还浪费了行政资源，得不偿失。

（8）行政处罚信息公开形式不一

评估发现，行政处罚结果公开主要有3种形式，第一种是直接公布行政处罚决定书，如国家发展和改革委员会、工业和信息化部、辽宁省鞍山市、福建省厦门市等。这是最清晰完整的一种形式。第二种是以行政处罚简要信息汇总表的形式公开行政处罚信息，如福建省福州市、青海省西宁市、宁夏回族自治区银川市、宁夏回族自治区青铜峡市等。采取这种形式公开的详细程度不尽相同，大多数政府部门会在表格中列出全部关键要素，但有些政府部门会缺失违法事实、处罚依据、处罚结果中的部分信息。第三种是上传行政处罚决定书照片的形式，包括河北省唐山市和广东省珠海市等，这种形式公开出的行政处罚信息常图像模糊，致使图中信息不易辨认。比如，珠海市环境保护局公布的行政处罚结果为手写版行政处罚结果决定书照片，字迹潦草，图像模糊不清，极难辨认。

（七）审计结果公开

为促进依法审计，提高审计监督的透明度，保障国家重大政策的有效落实，国务院办公厅及审计署等相继发布文件，提出各审计单位要贯彻落实《审计法》的相关规定，坚持依法审计，加大审计力度，创新审计方式，提高审计效率等要求。国务院办公厅《2016 年政务公开工作要点》《2017 年政务公开工作要点》和《国务院关于加强审计工作的意见》均要求，深化审计结果公开，做好党中央、国务院重大政策措施落实情况跟踪审计结果公开，尤其要加大问题典型和整改典型公开力度，促进政策落地生根。为此，项目组对 31 家省级政府、49 家较大的市政府、100 家县级政府公开本级预算执行审计报告和专项审计报告的情况进行评估。

1. 评估发现的亮点

（1）设置专门栏目集中公开审计结果信息

评估发现，部分评估对象在政府门户网站或审计部门网站上设有审计报告公开专栏，且公开内容较为详尽。如，上海市审计局网站设置了"重点审计项目计划""审计结果公告""审计工作报告"和"审计整改报告"4 个审计公开专栏；广西壮族自治区审计厅网站设置了"审计结果公告和整改情况"专栏；广东省佛山市禅城区审计局网站设置了"审计结果公告"专栏；广东省深圳市罗湖区政府门户网站设置了"审计结果"专栏，方便公众快速定位信息查找位置。

（2）审计报告内容完整、信息全面

审计是由国家审计机关对政府预算执行及其他财政收支情况的监督，审计报告的一项重要内容就是对审计发现问题的说明。评估发现，除宁夏回族自治区贺兰县外，公开了 2016 年本级预算执行审计报告的省级政府、较大的市政府、县级政府在报告中均对审计发现的问题进行了描述。不仅如此，其中，18 家省级政府、25 家较大的市政府、16 家县级政府还对审计发现问题的整改情况进行了描述，回应了审计发现的问题。

（3）及时解读审计报告、提高其可读性

审计报告专业性强，为了提高社会大众对审计报告的可理解度、可接受度，审计机关应加强对审计报告的解读。评估发现，部分评估对象在网站上发布了对审计报告的解读信息，如福建省、浙江省、广东省深圳市等。以浙江省为例，浙江省审计厅网站以问答的形式针对审计工作报告的特点、财政总体收支情况、重大政策措施贯彻落实跟踪审计情况、民生领域审计的具体情况、揭示的重大违纪违法问题的线索等作了详细的解答，提高了审计报告的亲和力。

2. 评估发现的问题

（1）审计结果公开程度有待提升

第一，部分评估对象未公开本级预算执行审计报告。评估发现，6家省级政府、25家较大的市政府、83家县级政府的审计部门未公开2016年本级预算执行审计报告，其中，3家省级政府、11家较大的市政府、14家县级政府只公开了2015年本级预算执行审计报告，未公开2016年审计报告。部分评估对象仅转发审计署相关文件，未公开本级审计信息。山西省审计厅网站公示的预算执行跟踪情况链接至审计署的相应信息；吉林省长春市、内蒙古自治区包头市审计局网站的审计公告栏目下的文件都是转发审计署的；还有的评估对象信息公开栏目以组织人事调整任命、领导动态等其他活动信息居多，而本职审计工作内容较少。从上述数据也可以看出，随着政府层级的降低，本级预算执行审计报告的公开情况也越来越不理想，基层政府公开得最差。

第二，部分评估对象未公开单独的专项审计报告。评估发现，11家省级政府、30家较大的市政府、79家县级政府的审计部门未公开单独的专项审计报告，其中，部分评估对象在本级预算执行审计报告中对专项审计结果进行了描述，但未公开单独的专项审计报告。总体上，专项审计报告的公开率随着政府层级的降低而降低。

（2）对审计发现问题整改情况的描述不细致

评估发现，部分评估对象的审计报告中对审计发现问题的整改情况仅作一般性描述，未就问题作出详细、具体的回应。如辽宁省沈阳市政府2016年本级预算执行审计报告中仅说明："对审计发现的问题，市审计局已依法作出处理处罚，提出审计建议。各单位对存在的问题积极进行整改，有些问题已整改完毕，下一步，政府将督促有关单位继续认真进行整改。"

（3）审计信息公开方式不规范

评估发现，审计信息公开不规范，主要表现在以下两个方面。第一，审计信息公开途径不统一，有的评估对象将审计报告公开在部门动态栏目中，有的公开在审计结果公示栏目中，有的公开在公示公告栏目，甚至有的在部门要闻栏目中出现。并且，上述有的栏目名称并不能直接指向审计信息，公众查找不便。第二，有的评估对象虽然设置了审计结果专栏，专栏内审计报告标题不明确，不便查阅。比如，云南省昆明市审计局的审计结果公告仅以文件编号为标题（如《审计结果公开2017 第 27 号》）。

（八）政府信息公开工作年度报告

政府信息公开工作年度报告是对上一年政府信息公开工作的统计汇总，依照规定应当对社会公开。《政府信息公开工作条例》和《国务院办公厅关于加强和规范政府信息公开情况统计报送工作的通知》对政府信息公开工作年度报告应包含的内容和统计数据作了明确规定。政府信息公开工作年度报告指标主要观察 49 家较大的市、100 家县级政府信息公开工作年度报告的可获取性、2016 年年报的新颖性和内容。

1. 评估发现的亮点

（1）年度报告形式新颖

第一，多样化展示年报，增强年报的可接受度。如湖南省长沙市以3D 电子书形式展示年报，既可达到纸质书的视觉效果，又便于携带、节省空间，满足了公众对信息格式的多样化需求。又如上海市浦东新区、徐汇区、金山区、普陀区更是利用现代科技手段增加年报有声朗读功能，这在一定程度上也要归功于上海市政府对各区政府信息公开工作年度报告的有力指导。再如，四川省成都市对 2016 年年报的主要内容做了结构化展示，提纲挈领，有效传递整体报告信息。

第二，图文并茂，增强年报的可读性。充分利用图表图解、音频视频等形式展示年报内容，直观简明。评估发现，34 家较大的市政府、61 家县级政府都在年报中加入统计饼状图、柱状图、曲线图等，分别占比 69.39%、61%。其中，江苏省苏州市 2016 年年报采用文档版与图解版相结合的方式展示，辽宁省抚顺市、江苏省无锡市也采取了同样的做法，二者互相映衬、相得益彰。

（2）引入分析年报中统计数据的新视角

行政机关一年的政府信息公开工作，形成了大量的政府数据，对这些数据进行深度挖掘分析，有利于政府信息公开工作的精细化管理。因此，年报的内容不应限于《国务院办公厅关于加强和规范政府信息公开情况统计报送工作的通知》中的统计要求。评估发现，有的年报对依申请公开来源的情况进行了分类说明。如江苏省苏州市的年报中对申请人按照党政机关、社会团体、企业、公民（律师、科研人员等）等分类进行说明，广东省广州市也采取了同样的方式。另外，有的年报在罗列2016 年统计数据的基础上，还对往年的数据进行对比分析。如福建省福州市的年报中，将 2008—2016 年全市政府信息公开申请数量进行对比分析，统计图表直观明了地显示了申请量的变化趋势，同样采用年度数据对比方式的还有吉林省吉林市、黑龙江省齐齐哈尔市、浙江省杭州市、湖北省武汉市、四川省成都市、甘肃省兰州市、青海省西宁市、宁夏回族自治区彭阳县等。

2. 评估发现的问题

（1）县级政府 2016 年年报公开程度欠佳

《政府信息公开条例》明确规定，各级行政机关应当在每年 3 月 31日前公布本行政机关的政府信息公开工作年度报告。评估发现，仍有 6家县级政府未在本级政府和上级政府门户网站公开 2016 年年报，未能落实文件要求。

（2）政府信息公开工作年度报告发布位置混乱

在政府门户网站设置专门栏目集中发布本级政府历年年报、各政府部门年报，并按照年份、机构等分类放置，有利于提升公开效果，方便查找。评估发现，仍有部分年报发布位置不规范。

第一，未按照年份、机构分类发布。部分评估对象虽然设置了政府信息公开工作年度报告栏目，但栏目未按照年度、部门等进行必要分类，所有的年报都混杂在一起，不易查找。如山西省太原市政府年报夹杂在政府各部门年报及下属各区县年报中，查找不便。又如宁夏回族自治区平罗县政府 2011 年至 2014 年、2016 年年报夹杂在其政府各部门及下属各乡镇年度报告中。

第二，发布位置不统一。部分评估对象将不同年份年报发布在政府门户网站的不同栏目。如青海省西宁市政府在"首页—信息公开—政府信息公开年报"栏目中仅公开了 2009 年至 2016 年年报，却将 2008 年年报发布在政府信息公开目录下的办公厅文件栏目中，未能有效发挥政府信息公开工作年度报告栏目的作用。除此之外，还有部分评估对象将不同年份的年报发布在不同层级政府门户网站。评估发现，5 家较大的市政府 2008 年至 2016 年年报分别发布在本级政府网站和上级政府门户网站上，不易查找。

（3）部分年报配图制作水平低

在年报中加入图表图解、音频视频等有利于通过图文并茂的方式提高年报的公开效果，但配图不当则起不到预期效果甚至可能适得其反。评估发现，评估对象年报的配图水平参差不齐。有些年报全文没有配图，仅配有统计表，或于文字末尾直接呈现，或以可供下载的附件形式呈现；有些年报配图为照片、网站截图，没有直观呈现数据分析的折线图、饼状图或柱状图等，且文字与图片搭配视觉效果不佳，影响美观，如安徽省淮南市、海南省海口市 2016 年年报；有些年报配图制作水平低，图片模糊或不完整，影响查看效果，如宁夏回族自治区青铜峡市年报的附件"2016 年政府信息公开情况统计表"中，表格制作不完整，数据基本空白。

（4）个别年报片面追求新颖性忽视友好性

在政府门户网站上公开的政府信息公开工作年度报告应可复制或可下载，以方便群众获取与利用。评估发现，个别评估对象由于过于追求年报形式的新颖性，而忽略了其可获取性和可利用性。如湖南省长沙市 2016 年年报以 flash 的形式展示出来，但是既不可被复制，又不能下载，在年报页面的上方指示栏中仅有打印图标，点击指示栏的帮助图标后也只有打印图标，在年报页面的下方指示栏中有一个分享图标，点击后只能分享网址而已。这直接影响了公众获取政府信息的便捷度，影响公开效果。

（5）个别年报内容有缺失

依申请公开是行政机关政府信息公开工作的重点，《政府信息公开条例》也明确规定，政府信息公开工作年度报告应当包括行政机关依申请公开政府信息的情况。评估发现，仍有个别年报中并未包含对依申请公开情况的说明，即通篇报告未提及该项内容。如辽宁省本溪市政府信息公开办公室2016年年报中只包括主要工作及成效、存在问题及整改情况、下一步工作打算三大部分内容，上述任一部分内容都没有关于依申请公开情况的说明。还有5家较大的市政府、9家县级政府2016年年报没有对依申请公开收费情况进行说明，无法得知其是否收费及有无减免情况。

（6）不少年报内容不详细

加强政府信息公开工作，尤其是依申请公开工作方面的统计分析，有利于明确工作的重点和方向。《国务院办公厅关于加强和规范政府信息公开情况统计报送工作的通知》对年报中的统计内容作了明确规定，评估发现，仍有部分年报的统计数据有待细化。

在收到申请情况的统计方面，部分年报仅对申请量作笼统表述。6家较大的市政府、26家县级政府2016年年报未对申请方式的分类数据（如口头申请、当面申请、信函、电子邮件、在线申请）作详细说明。37家较大的市政府、66家县级政府2016年年报未对申请量居前的部门作说明，24家较大的市政府、41家县级政府2016年年报未对申请量居前的事项作说明。

在答复申请的统计方面，部分年报只是简单公开了依申请公开答复的总体情况。6家较大的市政府、20家县级政府2016年年报未对依申请公开答复结果（如决定公开、不公开、部分公开）进行分类说明。20家较大的市政府、11家县级政府2016年年报并没有提及不公开答复的原因，或仅笼统提及，如"主要是不属《政府信息公开条例》所指政府信息、涉及家人隐私、危及国家安全、公共安全、经济安全和社会稳定"，却没有进行具体的分类统计。

在因政府信息公开被复议或被诉讼的结果的统计方面，部分年报只是对涉公开复议诉讼总数作了笼统表述。10家较大的市政府、14家县级政府2016年年报未披露复议结果分类数据，11家较大的市政府、10

家县级政府 2016 年年报未披露诉讼结果分类数据。

（7）个别年度报告文字表达欠妥当，数据不准确

政府信息及相应的年度报告应当真实、准确、客观。评估发现，个别年报存在文字表达欠妥、图文结构混乱、统计表格数据缺失等问题。如安徽省宁国市 2016 年年报中，行政复议、行政诉讼情况表述为"2016 年，全市收到依申请公开行政复议案件 1 件，宣城市政府'零纠错'和行政诉讼'零败诉'"。这一表述有以下几点不妥之处：一是本年度报告为宁国市政府年报，但是后半句的主体却是宣城市；二是行政诉讼"零"败诉的前提是无行政诉讼，但是其并未提到有无行政诉讼，直接说明行政诉讼"零"败诉，不合逻辑；三是"零纠错"和"零"败诉在双引号使用上的区别也欠妥当，应在形式上保持一致。又如云南省绥江县 2016 年年报文字部分没有提及依申请公开信息情况及依申请公开收费情况，附件的统计表中显示依申请公开信息统计数也均为空白，但却显示依申请公开信息收取费用 3 万元，表述前后矛盾。

（九）法治政府建设情况年度报告

全面小康社会的建成不仅仅是经济发展水平和物质生产能力达到一定标准，而是具有多方面的丰富内涵。其中，贯彻依法治国基本方略、建成法治政府是一项重要内容。为促进法治政府建设，把政府工作全面纳入法治轨道，让政府用法治思维和法治方式履行职责，确保行政权在法治框架内运行，中共中央、国务院印发了《法治政府建设实施纲要（2015—2020 年）》（以下简称《纲要》），并发出通知，要求各地区各部门结合实际认真贯彻执行。为此，项目组对 54 家国务院部门、31 家省级政府、49 家较大的市政府、100 家县级政府门户网站公开 2016 年度法治政府建设情况年度报告的情况进行评估。

1. 评估发现的亮点

（1）法治政府信息公开平台建设初见成效

本次评估中，部分评估对象，如安徽省淮南市、河南省洛阳市、广东省深圳市、海南省海口市等地，均在政府门户网站或本级法制部门网站上专门设立了依法行政专栏，集中发布法治政府建设以及依法行政相关工作的具体信息，并对该项工作的文件、动态、报告及考核等相关信

息进行了分类公开。

（2）市、县政府的报告公开较为及时

《纲要》要求，县级以上地方各级政府及其部门每年第一季度要向相关单位报告上一年度法治政府建设情况。评估发现，大多市、县级政府都能按时甚至提前落实文件要求。许多市、县级政府，如辽宁省鞍山市、安徽省灵璧县等，均在2017年1月就公开了本级法治政府建设或依法行政工作的报告，而其他大部分市、县级政府也都做到了在2017年3月底前将报告予以公开，如海南省海口市、浙江省嘉善县等，相关信息公开的时效性在一定程度上得到了保证。值得一提的是，还有地方政府在当年年底就对相关问题进行了总结并出具报告，极大地便利了下一年度具体工作的开展。如宁夏回族自治区2016年年底就公开了法治政府建设情况报告，并且在报告中梳理了上一年的工作，详细总结存在的问题并对下一年工作进行了充分安排，有利于相关部门及时开展法治政府建设工作。甚至，有的评估对象每半年对本级政府法治政府建设或依法行政工作的信息予以通报，有助于公众实时了解其法治状况，如安徽省合肥市。

（3）法治政府建设情况年度报告内容的规范化程度不断提升

首先，多数报告内容涵盖法治政府建设的各个方面，均按照《纲要》的要求，集中从政府职能的履行、制度体系的完善、决策水平的提升，以及决策、执法、监督、化解矛盾、提高人员素质等几个主要方面详细列明了上一年度法治政府建设工作的情况，并且注重结合当地实践对相关问题作具体的说明；不少行政机关的年度报告还着重强调了法治政府建设中对重点领域（如广东省珠海市）、领导责任（如河北省唐山市）以及保障措施（如山东省济南市）的安排，使得报告内容更为全面。

其次，不少国务院部门在法治政府建设过程中都创新性地结合了本部门工作性质及特点，作出了非常切合实际的尝试。如交通运输部强调了加快推进交通运输立法，构建综合交通运输法规体系的工作努力；环境保护部专门提及了通过法治来强化环境治理和生态保护的工作重点；这些国务院部门从自身工作出发，将《纲要》传达的法治精神融入其中，使得法治政府建设同人们的日常生活联系得更加紧密。

另外，不少评估对象在对上一年工作情况进行总结的同时，还附带指出了本级政府在法治政府建设或依法行政工作方面存在的主要问题，并提出了详细的改进措施和明确的努力方向，"上年度工作情况＋工作中存在的问题＋本年度具体工作安排"的报告模式初步形成，并为许多行政机关所接受，这对《纲要》在实践中的实施也作出了有益的补充。例如，广西壮族自治区、河南省洛阳市、广东省深圳市罗湖区都对本年度工作提出了具体思路，不断推进法治政府建设。

2. 评估发现的问题

（1）法治政府建设情况年度报告公开情况不理想

根据《纲要》，县级以上地方各级政府及其部门每年第一季度要向相关单位报告上一年度法治政府建设情况，报告要通过报刊、政府网站等向社会公开。评估发现，42 家国务院部门网站、7 家省级政府、14 家较大的市政府、66 家县级政府门户网站或其法制部门网站未公开2016 年度法治政府建设情况年度报告。如辽宁省抚顺市仅发布了抚顺市政府报告2016 年度法治政府建设情况的新闻，无报告本身。

除此之外，部分报告发布不及时。按照《纲要》及《政府信息公开条例》关于信息形成及发布时间的要求，各级政府及其部门应在每年第一季度制作完成报告，自报告完成之日起 20 个工作日内予以公开。项目组在评估中预留更为宽松的时间期限，但发现，部分报告的网上公开时间晚于 4 月 30 日。仅 5 家国务院部门、8 家省级政府、29 家较大的市政府、26 家县级政府的法治政府建设情况年度报告在 2017 年 4 月30 日前在网上公开。甚至有的报告发布超期两个月以上，这意味着，这些报告发布时间大都在 7 月左右，该年度法治政府建设工作已经过半，报告的公布时间与报告的形成时间严重脱节。这无法起到及时回应群众对这一年政府法治建设的期待和关切的效果，也降低了报告对本年度工作所具有的借鉴意义。

（2）报告内容的规范化程度仍有提升空间

第一，报告的内容不完整。不少评估对象未完整发布法治政府建设情况报告的内容，如陕西省。

第二，报告中对下一年度工作的具体安排部分差强人意。一些法治政府建设情况或依法行政工作年度报告中对下一年度工作具体安排规定得过于笼统，如河北省唐山市、四川省盐亭县等。其中，唐山市在报告中这样描述："2016 年，我市法治政府建设工作虽然取得了一定成绩，但仍然存在着很大差距。2017 年，我市将以深入学习贯彻党的十八届四中、五中、六中全会精神为指导，以全面落实《纲要》为统领，以'全面推进依法治市、加快建设法治政府'为目标，按照全省的安排部署，进一步加快法治政府建设进程，为加快实现'三个努力建成目标'、打造国际化沿海强市营造良好的法治环境。"盐亭县则写道："……还存在工作开展不平衡、个别领域工作推进不深入、部门间协调配合不够等问题。2017 年，我们将按照我县推进法治政府建设的总体安排和省、市年度工作安排，认真制定和落实各项措施，深入推进依法行政，努力加快法治政府建设进程。"对本年度工作中存在的问题一笔带过，对下一年度工作安排也仅作原则性规定，没有实质内容。甚至很多评估对象的法治政府建设情况或依法行政工作报告中对下一年度工作具体安排无规定，如山东省济南市、广东省深圳市、浙江省宁波市江北区、四川省新津县等。以上现象广泛存在于各级单位的报告之中，这从侧面反映出一些评估对象对法制工作不够重视。各级单位应当加强对相关问题的反思，凭借在本年度工作过程中总结出来的经验教训指导下一年度的制度安排。法治永远在路上而非法治永远在徘徊。

（3）报告的公开形式不规范，制约公开效果

首先，报告的标题不规范。一方面，《纲要》实施两年来，不少地方单位，尤其县级单位，普遍仍以原有的依法行政工作报告作为对当地法治政府建设工作的总结，如安徽省淮南市、广东省深圳市等，这表明各级政府部门对二者的差别还没有深入理解。另一方面，还有评估对象使用新闻语言作为报告标题。例如，国务院国有资产监督管理委员会使用《国资委 2016 年度法治建设取得积极进展》作为法治政府建设报告的标题。一来缺乏严肃性，二来不利于公众查阅。

其次，报告的标题与内容不对应。评估中还发现一些评估对象信息公开存在浑水摸鱼的情况。如黑龙江省哈尔滨市道里区的报告应介绍本级行政单位即道里区进行相关法治政府建设的情况，但报告的内容却是关于中央大街和旅游局的。

（4）报告的公开途径不明确，亟待规范

评估过程中遭遇的最棘手的问题就是对相关信息的查找不便，相信这也是社会大众在查找信息过程中经常遇到的。各个评估对象对报告的发布尚无统一的途径。有的在通知公告中予以发布，如人力资源和社会保障部、江苏省徐州市；有的以日常新闻形式发布，如商务部；有的报告被归类在法制建设栏目里，如环境保护部；也有以法制部门文件形式发布的，如宁夏回族自治区贺兰县；或者如四川省盐亭县的报告，在法制部门中被归在其他类里；山东省淄博市的报告则需要在信息公开目录的其他类里翻阅30余页才能找到；四川省西昌市的报告是在政策解读中公布的；还有公开在"双公示"项目中的，如宁夏回族自治区青铜峡市。从政府年度报告到政府专题报告，从本级重大事项到上级重要任务，有的在工作汇报、工作进展条目中发布，有的在政策法规、法制监督专栏发布，此等种种，不一而足。报告公开途径的复杂直接导致了信息便民性与友好性的降低，妨碍了公众对相关信息的查询与了解，不利于法治政府建设工作的开展，人为地给各级政府部门接受群众反馈意见增设了障碍。

不仅如此，报告的公开平台也不统一。如法治政府建设情况报告除由本级政府发布外，还存在由本级政府法制部门在其网站予以发布的情形，典型的如国务院各部门。环境保护部、人力资源和社会保障部、审计署等8家单位的报告既发布在本部门网站，又发布在国务院法制办公室网站；国务院国有资产监督管理委员会报告单独发在本部门网站；而交通运输部报告则仅发布在国务院法制办公室网站。省市级政府也时有此现象发生，如陕西省。甚至存在由司法行政部门发布报告的现象，如广东省珠海市。

（十）政府工作报告

政府工作报告是各级政府须在每年召开的当地人民代表大会会议和政治协商会议上向大会主席团、与会人大代表和政协委员发表的报告，其主要内容包括前一年的政府工作内容的总结回顾、当年的工作任务、政府的自身建设等与政府工作相关的内容。公开政府工作报告，真实准确地公开政府的工作任务及其落实情况，有助于加强对政府工作落实情况的社会监督，增加政府透明度、提升政府公信力，打造法治政府、责任政府。中共中央办公厅、国务院办公厅印发《关于全面推进政务公开工作的意见》也明确要求，推进结果公开，加大对党中央、国务院决策部署贯彻落实结果的公开力度。推进发展规划、政府工作报告、政府决定事项落实情况的公开，重点公开发展目标、改革任务、民生举措等方面事项。因此，本年度评估了31家省级政府、49家较大的市政府、100家县级政府是否公开2016年度政府工作报告、2017年工作任务分工及工作任务落实情况。

1. 评估发现的亮点

（1）公开形式展示清晰、方便查找

首先，多数评估对象设置了专栏。在评估的各级政府中，多数评估对象都在门户网站首页或者信息公开目录中以"政府工作报告""年度报告""工作报告"等为名设置了专门栏目，集中公开历年政府工作报告。以县级政府门户网站为例，有75家县级政府门户网站设置了相应栏目，占75%，极大地便利了公众查询相关信息，有利于公众对政府工作的监督了解，如北京市东城区、内蒙古自治区呼和浩特市新城区、安徽省合肥市庐阳区等。另外，部分评估对象设置了重点工作专栏，集中发布政府工作任务的分解情况与落实情况，如四川省成都市、安徽省合肥市、上海市虹口区。

其次，政府工作任务分解与进展关联展示。四川省成都市、广东省肇庆市高要区等在门户网站设置专门网页，公开每一项政府工作任务，并在各个任务下附上进展情况的链接，内容具体明确。

最后，政府工作报告或工作计划重点突出。部分政府工作报告对标题以及重要信息用深浅不同的字体加以区分，一目了然，便于了解政府重点工作，如内蒙古自治区包头稀土高新区等。

（2）定期公开工作总结和部署，连贯性强

第一，部分评估对象公开了2017年重点工作任务的分解。18家省级政府、27家较大的市政府、35家县级政府门户网站公开2017年政府工作任务的分解分工情况，明确了工作事项和责任部门。如天津市、辽宁省抚顺市、江苏省常州市天宁区等公开的2017年工作任务分解情况用表格表示，内容清晰。明确责任和部门，有利于下一步工作的顺利开展。

第二，部分评估对象阶段性公开了2017年任务落实情况。2家国务院部门、7家较大的市政府、14家县级政府门户网站分阶段地公开了2017年工作的落实情况。并且，部分评估对象按月度公开本月政府工作落实情况及下月工作计划，如湖南省株洲县、安徽省黄山市徽州区，这既体现了政府工作的连贯性，也便于公众及时了解相关工作进度，加强对政府工作的监督。

2. 评估发现的问题

（1）政府工作报告公开情况不理想

个别评估对象未在其政府门户网站公开2016年度、2015年度政府工作报告。评估发现，2家较大的市政府、12家县级政府门户网站未公开2016年度政府工作报告；1家省级政府、2家较大的市政府、14家县级政府门户网站未公开2015年度政府工作报告。如宁夏回族自治区2015年度政府工作报告、内蒙古自治区开鲁县2016年度和2015年度政府工作报告无法在政府门户网站内搜索到，但通过其他搜索引擎却能够搜索到。

（2）政府工作报告内容不全面

政府工作报告至少包括当年工作总结和下一年工作安排两部分。每一年各级政府都会在政府工作报告中对下一年要完成的事项作出承诺，下一年，各级政府也应在政府工作报告中对上一年承诺事项作出回应，告知承诺事项的完成情况，这是责任政府建设的重要表现。评估发现，个别评估对象2016年度政府工作报告忽略了对个别承诺事项进行回应。如山西省2016年度政府工作报告未完全回应积极稳妥推进新型城镇化事项；甚至有的评估对象2016年度政府工作报告中无当年工作总结部分，未对上一年度的工作安排作出回应，如北京市朝阳区2016年度政府工作报告中只对过去5年或4年的工作进行了回顾，而没有对2015年的具体工作进行总结回应。

（3）政府工作报告名称不统一、易造成混淆

有的名称为"2017年政府工作报告"，如北京市；有的则为"2016年政府工作报告"，如内蒙古自治区呼和浩特市新城区；有的干脆直接都称为"政府工作报告"。

（4）政府工作报告发布不规范

如北京市海淀区政府工作报告在栏目内重复发布；云南省开远市的政府工作报告混杂在政府文件栏目中，不便于寻找。

（十一）规范性文件公开

规范性文件俗称"红头文件"，是指行政机关作出的对不特定多数人的权利义务产生影响的可以反复适用的文件总称，包括法律、法规、规章及其他规范性文件。规范性文件是行政机关依法行政的依据，也是社会大众依法活动的准则，与社会大众切身利益密切相关，因此，规范性文件的制发、备案、清理等信息应当公开，供公众知晓。本次评估仅对规章以下规范性文件的公开情况进行观察。

规范性文件公开指标主要考察 54 家国务院部门网站，31 家省级政府、49 家较大的市政府、100 家县级政府门户网站或其法制部门网站是否公开 2017 年规范性文件备案信息（国务院部门除外）、近三年规范性文件清理信息，以及是否对已公开的规范性文件标注有效性。

1. 评估发现的亮点

注重定期公开规范性文件备案信息。定期公开规范性文件备案信息，既体现了政务公开工作的常态性，也体现了规范性文件备案工作本身的常态性。评估发现，部分评估对象定期公开规范性文件备案信息。6 家省级政府、1 家较大的市政府及 1 家县级政府按月公开，如广西壮族自治区政府法制网在规范性文件备案栏目逐月公开了规范性文件备案目录。9 家省级政府、1 家较大的市政府及 2 家县级政府按季度公开。

2. 评估发现的问题

（1）规范性文件发布位置混乱

在政府门户网站设置规范性文件栏目集中公开规范性文件，并且排除栏目内不相关信息，可以提升公开效果，也方便群众查找信息。评估发现，有的评估对象的规范性文件栏目定位混乱，在栏目中发布了一些不相关信息。如广东省博罗县政府门户网"政务公开—规章文件—规范性文件"栏目中有新闻信息。有的评估对象将规范性文件发布在栏目外。如安徽省灵璧县政府门户网站有县政府规范性文件栏目、县政府办规范性文件栏目和其他文件栏目，但在其他文件栏目中仍有县政府和县政府办的规范性文件。

（2）规范性文件备案信息公开情况不佳

《国务院关于加强法治政府建设的意见》明确规定，加强备案工作信息化建设，备案监督机构要定期向社会公布通过备案审查的规章和规范性文件目录。评估发现，14 家省级政府、40 家较大的市政府、92 家县级政府门户网站或其法制部门网站未公开 2017 年规范性文件备案审查信息。

（3）规范性文件清理信息公开情况不理想

《国务院关于加强法治政府建设的意见》要求，加强对行政法规、规章和规范性文件的清理。建立规章和规范性文件定期清理制度，对规章一般每隔五年、规范性文件一般每隔两年清理一次，清理结果要向社会公布。评估发现，部分评估对象未在近三年公开规范性文件清理结果。17 家国务院部门、10 家省级政府、12 家较大的市政府、43 家县级政府门户网站或其法制部门网站未公开近三年规范性文件清理结果。

（4）规范性文件缺乏有效性标注

《国务院关于加强法治政府建设的意见》要求，探索建立规范性文件有效期制度。国务院办公厅《2017 年政务公开工作要点》也要求，要及时公开政策性文件的废止、失效等情况，并在政府网站已发布的原文件上作出明确标注。评估发现，多数评估对象未对已公开的规范性文件标注有效性或有效期。41 家国务院部门、15 家省级政府、33 家较大的市政府、77 家县级政府未在门户网站或其法制部门网站规范性文件栏目或目录中设置效力一栏，或在具体规范性文件页面上方显示有效性，或在文件末尾规定有效期。

（十二）财政预决算

财政是庶政之母，公开财政资金的来源和使用去向，是各级政府及其部门应尽的职责，是接受群众监督、打击腐败的有效措施，是全面深化改革，推进阳光财政、透明政府和廉洁政府建设的关键举措。财政部《关于印发〈地方预决算公开操作规程〉的通知》对政府及部门预决算公开做了明确规定，尤其是明确了公开内容的标准、公开方式、公开形式等内容，是对财政系统预决算信息公开的重要指导。此次，项目组根据《关于深入推进地方预决算公开工作的通知》《关于印发〈地方预决算公开操作规程〉的通知》等文件对53家国务院部门（国家烟草专卖局的财政体制特殊，故不作为本指标的评估对象）的部门预决算和31家省级政府、49家较大的市政府、100家县级政府的政府预决算公开情况进行了评估。评估内容主要包括其财政预决算信息集中公开平台的设置情况、财政预决算说明与表格的公开情况和"三公"经费决算信息的公开情况。

1. 评估发现的亮点

（1）省市政府普遍设置财政预决算公开专栏

在政府门户网站或财政部门网站设置财政预决算专门栏目，集中展示本地区各部门的财政预决算信息，一方面，有利于政府对公开财政预决算信息进行集中管理；另一方面有利于提高其查找的便利度，提升公开效果。评估发现，31家省级政府、49家较大的市政府、100家县级政府门户网站或财政部门网站均设置了财政预决算信息公开专栏，均占100%。除此之外，53家国务院部门也均在其门户网站设置了财政预决算专门栏目，占100%。

（2）国务院部门预决算公开情况较好

第一，普遍公开预决算说明及表格。评估发现，53家国务院部门全都公开了本部门2017年预算说明及表格、2016年决算说明及表格。

第二，预决算说明内容全面。评估发现，53家国务院部门的2017年预算说明和2016年决算说明中都包括本单位职责、机构设置情况、预决算收支增减变化、机关运行经费安排和政府采购情况等内容。

第三，预决算表格均按要求进行了细化。评估发现，53家国务院部门的2017年预算表格和2016年决算表格中的一般公共预算支出表均细化到了功能分类的项级科目，其一般公共预算基本支出表也都细化到了经济分类的款级科目，公开得非常规范。

2. 评估发现的问题

（1）财政预决算公开专栏设置仍有不规范之处

国务院办公厅《2017年政务公开工作要点》、财政部《关于印发〈地方预决算公开操作规程〉的通知》都明确要求，自2017年起，地方各级财政部门应当在本级政府或财政部门门户网站上设立预决算公开统一平台（或专栏），将政府预决算、部门预决算在平台（或专栏）上集中公开。对在统一平台公开政府预决算、部门预决算，应当编制目录，对公开内容进行分类、分级，方便公众查阅和监督。评估发现，财政预决算公开统一平台的设置仍不规范。

第一，部分评估对象多栏目发布财政预决算信息。政府网站栏目设置应具有单一性和排他性，即仅应在政府网站设置一个栏目发布财政预决算信息，并且财政预决算信息仅应发布在这个栏目内，不应再放在任何其他栏目，这既明确了政府机关发布相关信息的位置，方便了对财政预决算信息的管理，也方便了群众查找信息。评估发现，有的评估对象在多个栏目内发布财政预决算信息。如国家发展和改革委员会在预决算栏目和"其他"栏目两个栏目都发布了财政预决算信息，但在预决算栏目内仅有一条预决算信息，其他财政预决算信息均发布在"其他"栏目。审计署在门户网站中设置了预算决算栏目，同时也在"新闻频道—审计要闻"栏目中发布了预算信息，并且，2016年决算信息同时在"公告公报—预决算"栏目、"信息公开"栏目中公开。国务院国有资产监督管理委员会将财政预算信息公布在专题栏目，决算信息却公布在"信息公开—财政监督"栏目中。如此一来，多栏目发布的财政预决算信息或交叉重叠，或仅公开部分内容，没有一个栏目中有完整的预决算信息，浪费行政资源。

第二，大多数评估对象财政预决算专门栏目未分类分级。栏目细化、精化分类有助于政府更好地管理和发布信息，公众也能更好地定位所需信息。评估发现，有的评估对象的预决算公开专栏未分类。如江西省政府门户网站虽然设置了财政预决算栏目，但栏目下无子栏目，所有的部门预决算信息、省财政总收入完成情况及其他说明等都混乱堆放在这一个栏目内，查找不便。

第三，财政预决算栏目定位混乱。政府门户网站的财政预决算栏目中仅应发布预决算信息，不应再发布其他不相关信息。评估发现，有的评估对象的预决算栏目并不是只发布财政预决算信息，也发布其他财政信息、通知和文件等，这使得财政预决算信息与其他财务信息混杂在一起，比较混乱，不易查找。

（2）政府预决算公开情况欠佳

第一，部分基层政府未全部公开本级政府和各部门财政预决算信息。评估发现，有1家省级政府、6家县级政府门户网站或财政部门网站只公开了各部门财政预决算信息，未公开本级预决算信息。有4家较大的市政府、20家县级政府只公开了本级财政2017年预算信息，未公开2016年决算信息。有1家省级政府、8家县级政府只公开了本级财政2016年决算信息，未公开2017年预算信息。

第二，公开政府预决算说明与表格，是预决算信息公开最基本的要求，但仍有政府未公开本级政府预决算说明与表格。评估发现，2家省级政府、13家县级政府未公开2017年政府预算说明；7家省级政府、4家较大的市政府、17家县级政府未公开2017年政府预算表格；1家省级政府、4家较大的市政府、25家县级政府未公开2016年政府决算说明；3家省级政府、5家较大的市政府、30家县级政府未公开2016政府决算表格。

（3）政府预决算内容有欠缺

《关于印发〈地方预决算公开操作规程〉的通知》第十六条规定，地方各级财政部门在公开政府预决算时，应当对财政转移支付安排、举借政府债务、预算绩效工作开展情况等重要事项进行解释、说明。评估发现，仍有评估对象公开的政府预决算信息未包括上述内容。在公开了2017年政府预决算信息的评估对象中，2家省级政府、3家较大的市政府、20家县级政府未在其2017年政府预算信息中对财政转移支付安排作说明；6家省级政府、7家较大的市政府、32家县级政府未在其2017年政府预算信息中对举借政府债务情况作说明；1家较大的市政府、10家县级政府未在其2016年政府决算信息中对财政转移支付安排作说明；4家较大的市政府、12家县级政府未在其2016年政府决算信息中对举借政府债务情况作说明。

（4）政府预决算表格不齐全

不同地区的财政部门对本地区的财政预决算表格数量、名称、格式等的要求各不相同，尽管如此，《关于印发〈地方预决算公开操作规程〉的通知》对各级政府应公开的政府预决算表格提出了最基本的要求。本年度评估针对地方一般公共预算的6张表进行观测，观察各级政府公开的2017年政府预算表格中是否包括一般公共预算收入表、一般公共预算支出表、一般公共预算本级支出表、一般公共预算本级基本支出表、一般公共预算税收返还和转移支付表、政府一般债务限额和余额情况表。评估发现，19家省级政府、25家较大的市政府、72家县级政府未能公开上述全部6张表格。其中7家省级政府、4家较大的市政府、17家县级政府未公开任何2017年政府预算表格。

（5）政府预决算表格仍待细化

《关于印发〈地方预决算公开操作规程〉的通知》第十五条规定，地方一般公共预算、政府性基金预算、国有资本经营预算和社会保险基金预算报表中涉及本级支出的，应当公开到功能分类项级科目。一般公共预算基本支出应当公开到经济性质分类款级科目。本次评估抽查各级政府公开的一般公共预算支出表和一般公共预算基本支出表，观察前者是否细化到了功能分类的项级科目，后者是否细化到了经济分类的款级科目。评估发现，在公开了2017年一般公共预算支出表的评估对象中，4家省级政府、1家较大的市政府、13家县级政府未能细化到位；在公开了2017年一般公共预算基本支出表的评估对象中，2家省级政府、1家较大的市政府、14家县级政府未能细化到位；在公开了2016年一般公共预算支出决算表的评估对象中，4家省级政府、2家较大的市政府、7家县级政府未能细化到位；在公开了2016年一般公共预算基本支出决算表的评估对象中，3家省级政府、1家较大的市政府、16家县级政府未能细化到位。

（6）有的"三公"经费决算信息内容不详细

《关于深入推进地方预决算公开工作的通知》规定，"三公"经费决算公开要细化说明因公出国（境）组团数及人数，公务用车购置数及保有量，国内公务接待的批次、人数、经费总额，以及"三公"经费增减变化原因等信息。评估发现，多数评估对象公开的2016年"三公"经费决算信息中未包括上述内容。21家省级政府、35家较大的市政府、78家县级政府未公开因公出国（境）组团数；21家省级政府、35家较大的市政府、76家县级政府未公开因公出国的人数；4家国务院部门、21家省级政府、34家较大的市政府、78家县级政府未公开公务用车购置数；1家国务院部门、22家省级政府、33家较大的市政府、76家县级政府未公开公务用车保有量；3家国务院部门、22家省级政府、34家较大的市政府、74家县级政府未公开国内公务接待的批次；2

家国务院部门、22 家省级政府、34 家较大的市政府、74 家县级政府未公开国内公务接待的人数；1 家国务院部门、9 家省级政府、13 家较大的市政府、57 家县级政府未公开"三公"经费增减变化原因说明。

（7）个别网站发布的信息依然存在错别字现象

政府门户网站发布信息中出现错别字，表面上是其工作人员不认真所致，但究其本质是工作人员对公共事务的懈怠和应付，要想大力推进信息公开工作，工作人员就要改变对待公共事务的态度，从根本上杜绝此类现象的发生，提高发布信息的准确度。

评估发现，国家质量监督检验检疫总局门户网站发布的 2016 年部门决算说明中，并未找到 2016 年"三公"经费中因公出国（境）的组团数和人数，反而在其中查询到了"2015 年'三公'经费因公出国（境）的组团数和人数"。

（十三）地方政府债务信息

部分评估对象地方政府债务领域信息公开不够全面。对于地方政府债务领域信息公开而言，部分评估对象未完全公布地方政府债务领域信息公开要素中本地区政府债务种类、规模、结构、使用情况和偿还情况。评估发现，31 家省级政府部门中，未公开以上地方政府债务领域信息要素的分别为 8 家、9 家、9 家、13 家、16 家；同样，49 家较大的市政府中，有 11 家、14 家、17 家、26 家、30 家；100 家县级政府中，有 22 家、30 家、47 家、72 家、56 家（见表 4）。

表 4　　　　　地方政府债务领域信息未公开要素　　　　　单位：家

部门 要素	31 家省级政府	49 家较大的市政府	100 家县级政府
种类	8	11	22
规模	9	14	30
结构	9	17	47
使用情况	13	26	72
偿还情况	16	30	56

（十四）集中式生活饮用水水源水质监测信息公开

集中式生活饮用水安全是关乎人民群众身体健康的大事。为贯彻落实《中华人民共和国环境保护法》《政府信息公开条例》和《水污染防治行动计划》，各级政府应进一步推进集中式生活饮用水水源水质监测信息公开，提高公众对水源保护工作的参与程度，加强水源水质监测与监管。本年度，项目组继续对集中式生活饮用水水源水质监测信息公开情况进行评估，评估主要观察 27 家省级政府是否公开本地区城市水环境质量排名，49 家较大的市政府是否定期公开集中式生活饮用水水源水质监测信息、供水厂出水水质监测信息和用户水龙头水质监测信息。

1. 评估发现的亮点

（1）积极主动公开集中式生活饮用水水源水质信息

第一，部分评估对象公开集中式生活饮用水水源水质监测信息的频率比法定要求更高。国务院办公厅《2016 年政务公开工作要点》要求地级以上城市应按季度公开集中式生活饮用水水源水质监测信息，《关于印发〈全国集中式生活饮用水水源水质监测信息公开方案〉的通知》（环办监测〔2016〕3 号）要求地级以上城市应按月公开集中式生活饮用水水源水质信息。评估发现，有的地方的公开频率明显高于上述要求。例如，在集中式生活饮用水水源水质信息公开方面，浙江省宁波市环境保护局、河南省洛阳市环境保护局、广西壮族自治区南宁市环境保护局按周公开，福建省厦门市环境保护局按日公开；在供水厂出水水质信息公开方面，24 家较大的市政府按月公开，江苏省无锡市自来水公司、安徽省淮南市卫生和计划生育委员会、青海省西宁市自来水公司连续按周公开，辽宁省辽东水务公司（本溪市）、江苏省苏州市自来水公司、浙江省宁波市自来水公司、福建省厦门市卫生和计划生育委员会、湖南省长沙市自来水公司按日公开；在用户水龙头水质信息公开方面，26 家较大的市政府按月公开，江苏省无锡市自来水公司、湖南省长沙市自来水公司、青海省西宁市自来水公司按周公开。

第二，同 2016 年相比，2017 年部分评估对象在集中式生活饮用水水源水质监测信息公开方面进步显著。在集中式生活饮用水水源水质信息公开方面，40 家较大的市政府在公开内容和频率上保持了去年的水准或有所进步；在供水厂出水水质信息公开方面，40 家较大的市政府在公开内容和频率上保持了去年的水准或有所进步；在用户水龙头水质公开方面，27 家较大的市政府在公开内容和频率上保持了去年的水准或有所进步，其中，吉林省吉林市水务集团、浙江省杭州市人民政府网、贵州省贵阳市自来水公司的公开频率从按季度公开变为按月公开，江苏省徐州市卫生和计划生育委员会、安徽省淮南市卫生和计划生育委员会的公开频率从不定期公开变为连续按季度公开，另外，17 家较大的市政府部门及事业单位 2016 年未对该项水质信息进行公开，2017 年按要求进行了公开，有所突破。

（2）注重定期开展城市水环境质量排名工作

如福建省环境保护厅、甘肃省环境保护厅等按季度公开水质排名结果，天津市政府、重庆市环境保护局、宁夏回族自治区环境保护厅等按月公开水质排名结果。

2. 评估发现的问题

（1）集中式生活饮用水水源水质监测信息公开情况欠佳

第一，少数评估对象未按时公开集中式生活饮用水的相关水质监测信息。2 家较大的市政府（福建省福州市、河北省唐山市）仅按季度公开水源（地）的水质监测信息，2 家较大的市政府（河北省邯郸市、山东省济南市）非定期公开水源（地）的水质监测信息，1 家较大的市政府（浙江省杭州市）未公开水源地水质状况报告；2 家较大的市政府（山东省济南市、海南省海口市）非定期公开供水厂出水水质监测信息，5 家较大的市政府未公开供水厂出水的水质监测结果；1 家较大的市政府（海南省海口市）每半年公开一次水龙头水质监测信息，6 家较大的市政府未公开用户水龙头（管网末梢水）水质监测结果，不符合要求。

第二，部分评估对象水质信息公开缺乏连续性。评估发现，部分评估对象饮用水水质监测信息未连续公开，其具体又分为三种类型：一是按月公开水质监测信息，但缺少某个月份的水质监测报告，如云南省昆明市水务局的城市供水厂水质月报中，缺少 7 月的水质报告。二是公开了 2017 年最初几个月的水质监测报告，在其后的月份都没有公开水质监测报告，如吉林省长春市水务集团从 5 月开始便不公开管网末梢水质，河北省石家庄市环境保护局地表水质公开月报仅公开至4月。三是仅公开近期水质监测信息，之前的水质信息没有链接或链接无效，如河南省郑州市自来水公司、广东省广州市环境保护局网站公布的出厂水水质和管网水水质仅能查看当前月份，山东省济南市环境保护局仅公开最新3个月份水质信息。

（2）城市水环境质量排名工作有待进一步落实

国务院办公厅《2017年政务公开工作要点》指出，要推进环境保护信息公开，环境保护部门要牵头开展城市水环境质量排名工作，每年公布水质最好和最差的城市名单。随后，环境保护部制定了《城市地表水环境质量排名技术规定（试行）》，明确了排名方法、信息发布等具体问题。评估发现，16家省级政府尚未公布水环境质量排名名单，占比为59.26%。

（十五）棚户区改造

保障性安居工程建设关系到人民群众，特别是困难群众的居住条件和生存发展权利，又是完善城市功能、改善城市环境的重要内容。公开保障性安居工程信息，可以监督保障性安居工程的建设和落实情况，促进社会和谐稳定。国务院办公厅《2017年政务公开工作要点》《国务院办公厅关于进一步加强棚户区改造工作的通知》《关于公开城镇保障性安居工程建设信息的通知》等文件明确要求公开保障性安居工程的供地计划、年度建设计划、开工项目信息、竣工项目信息等内容。本年度，项目组继续选取保障性安居工程中的棚户区改造信息公开进行评估，主要观察49家较大的市政府国土资源管理部门是否公开2017年棚户区改造用地计划，49家较大的市政府住房和城乡建设部门是否公开2017年棚户区改造年度建设计划和项目进度。

1. 评估发现的亮点

（1）集中公开本地区棚户区改造信息，系统性强

集中公开本地区棚户区改造用地和建设信息，有助于加强对本地区棚户区改造工作的管理，也方便群众获取本地区相关信息。评估发现，黑龙江省齐齐哈尔市、江苏省南京市、浙江省杭州市、福建省福州市、江西省南昌市和广西壮族自治区南宁市等较大的市国土资源管理部门门

户网站公布的棚户区改造用地计划具体到各县区，且内容较为详细。辽宁省抚顺市和浙江省杭州市政府门户网站或市住房和城乡建设（住房保障）主管部门网站公布的棚户区改造年度建设计划具体到各县区。

（2）注重定期公开棚户区改造项目进度

及时、定期告知社会大众棚户区改造项目进展情况，有助于扩大公众参与，加强社会监督，促进社会稳定。评估发现，河北省邯郸市、辽宁省大连市、吉林省吉林市3家较大的市的政府门户网站按季度公开了本地区棚户区改造建设项目开工和基本建成（竣工）情况；7家较大的市的政府门户网站或市住房和城乡建设（住房保障）主管部门门户网站按月公开了本地区棚户区改造建设项目开工和基本建成（竣工）情况，如黑龙江省哈尔滨市、浙江省宁波市、安徽省淮南市、福建省福州市、山东省淄博市、广东省珠海市和贵州省贵阳市。

（3）公开的棚户区改造项目信息详细具体

如安徽省淮南市政府公开得较为详细，其棚户区改造建设项目表格公开了建设任务量、建设计划项目清单、建设任务量完成进度、已开工基本信息和分配管理政策法规，清楚明了。

（4）设置专门栏目发布棚户区改造信息，发布规范

栏目精化分类有助于政府更好地管理和发布信息，公众也能更好地定位所需信息。评估发现，18家较大的市政府在其门户网站或市管理部门网站不仅设置了专门栏目发布棚户区改造信息，而且栏目设置醒目，易于查找，占36.73%，黑龙江省哈尔滨市"惠民"栏目、辽宁省抚顺市"保障性住房"栏目、浙江省宁波市和山东省淄博市的"三拆一改"栏目，其他市均为"棚户区改造"栏目。

2. 评估发现的问题

（1）棚户区改造信息公开程度仍有提升空间

第一，多数评估对象未公开本市棚户区改造用地计划。《国务院办公厅关于进一步加强棚户区改造工作的通知》（国办发〔2014〕36号）要求，市、县国土资源管理部门应及时向社会公开棚户区改造用地年度供应计划、供地时序、宗地规划条件和土地使用要求，接受社会监督。评估发现，27家较大的市政府门户网站和市国土资源管理部门网站均未公开2017年本市棚户区改造用地计划，占55.10%。

第二，部分评估对象未公开本地区棚户区改造建设项目信息。国务院办公厅《2017 年政务公开工作要点》、《关于公开城镇保障性安居工程建设信息的通知》（建保〔2011〕64 号）要求，市、县住房和城乡建设（住房保障）主管部门应及时公开年度建设计划、开工项目信息、竣工项目信息。评估发现，14 家较大的市政府未在其门户网站或市住房和城乡建设部门网站中发布 2017 年本地区棚户区改造年度建设计划，占 28.57%；15 家较大的市政府未在其门户网站或市住房和城乡建设部门网站中发布 2017 年本地区棚户区改造建设项目开工和基本建成（竣工）情况，占 30.61%。

（2）公开的棚户区改造用地计划信息过于简单

评估发现，在公开了本市棚户区改造用地计划的 22 家较大的市政府中，16 家较大的市政府门户网站或市国土资源管理部门网站只公布了本市棚户区改造用地计划的一个总数据，既无各县区的具体数据描述，也未公开本市各个棚户区改造项目用地计划的具体数据，占72.73%。更有甚者，福建省厦门市国土资源局公开的棚户区改造用地计划表格中的棚户区改造一栏无数据，但市政府门户网站却发布了棚户区改造任务完成信息，两者自相矛盾，不知所云。

（3）少数评估对象门户网站重复发布信息

门户网站重复发布信息既浪费网站资源，降低政府在公众心目中的权威性，也可能在公众心中留下负面影响。评估发现，少数较大的市政府门户网站存在信息重复发布的现象，如江苏省无锡市、新疆维吾尔自治区乌鲁木齐市等。乌鲁木齐市政府于 2017 年 8 月 18 日在其规划计划栏目中重复发布了两条"乌鲁木齐市 2017 年度国有建设用地供应计划"信息。

（十六）教育领域信息公开

义务教育是保障公民受教育权的重要方面，既关系到广大人民群众的切身利益，也关系到富民强国大业。及时全面公开义务教育信息，有助于保障适龄青少年及其家长的合法权益，也有助于对各地方落实义务教育国策的情况进行监督。为此，项目组依据国务院办公厅《2017 年政务公开工作要点》和《教育部办公厅关于全面推进政务公开工作的实施意见》《教育部办公厅关于做好 2017 年义务教育招生入学工作的通知》《关于进一步做好小学升入初中免试就近入学工作的实施意见》等文件中有关公开义务教育招生工作信息的要求，对 100 家县级政府的义务教育信息公开情况进行了评估。

本年度的评估内容包括本区县的义务教育招生入学政策、义务教育阶段入学政策咨询电话、2017 年义务教育招生范围、2017 年义务教育招生条件、中小学学校情况、学校招生简章及 2017 年义务教育招生结果。项目组通过观测县级或上一级教育行政部门网站、县级政府门户网站、本级或上一级招生考试主管部门网站来获取相关数据。

1. 评估发现的亮点

（1）招生条件明确度较高

明确清晰的入学条件有助于社会公众充分掌握小学及初中入学资质信息，以减少信息不对称的现象。评估发现，在已公开普通学生入学条件的 56 家评估对象中，54 家公开得较为明确，比例高达 96.43%，尤其是一些区县公开小学招生要求时，不只是简单说明 6 周岁儿童可入学，还注明了具体的出生日期，以及需提交的证明材料，例如贵州省贵阳市南明区教育局；在已公开随迁子女入学条件的 63 家评估对象中，有 59 家评估对象公开得较为清晰，比例高达 93.65%，如北京市昌平区、江苏省南京市建邺区、陕西省西安市未央区。

（2）网站间互相链接，方便查询

评估发现，部分评估对象的政府门户网站或教育行政部门网站集中整合网站资源，实现了信息数据的集中管理，同时不同平台之间可以跳转。例如，内蒙古自治区开鲁县教育局把与教育相关的专业化资源，如通辽教育概况、教育资源平台、教育管理平台等，统一整合为"智慧教育"平台，并展示在网站首页的一级栏目"智慧教育"中。北京市海淀区集中列出中小学校，点击后可直接进入学校官方网站，便于公众查询。

（3）随迁子女教育信息公开较好

《关于进一步做好小学升入初中免试就近入学工作的实施意见》要求，各地应依法合理确定随迁子女入学条件，简化随迁子女入学流程和证明要求，积极接收随迁子女就学，做好随迁子女平等接受义务教育工作。评估发现，部分县级政府在公开随迁子女就学内容上较为详尽，在公开的形式效果上一目了然。如四川省新津县教育局围绕随迁子女接受义务教育问题专门制定了《关于做好 2017 年进城务工人员随迁子女接受义务教育工作的指导意见》，对帮助社会公众了解当地随迁子女义务教育的政策内容发挥了重要的作用。另外，在公开形式上，还有像湖南省株洲县政府通过在"重点领域服务"栏目中设置"随迁子女服务"专栏，较为直观详尽地展示随迁子女教育的政策性信息、办事的流程化信息、招生划片信息、咨询监督联系途径等信息。

2. 评估发现的问题

（1）部分义务教育信息公开程度较低

根据国务院办公厅《2017 年政务公开工作要点》的规定，县级政府或教育行政部门应推进义务教育招生入学政策公开，并公开义务教育招生划片范围、招生计划、招生条件、学校情况、招生结果等信息。评估发现，上述信息的公开情况并不理想。

第一，部分评估对象未公开义务教育招生政策文件。义务教育招生入学政策是指导本地区义务教育阶段招生工作的重要文件，与广大适龄儿童及其家长的切身利益密切相关。评估发现，40 家县级政府未公开本级政府 2017 年义务教育阶段入学工作的文件。

第二，近半数评估对象未公开义务教育入学政策咨询电话。公开义务教育入学政策咨询电话，方便社会大众对于不明白的事项"问个明白"。评估发现，48 家县级政府未公开义务教育入学政策咨询电话。

第三，多数评估对象未公开义务教育阶段划片结果。义务教育阶段划片信息是目前适龄儿童家长最为关心的问题，这关系到自己的孩子是否具有目标学校的入学资格。评估发现，49 家县级政府未公开本地区小学招生范围，57 家县级政府未公开本地区中学招生范围，86 家县级政府未公开本地区小学招生人数，85 家县级政府未公开本地区中学招生人数。其中，北京市东城区开设了义务教育招生工作系统，但该系统中的信息未向一般社会大众开放。虽然不排除有些地方可能会在实体公告栏、宣传栏、学校门口等张贴公告，告知义务教育划片结果，但这已经不能满足信息化时代人们对于随时随地查看信息的需求，所以，仍需完善公开方式，将政府信息"应上网尽上网"。

第四，近半数评估对象未公开义务教育阶段招生入学条件。公开招生入学条件是适龄儿童申请入学的重要前提。评估发现，44家县级政府未公开幼升小或小升初普通学生招生入学条件，37家县级政府未公开幼升小或小升初随迁子女招生入学条件。

第五，部分评估对象未公开学校情况。34家县级政府未公开学校情况。11家县级政府仅公开了学校的简要信息，如联系电话和地址。9家县级政府仅公开部分学校的情况。

第六，多数评估对象未公开义务教育阶段学校招生简章。仅16家县级政府公开了公办或民办的普通中小学学生招生简章或艺术类、科技类等特长生招生简章，其中，有13家只公开了部分学校招生简章。

第七，绝大多数评估对象未公开义务教育阶段招生结果。只有浙江省义乌市、湖南省浏阳市、广东省广州市海珠区、贵州省贵阳市南明区4家公开了2017年义务教育招生结果。其中，后两个地方只公开了部分学校2017年义务教育招生结果。

（2）招生人数信息不明确

公开中小学招生计划应具体到人数，这不仅有助于招生工作的开展，监督促使招生资源合理分配，而且有助于招生部门正确掌握实际招生结果与招生计划存在的差异，从而后续采取科学的处理措施。

评估发现，一些地方只公布了拟计划招生的班级数，并未涉及班级的具体人数。例如，上海市普陀区、虹口区、金山区等只公布了招生计划的班级数，并未说明具体招生人数，而上海浦东新区的民办学校不仅公开了招生班级数，还具体到了人数，相比之下，公办学校招生人数公开情况更不理想。

（3）公开方式有待提升

义务教育信息公开属于重点领域政务公开的范畴，且与人民群众的切身利益息息相关，对其进行集中式、常态化公开十分必要。政府门户网站或主管部门网站应通过设置专栏的方式集中动态公示信息。评估发现，部分评估对象公示方式不妥，直接影响了公开效果。

第一，信息放置混乱，影响查找。评估发现，个别地方在公开类别信息时未将其放置在对应的专栏内。例如，河南省洛阳市洛龙区政府网站未将本区2017年义务教育阶段招生政策解读信息放置在"政策解读"栏目，反而放在"今日洛龙"栏目中，因该栏目信息更新较快，无疑增加了查找的难度；再如，内蒙古自治区乌海市海勃湾区教育信息网将2015年及2017年的中小学招生划片范围既公示在"政策法规—规章制度"栏目中，又公示在"政策法规—法律法规"栏目中，还公示在"招生工作"栏目中，但中小学招生划片范围信息从性质上来讲，将其放在政策法规栏目不恰当，应统一公示在"招生工作"栏目中。

第二，栏目缺乏分类。评估发现，一些评估对象有关义务教育信息公开的栏目设置特征不明显，缺乏子栏目设置。例如，安徽省定远县教育体育局网站的"政务公开—招考信息"中，不仅有义务教育招考的信息，还有招教考试的信息，两者混合放置，增加了公众筛选信息的负担。

第三，多栏目发布义务教育信息。通常栏目的设置应具有排他性和唯一性，如果确有在多个栏目内公示的必要，应保证内容为同一个链接源。评估发现，贵州省贵阳市南明区教育网将"2017年南明区小升初公布名单"既发布在"咨询—公示公告"栏目，同时又发布在"公开—招生考试"栏目，且两者不是同一个网址。

（4）信息更新不及时

评估发现，一些评估对象的网站信息滞后，没有及时公开最新的信息。例如，四川省合江县政府网站只将义务教育入学政策更新到2011年；浙江省江山市政府网站的"便民服务—教育培训—小学/中学—就读政策"栏目公布的中小学招生方案，只有2014年的通知；河南省汤阴县政府在其门户网站公开了《关于印发政府网站重点领域政府信息公开专栏规范的通知》，该文件要求县教育体育局负责牵头落实教育服务信息公开专栏的规范建设，县政府办公室督促责任单位及时公开相关信息，但"文化教育"栏目中的信息都只更新到2016年。

（5）网站建设水平欠佳

门户网站是政府信息公开的第一平台，其建设得好不好直接关系着社会公众是否能及时方便地获取政务公开的信息。评估发现，部分评估对象在县级政府门户网站或教育行政部门网站存在网站建设影响公开效果方面的问题。

第一，栏目内容有空白。评估发现，个别评估对象的网站栏目内无任何内容。例如，贵州省兴义市政府门户网站的"网上办事服务大厅—教育"栏目没有任何公示内容；云南省腾冲市教育局网站虽然有中小学教育专栏的设置，但没发挥该专栏应有的公开载体作用，没有放置任何信息。

第二，未标注年份信息。评估发现，个别评估对象条目信息所附的网上发布时间未显示年份，只能点开后才能作出判断，使人无法第一时间判断某项信息网上发布是否及时。例如，河南省济源市济源教育网"教育考试—中小学招生"栏目里，每项信息附后都有时间信息（月、日），但没有年份信息。

（十七）政策解读

行政机关及时通过政府网站发布政策解读信息，加强答疑解惑，是减少政策执行阻力，提升政府公信力、社会凝聚力，稳定市场预期，保障社会公众知情权、参与权、监督权的重要举措。政策解读指标主要考察各评估对象在门户网站设置专门的政策解读栏目的情况，政策解读信息发布情况，解读形式，解读内容及主要负责人带头解读政策的情况。需要说明的是，本次评估中，针对政策解读信息采取从严的标准，仅限于本机关对自身政策的解读；主要负责人的界定则采取从宽的标准，不限于本单位"一把手"，只要是本机关工作人员即可。

1. 评估发现的亮点

（1）普遍在门户网站设置政策解读栏目

政府门户网站是发布政策解读信息的第一位和最权威的平台，因此有必要在门户网站设置政策解读专门栏目，集中发布政策解读信息。评估发现，绝大多数评估对象在门户网站设置政策解读专门栏目，虽有少数门户网站不是以政策解读命名，也在相关栏目中发布了政策解读信息。52 家国务院部门、31 家省级政府、48 家较大的市政府、88 家县级政府门户网站均开设了政策解读专门栏目。此外，一些评估对象还针对政策解读信息设置了高级检索功能，当政策解读信息数量越来越多时，此功能的作用便会得到充分体现。安徽省各县级政府门户网站皆区分本级政府政策解读和上级政府政策解读，便于公众查询。

（2）政策解读形式新颖，可读性强

通过图表图解、音频视频等方式，将纯文字形式的政策通俗易懂地展现出来，便于公众了解政策内容，提高政策本身的亲和力、可接受度。评估发现，多数国务院部门网站所发布的政策解读形式新颖，以图解的方式将政策文件的主旨简洁而生动地展现出来，而不是对政策原文的生搬硬套，如教育部图解《中小学校领导人员管理暂行办法》以清晰的结构和文字展现各种条件和要求，简洁明了，清晰易懂。

（3）国务院部门、省、市主要负责人解读重要政策的要求落实较好

主要负责人带头宣讲、解读政策，发出权威声音，有助于政策措施的宣传，是最具有公信力的解读方式之一。47 家国务院部门、30 家省级政府、45 家较大的市政府门户网站都公布了主要负责人对政策进行解读的情况，各个主要负责人通过参加新闻发布会、接受访谈等方式带头宣讲政策，解疑释惑，传递权威信息。

2. 评估发现的问题

（1）政策解读信息发布混乱

第一，多数政策解读信息未分类。当发布的政策解读信息越来越多时，为了防止大量信息堆积在政策解读栏目而造成查询不便，就有必要对解读信息进行分类，设置查询功能，提升查询便捷度。但仅少数评估对象对政策解读栏目进行分类。尤其是县级政府门户网站，经常引用上级政府的政策解读而无本级政策解读，本级政策解读往往很少甚至没有，且混杂在各种上级政策解读中，不易辨识。部分评估对象网页中不具备搜索功能或者搜索功能无法正常使用，即便存在搜索功能，但实用性较差，搜索体验不佳。

第二，少数政策解读栏目定位混乱。在政策解读栏目发布政策解读信息，便于公众明确政策解读栏目定位，查询相关信息。但仍有 7 家国务院部门、3 家省级政府、8 家较大的市政府、20 家县级政府门户网站在政策解读栏目发布了非政策解读信息。

（2）基层政府的政策解读发布情况有待加强

发布本级政府政策解读信息，是本级政府做政策解读的应有之义。然而部分评估对象，尤其是县级政府，只转发上级政府政策解读信息，本级政府政策解读信息较少，甚至没有。可以考虑到县级政府的实际情

况，不能苛求，然而相较于其所发布的政策文件，政策解读信息却十分少。

（3）政策解读时效性不佳

部分政策解读未与政策文件同步发布。信息发布、政策解读、回应关切是做好政务公开工作的三大重要方面，三者三位一体、相辅相成，才能充分发挥释放信号、引导预期、回应重大舆情的作用。这就需要政府在发布信息的同时实施政策解读，增强政策解读的时效性。国务院办公厅《2017年政务公开工作要点》规定，各地区各部门要按照"谁起草、谁解读"的原则，做到政策性文件与解读方案、解读材料同步组织、同步审签、同步部署。评估发现，29家国务院部门、29家省级政府、18家较大的市政府、23家县级政府的政策解读信息的网上发布时间与政策文件的网上发布时间间隔超过3个工作日。甚至有的评估对象先发布政策解读，数日之后才发布政策文件，如浙江省、浙江省宁波市江北区、广东省深圳市罗湖区等。

（4）政策文件与政策解读之间关联性较弱

在政府门户网站上将政府文件与政策解读信息相关联，可以极大地方便公众查阅相关政策及解读信息，有利于公众对政策文件的理解。而32家国务院部门、11家省级政府、30家较大的市政府、37家县级政府门户网站没有在政策解读项下设置可导向该解读所对应政策文件的链接，甚至存在找得到政策解读却找不到对应政策文件的情形。公众若想查询该项政策解读所对应的政策，只能重新查阅，势必影响公民了解相关政策的积极性及对政策的理解。

（5）政策的解读水平仍待提升

政策解读的核心要义是用通俗易懂的语言和灵活多样的形式，将专业性较强甚至晦涩难懂的政策文件解说给公众，让其能够充分地了解政策的主旨。评估发现，一些评估对象的政策解读信息仍主要是对文件内容的简单重述，有的虽然采取了图文解读的方式，但也只是进行了简单的画图和配色，文字内容既不通俗也不明了，没能发挥政策解读的功能。

（十八）网站互动

在政府门户网站设置政民互动栏目，回应公众个人关切，是提高政府公信力和社会凝聚力的重要手段。网站互动指标主要考察各评估对象是否在门户网站设置在线互动平台，是否对在网站互动平台上提交的问题进行回应。

1. 评估发现的亮点

（1）普遍重视网站互动平台建设

绝大多数评估对象门户网站都设置了互动平台，如领导信箱、留言板、在线咨询等。51 家国务院部门、30 家省级政府、48 家较大的市政府、97 家县级政府门户网站均设置了在线互动平台，互动平台设置已成普遍现象。

（2）注重细分互动平台的功能

部分评估对象按照问题性质或所涉部门的不同设置了不同的互动渠道，方便群众自主选择路径，有利于问题的分流受理和解决，也有利于提高行政机关解决群众问题的效率和质量。

（3）普遍公开公众提出的问题及反馈情况

公开公众所提出的问题及反馈情况，一方面便于公众监督，提高政府反馈的质量；另一方面，将相关问题及反馈展现出来可使有类似问题的公众查看反馈情况，既而减少类似问题的提出。评估发现，41 家国务院部门、30 家省级政府、49 家较大的市政府、95 家县级政府门户网站都公开了反馈信息。

2. 评估发现的问题

（1）个别网站互动平台功能混乱

个别评估对象设置的网站互动平台功能混乱，将信访渠道与回应公众关切渠道相混淆。如西藏自治区政府网上，不管从信访通道还是意见建议咨询通道进入后都是信访平台。这体现出，对信访的认识和对回应公众关切的认识较为模糊，并不能区分二者的功能定位。

（2）部分互动平台不便于群众提出咨询

部分评估对象在互动平台中设置了复杂的注册账号方式或需要公众作出某些选择，方能提出咨询，这不利于提高公众积极提出咨询的热情。对于公众来说，需要进行注册或作出某些选择后才可以提出咨询，可能因感到烦琐或不便捷而放弃提出咨询，以至于不能发挥互动平台的功能，也不利于公众咨询解惑。

（3）集中问答式回应忽略了对个人关切事项的回复

部分评估对象以集中的"一问一答"形式来回应公众的关切，回应的问题固然具有普遍性，但遗漏了一些公众的个性问题，且互动性不强。

（4）部分回应内容空洞，并没有解决实质问题

评估发现，部分政府的回应并没有直面公众提出的问题，而是让公众去其他部门咨询。如安徽省办公厅关于直接从河道中挖去石料修路是否合法的咨询，回应称，"根据部门工作职责分工，就您所询问的问题，建议您向水利主管部门进行咨询"。这样的回应并没有解决实质问题。作为省级政府的门户网站，应该是内部协调水利主管部门来回应，而不是直接告知群众向相关部门咨询。

（十九）依申请公开

依申请公开是政府信息公开制度的重要内容，是主动公开的重要补充，是保障公民知情权的最后一道防线，《政府信息公开条例》对依申请公开的各个环节做了明确规定。本年度，继续对100家县级政府的依申请公开情况进行评估。项目组从2017年9月27日起，陆续通过挂号信的方式向100家县级政府申请公开"2016年1月1日至今，本地区是否为农民工和农村留守妇女儿童提供相应的公共文化服务？如果有，申请公开此项公共文化服务总体完成情况的信息"，评估其信函申请渠道畅通性和答复规范化程度。

1. 评估发现的亮点

（1）信函申请渠道普遍畅通

信函申请是依申请公开的重要渠道，信函申请渠道畅通是公民可以启动依申请公开的重要前提。评估发现，100家县级政府的信函申请渠道均畅通，中国邮政给据邮件跟踪查询系统显示，100封政府信息公开申请挂号信均被各个评估对象签收。

（2）及时与申请人电话沟通，在各个环节服务到位

虽然"文来文往"是行政机关在各个环节处理依申请公开最安全的方式，但在出具书面告知书的前后，通知申请人查收及对查收情况进行确认，不失为一种到位的服务，尤其是在发出补正通知书之前，与申请人进行电话沟通，明确申请事项和需要补正的要素，既方便了申请人，也可以避免因为需要多次补正而降低效率。评估发现，部分行政机关在依申请公开的各个环节与申请人及时进行电话沟通。例如，江苏省新沂市在寄出答复告知书的当天，电话通知项目组当天已寄出答复信函，项目组大概会在一周内收到，望注意查收。该举动十分人性化。又如，北京市东城区出具补正告知书之后，在与项目组的电话沟通中，告知项目组申请事项仍不明确，需要将文件中间的"或"删掉。

（3）建立处理依申请公开的转办机制，方便申请人

目前，在面对所申请事项非本机关职权范围时，虽然广义的一级政府也包括政府所属部门，但如果一级政府统一接收政府信息公开申请，再转发给相应部门办理，一级政府的工作量会增加，所以，大多数政府的做法仍是直接答复非本机关政府信息公开范围。评估发现，部分评估对象建立了依申请公开的转办机制，一方面，方便了申请人，另一方面，也便于一级政府对本地区依申请公开的统计和管理。有的县级政府将收到的申请转给业务主管部门，由业务主管部门直接作出答复，如江苏省南京市建邺区、河南省潢川县、河南省衡阳县、湖南省资兴市、陕西省靖边县、陕西省紫阳县等；有的县级政府在收到申请后，协调相关主管部门进行会商或责成相关主管部门提供信息，仍由县级政府作出答复，如上海市金山区、黑龙江省密山市、江苏省常州市天宁区、安徽省定远县、安徽省蒙城县等。

（4）就咨询事项提供便民解答，发挥依申请公开服务功能

评估发现，部分评估对象在答复咨询类申请时，会提供便民解答，实际上就是提供了所申请信息，而不是仅仅答复所申请事项属于咨询。如上海市浦东新区、上海市普陀区、浙江省嘉善县在答复书中表示，所提申请属于咨询，但本着便民原则进行了解答；上海市虹口区在答复书中表示，项目组要求获取的信息不属于本机关公开职责权限范围，但出于便民原则进行了提供；上海市金山区出具了补正告知书，但在补正告

知的同时，本着便民原则提供了相关信息。

（5）救济渠道十分明确

在依申请公开的答复中，不仅告知申请人在对答复有异议时可以申请行政复议或行政诉讼，还明确告知行政复议机关和行政诉讼机关等，将会方便申请人行使救济权利。评估发现，部分评估对象在答复书中提供的救济渠道十分明确，包括救济渠道、行使救济权利的期限、救济机关等要素，如北京市西城区、上海市虹口区、江苏省沭阳县、浙江省杭州市拱墅区、浙江省温州市瓯海区、广东省佛山市禅城区等。

2. 评估发现的问题

（1）仍有个别评估对象对依申请公开设置限制条件

在依申请公开中设置限制条件并无必要，也不能真正起到限制申请的作用，是多此一举。但仍有个别评估对象采取此类做法。评估发现，有的评估对象在受理申请阶段设置限制条件。如浙江省杭州市拱墅区、湖南省株洲县、广东省肇庆市高要区、宁夏回族自治区平罗县仍要求提供用途证明。有的评估对象在答复申请阶段设置限制条件。如湖南省株洲县在答复材料中写明，此材料仅用于申请人课题研究。

（2）通知补正申请不及时

虽然《政府信息公开条例》并没有对补正告知的时限作出明确规定，但根据《政府信息公开条例》和国办公开办函〔2015〕207号，15个工作日是行政机关答复申请的时限，而不是行政机关可以在15个工作日内告知申请人补正申请。行政机关在收到政府信息公开申请后，若发现申请不明确，应及时告知申请人补正，而不是将其作为拖延答复的手段。评估发现，有的县级政府告知补正申请不及时。例如，项目组提出的政府信息公开申请于2017年9月30日寄达上海市虹口区政府，但上海市虹口区政府于2017年10月19日才寄出补正告知书；广东省肇庆市高要区在收到申请后第6个工作日才寄出补正告知书；浙江省温州市瓯海区在收到申请后第10个工作日才寄出补正告知书。这不仅消磨了申请人的耐心，也降低了依申请公开的办事效率，不利于服务型政府建设。

（3）滥用撤回申请程序

部分评估对象滥用申请人撤回申请的权利，强迫申请人撤回申请。

如北京市东城区、北京市朝阳区、北京市海淀区政府都建议项目组撤回申请，其中，北京市海淀区政府在电话中不厌其烦地劝导申请人撤回申请，理由仅仅是申请事项不明确、受理机关错误、办理程序烦琐。

（4）部分对象答复不及时

《政府信息公开条例》规定，行政机关收到申请时，能够当场答复的，应当当场答复；不能当场答复的，应当自收到申请之日起15个工作日内予以答复。评估发现，26家县级政府未在法定期限内答复申请。其中，3家县级政府超期答复，22家县级政府未答复申请，1家县级政府要求撤回申请。

（5）答复格式较随意

依申请公开答复的格式应当规范，以体现答复的权威性。评估发现，仍有部分评估对象的答复格式不规范。有的纸质答复书未盖答复机关的公章。如安徽省铜陵市义安区出具的纸质答复未盖行政机关的公章；江苏省新沂市提供的答复材料中无答复书，且答复材料上也无答复机关的公章。有的行政机关在答复时使用的邮箱名称为不恰当的昵称，如陕西省渭南市华州区政府的邮箱名是"＊*_＾* ooO"；陕西省靖边县政府的邮箱名是"（9JSWL8B）活动中心"；河南省开封市祥符区政府的邮箱名是"我爱又又"；贵州省凤冈县政府的邮箱名是"老何"；浙江省江山市政府的邮箱名是"一二三四五六起"；四川省新津县政府的邮箱名是"笨笨猪＿＿"；四川省合江县政府的邮箱名是"静静"；四川省万源市政府的邮箱名是"♂幸福？倒映♀"。有的行政机关的答复邮件的邮箱名、正文、附件等处都未明显标注答复机关名称。如贵州省凤冈县政府使用的邮箱名称是"老何"，邮件正文仅有"收到请回复"，无抬头和落款，附件的答复材料中对本机关的称呼大多表述为"我县"。

（6）答复内容不规范

根据《政府信息公开条例》，行政机关作出公开类型的答复时，应当告知获取信息的方式和途径；作出对申请人不利的答复（部分公开、不予公开、非政府信息、信息不存在、非本机关政府信息公开范围等）时，应当告知申请人法律依据、理由和救济渠道。这有利于提高答复的说服力和权威性。评估发现，仍有评估对象未达到上述要求。

第一，个别县级政府答复所申请信息属主动公开信息，但未告知明确的获取途径。例如，广东省新兴县在答复中表示所申请信息已主动公开，但提供的链接是门户网站首页的链接，并未明确指向所申请信息的准确位置，与未告知申请人所申请信息无异。

第二，部分县级政府作出了对申请人不利的答复，但未告知法律依据、理由和救济渠道。评估发现，2家县级政府未告知不公开的法律依据，9家县级政府未说明不公开的理由，9家县级政府未告知救济渠道，另外，1家县级政府告知的救济渠道过于简单，并不能为申请人提供明确的指引。其中，2家县级政府的答复完全未告知法律依据、理由和救济渠道。如上海市徐汇区的答复只有简单一句话："您的来信收悉，经审查，来信内容属于咨询。"

第三，个别答复书中仍有错别字。如浙江省杭州市拱墅区的答复书中将"身份证明"写成了"身份证名"。

（7）答复口径不一致

对同一项政府信息是否应当予以公开，在对信息属性的认定上，地方政府还存在一定的偏差或不一致之处。有的县级政府答复公开，有的答复非政府信息，有的答复非本机关政府信息公开范围，有的答复信息不存在，甚至在同一地区内各个县级政府答复的内容也不一致。例如，虽然同属于江苏省，南京市建邺区、新沂市、常州市天宁区、苏州工业园区、沭阳县政府答复公开；无锡市滨湖区政府答复本机关信息不存在，如皋市政府答复不加工汇总。

（8）答复内容不严谨

如四川省新津县政府提供的答复信息中包括一份规范性文件的草稿，该草稿上标注的公开属性是不予公开，但新津县政府却将其提供给了项目组。究其原因，一方面是该县政府的公文属性源头管理机制运行情况不佳；另一方面是该县政府在作出答复时不谨慎。

（二十）政务公开平台建设

在互联网科技高度发展的今天，各级政府都利用互联网技术建设本级政府门户网站及其相关部门网站，网站是各级政府发布本级信息的平台，也是推进信息公开工作的前提，更是公众了解政府信息、维护其息息相关的权益的窗口。评估发现，部分评估对象的政府网站建设水平仍有待提升。

第一，网站整合度不高。《政府网站发展指引》要求，各级政府分类开设网站，其中，县级政府部门原则上不开设政府网站，通过县级政府门户网站开展政务公开，提供政务服务。已有的县级政府部门网站要尽快将内容整合至县级政府门户网站。评估发现，部分评估对象的部门网站无法访问或已关停，但部门网站上的信息并未迁移至政府门户网站上进行展示。如安徽省蒙城县审计局网站已关停，但审计信息尚未与政府网站衔接。

第二，部分政府网站上的信息链接无效或有错误。例如，内蒙古自治区包头市环境保护局行政处罚公开汇总表中的处罚文书链接无效。又如，内蒙古自治区镶黄旗政府网站上公开的权责清单中，内容属于行政处罚的内容，分类却显示为行政许可。

第三，"僵尸网站"仍然存在。评估发现，少数评估对象虽然设置了本级政府部门网站，却很少发布政府信息，甚者在长达2—3年的时间内未发布一条信息，这些"僵尸网站"屡见不鲜。如西藏自治区拉萨市国土资源局网站的政务公开栏目中的所有信息都是2015年5月15日发布的，之后未再更新。

第四，网站无障碍浏览功能配置不佳。加强网站无障碍建设是消除"数字鸿沟"、体现"信息平等"、方便残疾人等特殊群体获取信息、享受公共文化服务，使互联网更好地惠及民生，促进特殊群体充分参与社会生活、共享社会物质文化成果，建设包容性社会的必然要求，是社会文明进步的标志。中国残疾人联合会、国家互联网信息办公室联合印发的《关于加强网站无障碍服务能力建设的指导意见》和《国务院办公厅关于印发政府网站发展指引的通知》均提出，围绕残疾人、老年人等特殊群体获取网站信息的需求，不断提升信息无障碍水平。评估发现，近半数省市政府门户网站未配置有效的无障碍浏览功能。13家省级政府、21家较大的市政府门户网站未设置无障碍浏览功能，2家省级政府、3家较大的市政府门户网站虽设置了无障碍浏览功能，但其链接无效。除此之外，在设置了网站无障碍浏览功能的评估对象中，多数提供的语音辅助功能无效，无一家评估对象可以提供适用于全部页面的语音辅助功能。其原因可能在于省市政府对政府门户网站无障碍浏览功能的重视程度不够，也不排除有的将为特殊群体消除浏览障碍当成了网站建设的"面子工程"。

四　中国政务公开发展展望

党的十九大报告指出，转变政府职能，深化简政放权，创新监管方式，增强政府公信力和执行力，建设人民满意的服务型政府。全面深化政务公开在其中发挥着不可或缺的作用，使政府权力运行更加规范有序，令广大人民群众能参与、可监督，并真正享受到深化改革的红利。

第一，树立对政务公开的正确认识。政务公开工作人员正确的积极的公开意识是做好政务公开工作的关键。在推进政务公开过程中必须不断适应形势，明确为什么公开、为谁公开、公开什么等问题。因此，政务公开培训应常抓不懈，注重加强对政务公开形势的宣讲，让政务公开工作人员明白，政务公开不仅仅是行政机关单向性地主动公开信息和被动地依申请公开信息，更是要充分发挥信息的管理和服务作用，推动简政放权、放管结合、转变政府职能，也是让社会大众参与政府决策和社会治理过程，构建良好的政民关系，打造共建共治共享的社会治理格局。

第二，理顺公开工作机制，加强部门间的协同合作。政务公开不能仅仅依靠公开部门自身的努力，政府部门间就公开工作明确职责分工、协同合作是政务公开和谐统一的重要保障。因此，建议充分理顺工作机制，加强政务公开牵头部门间的协同合作。充分发挥政务公开领导小组的统筹协调作用，尤其是要协调各部门对同一公开事项的标准，避免因多头管理造成的对外公开不统一、不一致、不同步等现象。同时，充分发挥政府法制部门的"参谋"作用，以保证对外公开信息的质量，并防范可能存在的风险。

第三，注重总结和推广经验。根据国务院办公厅印发的《开展基层政务公开标准化规范化试点工作方案》，全国各地都在开展基层政务公开标准化规范化试点工作，试点工作将在 2018 年收官。应当以此为契机，全面总结政务公开工作经验，在一定领域的公开工作中形成细化且具备可操作性的工作机制和公开标准。

第四，注重处理好公开与不公开的关系。既要依法逐步扩大公开范围，满足公众知情需求，也要注意公开限度。应当汲取2017年安徽省部分政府网站泄露个人信息的教训，注重公开方式方法，避免不当公开引发对其他当事人、行政管理秩序的消极影响。

第五，以大公开理念推动政务公开工作。应当按照公开、解读、回应一体化的理念推动公开工作，公开信息应当根据社会形势、舆情状况做好舆情及社会风险评估，并应当配合解读工作等，确保公开信息的准确、全面，消除被误解误读误判的风险。对于形成的舆情及其他社会关切的，应建立快速反应机制，作出妥当的回应。

第六，加强政府网站的信息化建设。众所周知，政府网站是政府信息公开的第一平台，其建设的好坏直接影响政务公开的效果，但政府网站上信息的对外展示依托于网站和信息的后台管理，后者显得更为重要。因此，建议加强政府网站的信息化建设，建设完善的后台管理系统，依据制定好的主动公开目录设定内容要素，使行政机关履职过程中的每个环节都可以在后台管理系统中留痕，同时产生政府信息，并且该政府信息要满足内容要素的要求，该政府信息可经过内部保密审查程序后自动推送到外网。同时，加强网站栏目设置的规范化建设，提升网站使用的友好性。

附件一　2017年中国政务公开发展与2018年展望评估对象

（一）国务院部门（共54家）

1. 国务院组成部门（22家）

中华人民共和国外交部

中华人民共和国国家发展和改革委员会

中华人民共和国教育部

中华人民共和国科学技术部

中华人民共和国工业和信息化部

中华人民共和国国家民族事务委员会

中华人民共和国公安部

中华人民共和国民政部

中华人民共和国司法部

中华人民共和国财政部

中华人民共和国人力资源和社会保障部

中华人民共和国国土资源部

中华人民共和国环境保护部

中华人民共和国住房和城乡建设部

中华人民共和国交通运输部

中华人民共和国水利部

中华人民共和国农业部

中华人民共和国商务部

中华人民共和国文化部

中华人民共和国国家卫生和计划生育委员会

中国人民银行

中华人民共和国审计署

2. 国务院直属特设机构（1 家）

国务院国有资产监督管理委员会

3. 国务院直属机构（13 家）

中华人民共和国海关总署

国家税务总局

国家工商行政管理总局

国家质量监督检验检疫总局

国家新闻出版广电总局

国家体育总局

国家安全生产监督管理总局

国家食品药品监督管理总局

国家统计局

国家林业局

国家知识产权局

国家旅游局

国家宗教事务局

4. 国务院直属事业单位（5家）

中国地震局

中国气象局

中国银行业监督管理委员会

中国证券监督管理委员会

中国保险监督管理委员会

5. 国务院部委管理的国家局（13家）

国家信访局

国家粮食局

国家能源局

国家烟草专卖局

国家外国专家局

国家海洋局

国家测绘地理信息局

国家铁路局

中国民用航空局

国家邮政局

国家文物局

国家中医药管理局

国家外汇管理局

（二）省级政府（共31家）

北京市

天津市

河北省

山西省

内蒙古自治区

辽宁省

吉林省

黑龙江省

上海市

江苏省

浙江省

安徽省

福建省

江西省

山东省

河南省

湖北省

湖南省

广东省

广西壮族自治区

海南省

重庆市

四川省

贵州省

云南省

西藏自治区

陕西省

甘肃省

青海省

宁夏回族自治区

新疆维吾尔自治区

（三）较大的市政府（共49家）

河北省石家庄市

河北省唐山市

河北省邯郸市

山西省太原市

山西省大同市

内蒙古自治区呼和浩特市

内蒙古自治区包头市

辽宁省沈阳市

辽宁省大连市

辽宁省鞍山市

辽宁省抚顺市

辽宁省本溪市

吉林省长春市

吉林省吉林市

黑龙江省哈尔滨市

黑龙江省齐齐哈尔市

江苏省南京市

江苏省无锡市

江苏省徐州市

江苏省苏州市

浙江省杭州市

浙江省宁波市

安徽省合肥市

安徽省淮南市

福建省福州市

福建省厦门市

江西省南昌市

山东省济南市

山东省青岛市

山东省淄博市

河南省郑州市

河南省洛阳市

湖北省武汉市

湖南省长沙市

广东省广州市

广东省深圳市

广东省珠海市

广东省汕头市

广西壮族自治区南宁市

海南省海口市

四川省成都市

贵州省贵阳市

云南省昆明市

西藏自治区拉萨市

陕西省西安市

甘肃省兰州市

青海省西宁市

宁夏回族自治区银川市

新疆维吾尔自治区乌鲁木齐市

（四）县级政府（共100家）

北京市东城区

北京市西城区

北京市朝阳区

北京市海淀区

北京市昌平区

内蒙古自治区呼和浩特市新城区

内蒙古自治区包头稀土高新区

内蒙古自治区乌兰浩特市

内蒙古自治区开鲁县

内蒙古自治区克什克腾旗

内蒙古自治区镶黄旗

内蒙古自治区乌海市海勃湾区

黑龙江省哈尔滨市道里区

黑龙江省齐齐哈尔市龙沙区

黑龙江省东宁市

黑龙江省汤原县

黑龙江省杜尔伯特蒙古族自治县

黑龙江省密山市

黑龙江省肇东市

上海市浦东新区

上海市徐汇区

上海市普陀区

上海市虹口区

上海市金山区

江苏省南京市建邺区

江苏省无锡市滨湖区

江苏省新沂市

江苏省常州市天宁区

江苏省苏州工业园区

江苏省如皋市

江苏省沭阳县

浙江省杭州市拱墅区

浙江省宁波市江北区

浙江省温州市瓯海区

浙江省嘉善县

浙江省义乌市

浙江省江山市

浙江省临海市

安徽省合肥市庐阳区

安徽省蒙城县

安徽省灵璧县

安徽省定远县

安徽省金寨县

安徽省宁国市

安徽省铜陵市义安区

安徽省黄山市徽州区

河南省长垣县

河南省济源市

河南省汝州市

河南省郑州市上街区

河南省开封市祥符区

河南省洛阳市洛龙区

河南省汤阴县

河南省潢川县

湖南省浏阳市

湖南省株洲县

湖南省衡阳县

湖南省常德市武陵区

湖南省平江县

湖南省资兴市

湖南省蓝山县

广东省广州市海珠区

广东省深圳市罗湖区

广东省佛山市禅城区

广东省平远县

广东省博罗县

广东省肇庆市高要区

广东省新兴县

四川省新津县

四川省攀枝花市西区

四川省合江县

四川省什邡市

四川省盐亭县

四川省青川县

四川省万源市

四川省西昌市

贵州省贵阳市南明区

贵州省遵义市播州区

贵州省凤冈县

贵州省六枝特区

贵州省兴义市

贵州省贞丰县

云南省腾冲市

云南省绥江县

云南省楚雄市

云南省姚安县

云南省开远市

云南省弥勒市

陕西省西安市未央区

陕西省岐山县

陕西省彬县

陕西省渭南市华州区

陕西省延安市安塞区

陕西省靖边县

陕西省紫阳县

宁夏回族自治区贺兰县

宁夏回族自治区平罗县

宁夏回族自治区青铜峡市

宁夏回族自治区彭阳县

宁夏回族自治区海原县

附件二　2017年中国政务公开发展与 2018年展望评估指标体系

（一）国务院部门评估指标

1. 决策公开

二级指标	三级指标	依据
重大决策预公开	年度重大决策事项目录	《关于全面推进政务公开工作的意见》《〈关于全面推进政务公开工作的意见〉实施细则》《2016年政务公开工作要点》《2017年政务公开工作要点》
	栏目设置	
	重大决策的意见征集	
	对征集到意见的反馈	
建议提案办理结果公开	专门栏目	《国务院办公厅关于做好全国人大代表建议和全国政协委员提案办理结果公开工作的通知》
	建议提案办理复文	
	建议提案办理的总体情况	

2. 管理服务公开

二级指标	三级指标	依据
政务服务公开	政务服务事项目录清单	《关于全面推进政务公开工作的意见》《〈关于全面推进政务公开工作的意见〉实施细则》《2016年政务公开工作要点》《2017年政务公开工作要点》
	政务服务事项的办事指南	
	行政审批结果	
"双随机"监管信息公开	专门栏目	
	随机抽查事项清单	
	抽查结果和查处情况	
行政处罚	行政处罚事项清单	
	行政处罚结果	

3. 执行和结果公开

二级指标	三级指标	依据
法治政府建设情况年度报告		《法治政府建设实施纲要（2015—2020年）》

4. 重点领域信息公开

二级指标	三级指标	依据
规范性文件公开	规范性文件备案审查	《2017 年政务公开工作要点》《国务院关于加强法治政府建设的意见》
	规范性文件清理结果	
	规范性文件有效性标注	
预决算	预决算说明	《地方预决算公开操作规程》《关于深入推进地方预决算公开工作的通知》
	预决算表格	
	"三公"经费决算信息	

5. 政策解读与回应关切

二级指标	三级指标	依据
政策解读	栏目设置	《关于全面推进政务公开工作的意见》《〈关于全面推进政务公开工作的意见〉实施细则》《2016 年政务公开工作要点》《2017 年政务公开工作要点》
	政策解读信息	
	解读形式	
	解读内容	
回应关切	主要负责人解读政策	
	网站互动	

（二）省级政府评估指标

1. 决策公开

二级指标	三级指标	依据
重大决策预公开	年度重大决策事项目录	《关于全面推进政务公开工作的意见》《〈关于全面推进政务公开工作的意见〉实施细则》《2016 年政务公开工作要点》《2017 年政务公开工作要点》
	栏目设置	
	重大决策的意见征集	
	对征集到意见的反馈	
建议提案办理结果公开	专门栏目	《国务院办公厅关于做好全国人大代表建议和全国政协委员提案办理结果公开工作的通知》
	建议提案办理复文	
	建议提案办理的总体情况	

2. 管理服务公开

二级指标	三级指标	依据
权力清单	是否公开本单位权力清单	《关于全面推进政务公开工作的意见》《〈关于全面推进政务公开工作的意见〉实施细则》《2016年政务公开工作要点》《2017年政务公开工作要点》
	权力清单的动态调整情况	
政务服务事项	政务服务事项目录清单	
	政务服务事项的办事指南	
"双随机"监管信息公开	行政审批结果	
	专门栏目	
	随机抽查事项清单	
行政处罚	抽查结果和查处情况	
	行政处罚事项清单	
	行政处罚结果	

3. 执行和结果公开

二级指标	三级指标	依据
审计结果公开	审计报告	《关于全面推进政务公开工作的意见》《〈关于全面推进政务公开工作的意见〉实施细则》《2016年政务公开工作要点》《2017年政务公开工作要点》
	审计查出问题整改情况报告	
法治政府建设情况年度报告		
政府工作报告		

4. 重点领域信息公开

二级指标	三级指标	依据
规范性文件公开	规范性文件备案审查	《2017年政务公开工作要点》《国务院关于加强法治政府建设的意见》
	规范性文件清理结果	
	规范性文件有效性标注	

续表

二级指标	三级指标	依据
预决算	预决算说明	《地方预决算公开操作规程》《关于深入推进地方预决算公开工作的通知》
	预决算表格	
	"三公"经费决算信息	
地方政府债务领域信息公开		《2017年政务公开工作要点》
城市水环境质量排名		《2017年政务公开工作要点》

5. 政策解读与回应关切

二级指标	三级指标	依据
政策解读	栏目设置	《关于全面推进政务公开工作的意见》《〈关于全面推进政务公开工作的意见〉实施细则》《2016年政务公开工作要点》《2017年政务公开工作要点》
	政策解读信息	
	解读形式	
	解读内容	
	主要负责人解读政策	
回应关切	网站互动	

（三）较大的市政府评估指标

1. 决策公开

二级指标	三级指标	依据
重大决策预公开	年度重大决策事项目录	《关于全面推进政务公开工作的意见》《〈关于全面推进政务公开工作的意见〉实施细则》《2016年政务公开工作要点》《2017年政务公开工作要点》
	栏目设置	
	重大决策的意见征集	
	对征集到意见的反馈	

2. 管理服务公开

二级指标	三级指标	依据
权力清单	是否公开本单位权力清单	
	权力清单的动态调整情况	
政务服务事项	政务服务事项目录清单	《关于全面推进政务公开工作的意见》《〈关于全面推进政务公开工作的意见〉实施细则》《2016年政务公开工作要点》《2017年政务公开工作要点》
	政务服务事项的办事指南	
	行政审批结果	
"双随机"监管信息公开	专门栏目	
	随机抽查事项清单	
	抽查结果和查处情况	
行政处罚	行政处罚事项清单	
	行政处罚结果	

3. 执行和结果公开

二级指标	三级指标	依据
审计结果公开	审计报告	《政府信息公开条例》《关于全面推进政务公开工作的意见》《〈关于全面推进政务公开工作的意见〉实施细则》《2016年政务公开工作要点》《2017年政务公开工作要点》
	审计查出问题整改情况报告	
法治政府建设情况年度报告		
政府工作报告		
政府信息公开工作年度报告		

4. 重点领域信息公开

二级指标	三级指标	依据
规范性文件公开	规范性文件备案审查	《2017 年政务公开工作要点》《国务院关于加强法治政府建设的意见》
	规范性文件清理结果	
	规范性文件有效性标注	
预决算	预决算说明	《地方预决算公开操作规程》《关于深入推进地方预决算公开工作的通知》
	预决算表格	
	"三公"经费决算信息	
地方政府债务领域信息公开		《2017 年政务公开工作要点》
集中式生活饮用水水源水质监测信息公开	水源水质监测信息公开	《2016 年政务公开工作要点》《2017 年政务公开工作要点》《关于印发〈集中式生活饮用水水源水质监测信息公开方案〉的通知》
	供水厂出水水质监测信息公开	
	用户水龙头水质监测信息公开	
棚户区改造	棚户区改造用地计划	《2016 年政务公开工作要点》《2017 年政务工作要点》
	棚户区改造建设项目	
	棚户区改造项目进度	

5. 政策解读与回应关切

二级指标	三级指标	依据
政策解读	栏目设置	《关于全面推进政务公开工作的意见》《〈关于全面推进政务公开工作的意见〉实施细则》《2016 年政务公开工作要点》《2017 年政务公开工作要点》
	政策解读信息	
	解读形式	
	解读内容	
	主要负责人解读政策	
回应关切	网站互动	

（四）县级政府评估指标

1. 决策公开

二级指标	三级指标	依据
重大决策预公开	年度重大决策事项目录	《关于全面推进政务公开工作的意见》《〈关于全面推进政务公开工作的意见〉实施细则》《2016年政务公开工作要点》《2017年政务公开工作要点》
	栏目设置	
	重大决策的意见征集	
	对征集到意见的反馈	

2. 管理服务公开

二级指标	三级指标	依据
权力清单	是否公开本单位权力清单	《关于全面推进政务公开工作的意见》《〈关于全面推进政务公开工作的意见〉实施细则》《2016年政务公开工作要点》《2017年政务公开工作要点》
	权力清单的动态调整情况	
政务服务事项	政务服务事项目录清单	
	政务服务事项的办事指南	
	行政审批结果	
"双随机"监管信息公开	专门栏目	
	随机抽查事项清单	
	抽查结果和查处情况	
行政处罚	行政处罚事项清单	
	行政处罚结果	

3. 执行和结果公开

二级指标	三级指标	依据
审计结果公开	审计报告	《政府信息公开条例》《关于全面推进政务公开工作的意见》《〈关于全面推进政务公开工作的意见〉实施细则》《2016 年政务公开工作要点》《2017 年政务公开工作要点》
	审计查出问题整改情况报告	
法治政府建设情况年度报告		
政府工作报告		
政府信息公开工作年度报告		

4. 重点领域信息公开

二级指标	三级指标	依据
规范性文件公开	规范性文件备案审查	《2017 年政务公开工作要点》《国务院关于加强法治政府建设的意见》
	规范性文件清理结果	
	规范性文件有效性标注	
预决算	预决算说明	《地方预决算公开操作规程》《关于深入推进地方预决算公开工作的通知》
	预决算表格	
	"三公"经费决算信息	
地方政府债务领域信息公开		《2017 年政务公开工作要点》
教育	义务教育划片结果公开	《2016 年政务公开工作要点》《2017 年政务公开工作要点》
	随迁子女入学信息公开	

5. 政策解读与回应关切

二级指标	三级指标	依据
政策解读	栏目设置	《关于全面推进政务公开工作的意见》《〈关于全面推进政务公开工作的意见〉实施细则》《2016年政务公开工作要点》《2017年政务公开工作要点》
	政策解读信息	
	解读形式	
	解读内容	
	主要负责人解读政策	
回应关切	网站互动	

6. 依申请公开

二级指标	三级指标	依据
信函申请渠道畅通性		《政府信息公开条例》
答复规范化程度		

第二编

专题报告

第二章　决策预公开的现状与展望（2017）

中国社会科学院法学研究所
法治指数创新工程项目组[*]

摘　要： 决策预公开是政务公开的一个重要环节。近年来，各级政府机关的决策预公开取得了明显成效，但是也存在一些问题。本文以2018年机构改革前的54家国务院部门以及31家省级政府、49家较大的市政府、100家县级政府为调研对象，分析了决策预公开的成效与面临的问题，提出了完善建议。

关键词： 政务公开　公众参与　决策预公开

引　言

中共中央办公厅、国务院办公厅印发《关于全面推进政务公开工作的意见》指出："实行重大决策预公开制度，涉及群众切身利益、需要社会广泛知晓的重要改革方案、重大政策措施、重点工程项目，除依法应当保密的外，在决策前应向社会公布决策草案、决策依据，通过听证座谈、调查研究、咨询协商、媒体沟通等方式广泛听取公众意见，以适

　　* 项目组负责人：田禾，中国社会科学院国家法治指数研究中心主任、法学研究所研究员；吕艳滨，中国社会科学院法学研究所研究员、法治国情调研室主任。项目组成员：王小梅、栗燕杰、胡昌明、徐斌、刘雁鹏、王祎茗、赵千羚、刘迪、田纯才、王洋、王昱翰、葛冰、冯迎迎等。执笔人：吕艳滨；冯迎迎、葛冰，中国社会科学院国家法治指数研究中心学术助理。

当方式公布意见收集和采纳情况。"对涉及群众切身利益、社会关注度高的政策事项进行预公开，广泛吸纳社会大众的意见和建议，一方面，有利于提高决策的科学性、民主性和公信力，减少决策执行的摩擦力；另一方面，有利于扩大公众参与，形成良性的政民关系。

为了分析决策预公开的状况，中国社会科学院法学研究所法治指数创新工程项目组（以下简称"项目组"）以 2018 年机构改革前的 54 家国务院部门（文章中的机构名称仍沿用 2018 年机构改革前的名称）以及 31 家省级政府、49 家较大的市政府、100 家县级政府为调研对象，对其决策预公开情况进行调研分析。本次调研内容包括政府门户网站及其法制部门网站是否公开 2017 年度决策事项目录、决策事项目录是否完整、是否设置决策预公开意见征集栏目且区分征集状态、政府门户网站或其法制部门网站是否公开决策草案、草案说明或解读、草案的意见征集渠道及期限、意见征集的整体情况、对征集到的意见的采纳情况及不予采纳的理由。本次调研对决策的范围界定较为宽泛，包括规范性文件、规划计划及其他社会关注度高、与群众切身利益密切相关的事项。

一 决策预公开的现状

调研显示，目前中国决策预公开日益受到各级政府的重视，并取得一定的成效，但也存在诸多问题。

（一）决策预公开的亮点

1. 普遍设置决策预公开意见征集栏目

一是大多调研对象设置了决策预公开意见征集专门栏目。本次调研中，有 39 家国务院部门、30 家省级政府、44 家较大的市政府及 57 家县级政府门户网站设置了意见征集专门栏目，名称一般为民意征集、征集调查、在线征集、网上征集等。民意征集栏目位置一般如下：（1）有的调研对象在政府门户网站设置一个或多个意见征集栏目，例如在政民互动和政务公开栏目下都设置了意见征集栏目；（2）有的调研对象在政府法制部门网站中设置一个或多个意见征集栏目，例如政务公开栏目下设意见征集栏目，互动栏目下设民意调查栏目；（3）有的调研对象分别发布在门户网站决策预公开和决策后公开栏目，决策预公开栏目发布的是征集意见通知，决策后公开栏目发布征集意见反馈情况。

二是部分调研对象在决策预公开意见征集专栏中区分征集状态。本次调研中，有 8 家国务院部门、15 家省级政府、18 家较大的市政府及 19 家县级政府在意见征集栏目中对征集状态进行了区分。意见征集状态标注的情况一般如下：（1）直接在栏目目录中标注起止日期；（2）在意见征求、意见征集栏目目录中每条意见征集公告的末端标明"已结束"；（3）征集栏目中分别标注了正在征集和往期征集；（4）设置意见征集及往期回顾两个栏目分别公开正在进行及已结束的征集；（5）将民意征集栏目分为征集中与已征集两个子栏目。

2. 部分对象重视意见征集、方便公众参与

部分调研对象在其门户网站或法制部门网站积极公开对决策征集意见的渠道及期限，方便公众更便利、更有效地提出意见或建议。

一是意见征集渠道多元。决策草案应通过多种渠道征集意见，以适应不同群体的习惯和需求。本次调研中有 25 家国务院部门、14 家省级政府、41 家较大的市政府及 35 家县级政府公开了意见征集渠道。意见征集渠道主要有以下几种：（1）线上如电子邮箱、传真、手机短信、在线提交平台等；（2）线下如信件、现场提交等。有的调研对象征集渠道多元，同时采用线上、线下多种方式。

二是意见征集期限明确、宽裕。决策草案征集意见应给群众留有充足的参与时间，以切实保障其充分参与的权利。本次调研中，有 25 家国务院部门、15 家省级政府、41 家较大的市政府及 35 家县级政府公开了意见征集期限。期限一般从 7 个工作日到 20 个工作日不等，有的调研对象设置的期限较长，如长达 1 个月，给公众提出意见留出了充足的时间，提供了充分的参与机会。

（二）决策预公开存在的问题

1. 决策草案与草案解读公开不理想

将政策解读关口前移，在对决策草案进行意见征集的同时公开对草案的解读，一方面，有利于减轻公众在参与阶段的理解障碍，提升

公众参与的针对性，提高预公开的质量和效果；另一方面，有利于提升政策解读效果，提升决策出台后公众对有关决策的认可度和支持度。本次调研中，有 24 家国务院部门、16 家省级政府、41 家较大的市政府及 44 家县级政府门户网站公开了决策草案。对决策草案进行公开的 44 家县级政府中有 39 家门户网站公开的是规范性文件草案，有 3 家门户网站公开的是规划计划草案，有 2 家公开的是决策草案。本次调研对象中有 10 家国务院部门、3 家省级政府、3 家较大的市政府及 5 家县级政府公开了对决策草案的解读或说明，占比较小。只有个别调研对象将决策草案说明与决策草案同时发布在民意征集栏目中，或在专门板块中呈现。

2. 大部分未公开决策事项目录

中共中央办公厅、国务院办公厅《关于全面推进政务公开工作的意见》和国务院办公厅《2016 年政务公开工作要点》明确要求，积极实行重大决策预公开，扩大公众参与，对社会关注度高的决策事项，除依法应当保密的外，在决策前应向社会公开相关信息，并及时反馈意见采纳情况。但调研发现，多数调研对象未公开决策草案征集意见及反馈信息。在本次调研中，54 家国务院部门和 31 家省级政府均未主动公开决策事项目录，49 家较大的市政府中有 6 家公开了 2017 年度决策事项目录，100 家县级政府中有 4 家公开了 2017 年度决策事项目录。决策事项目录的发布位置一般是在法规公文栏目下的市政府办公厅文件子栏目或者政务公开栏目下的规划计划子栏目下的工作计划专栏中。

3. 决策预公开征集对象受限

决策预公开的核心在于让社会大众参与政府决策，但本次调研发现，有的意见征集的对象并不包括社会公众，征集对象受限。而仅在政府机关系统内部征集意见，如限于各政府部门，各社区党委、服务中心，或者各人民团体等，公众无法参与其中。如河南省政府门户网站公布的规范性文件草案中，意见征集对象限定为各省辖市、省直管县（市）人民政府法制部门、执法部门，而不是一般公众。

4. 大部分未公开意见征集反馈情况

在决策预公开阶段，不只是征求社会大众的意见建议，还要对征集到的意见进行反馈，说明征集意见的总体情况、采纳情况和不采纳的理由，这既是对公众的尊重，也是形成良性政民互动关系的必然要求。

本次调研中，有2家国务院部门、7家省级政府、13家较大的市政府及13家县级政府对决策预公开进行意见征集的同时注重对意见征集反馈情况的总结与公布。其中，上述2家国务院部门均公开了征集到的意见数量。上述7家省级政府中，有4家省级政府公开了数量及主要观点，有3家只公开了数量。上述13家较大的市政府中，有4家较大的市政府公开了数量及主要观点，有4家只公开了数量，还有5家仅公开了观点。上述13家县级政府中，有9家县级政府公开了数量及主要观点，有3家只公开了数量，有1家只公开了观点。

二 决策预公开的制约因素

（一）政府方面的制约因素

1. 门户网站平台宣传引导不到位

政府机关应当借助门户网站平台为决策预公开提供便利的条件与环境。然而，本次调研结果显示，部分政府机关忽略了对决策的宣传与对公众参与的引导工作。了解本地方或者本部门本年度决策事项目录、决策草案的形成过程及主要内容是公众有效参与并提出合理意见的重要前提。然而，绝大部分调研对象未公开决策事项目录及草案解读或说明。而公布本年度决策事项目录的调研对象中，有的未告知是否举行听证。公布草案解读的调研对象中，有的未设置草案解读专门栏目，而是在意见征集的通知公告中以附件的形式公开。这些不足都体现出有的政府机关没有充分利用门户网站平台进行宣传与引导，不利于最大限度地发挥公众参与效果。未公开草案，公众就无法得知某项决策正在形成，无法参与其中；未公开草案解读，公众就无法更好地了解某项决策的背景、意义、目的等，无法有针对性地提出意见。

2. 决策预公开平台建设不完善

决策预公开网络平台是政府与公众进行良好信息互通的重要渠道。但是，调研发现，政府门户网站决策预公开平台建设还有待提升。

首先，部分调研对象未设置决策预公开意见征集栏目。有的政府网站的民意征集栏目定位混乱，内容混杂。虽然设置了用于政民互动的意见征集或网上征集栏目，但是该栏目并非用于决策预公开意见征集。如国土资源部、在政民互动栏目中设有网上调查栏目，但是在该栏目中发布的是调查问卷、投票评选等内容，没有关于决策草案意见的征集内容。再如大连市政府门户网站的意见征集栏目，是关于部门规章草案的意见征集，不是决策预公开意见的征集。有的政府机关决策预公开信息夹杂在其他栏目中。如北京市西城区决策预公开意见征集夹杂在北京市西城区政府法制办公室门户网站公示公告专栏，不方便公众有针对性地查找。其次，意见征集发布不集中，设置多个栏目同时发布。如汕头市法制局网站的征集意见同时存在于决策预公开、公告公示、工作动态三个栏目中。最后，意见征集栏目没有标注征集状态。在设置意见征集栏目的四级政府机关中，均有半数以上未对栏目标注状态，这会给公众有效参与带来很大的不便。

3. 公众参与条件不便捷

从政府运作的角度说，公众信息反馈渠道的长短、信息传播渠道的容量以及信息渠道的多样性等，是制约公众信息反馈的重要变量。调研发现，公众信息反馈要素不完备是制约公众参与决策预公开的重要因素。主要体现在以下几个方面。

首先，决策预公开公众参与渠道不畅通。公众参与渠道是公众与政府开展对话的桥梁，该对话能否有效进行受制于参与渠道是否畅通完备。调研显示，决策预公开中公众参与的渠道已从单一的线下方式逐步拓宽到线下加线上方式，但是存在的问题也不容忽视。第一，决策预公开意见征集渠道缺失。在本次调研对象中，有的政府机关未公布意见征集渠道，如广东省新兴县。第二，决策预公开意见征集渠道单一。部分调研对象虽然提供了意见征集渠道，但是情况并不乐观。有的政府机关只提供给公众一种意见提交途径，严重影响了公众积极有效参与其中的效果。如河北省政府、广东省广州市海珠区等仅提供了邮箱这一种方式；浙江省政府提供了邮箱和网页在线留言两种方式，但网页留言并未设置具体栏目或链接，因此有效的提交方式只有邮箱一种；湖北省政府门户网站公布的规范性文件草案意见征集方式为留言框留言。

其次，决策预公开预留的公众参与时间不适宜。意见征集时间的长短是公众有效参与决策预公开的关键因素。在决策预公开中，只有意见征集草案、征集渠道是远远不够的，还要有充裕科学的征集时间安排才可以确保公众参与的及时性、有效性。但是，调研发现，部分政府机关并未充分考虑到为公众参与预留适宜的时间。一是未公布意见征集时间。如吉林市政府门户网站公布的意见征集，没有征集时间。二是意见征集时间过短。如随机抽选贵州省六盘水市六枝特区一个意见征集，时间为2月8日至2月9日12时，即1.5天；随机抽选浙江省嘉善县一个意见征集，时间为7月12—14日，即3天。上述两家政府机关意见征集时间均过短，公众可能还未看到、未得知此意见征集事项就可能已错失机会，或者可能无法在如此短暂的时间内提出较为成熟、完善的意见而影响意见征集的目的。三是意见征集时间不明确。如广东省新兴县的一个意见征集起始日期为2015年10月12日，但是却无截止日期；再如广东省博罗县意见征集的调查时间为2017年4月20日至6月23日，但意见征集通知中提供的截止时间却为5月20日。

4. 不注重对公众参与反馈的回应

及时公开公众参与的反馈结果是决策预公开意见征集工作中的重要一步，虽然此项工作位于意见征集结束之后，但是对于提升公众参与的积极性及有效性至关重要。调研显示，意见征集反馈情况落实得很不理想，要么未公开此信息，要么公开得不充分。一是四级政府机关中均有绝大多数未对意见征集反馈情况进行说明。公众参与结果没有下文，公众参与得不到政府的及时回应，这难免会影响公众再次参与的信心与主动性。公众在心理上会对政府产生不信任，认为政府意见征集只是走形式，并非真正广纳民意。二是在对此情况进行说明的调研对象中，有的只公布了征集到的意见数量，没有公布征集到的主要观点；有的只公布了意见是否采纳，但没有进一步说明不采纳的理由；有的公布了意见是否采纳及不采纳的理由，但是理由不充分，无法让公众信服。上述情形说明政府机关对于民意采纳情况的总结及分析不到位，既没有使民意辅助决策的功能得到有效发挥，也不能为公众以后更好地参与提供指引。

（二）公众方面的制约因素

1. 公众参与不主动、不积极

政务公开的对象是公众，没有公众参与的信息公开很难做到让公众满意。公众表现出来的不积极、不主动是影响公众参与效果的一个重要制约因素，这主要源于公众对于某些政府信息不关心、不关注。每个公众都是一个独立的个体，每个个体都有着不同于其他个体的利益相关事项，不同的个体对于不同的政府信息关注程度也不同。对于政府决策预公开意见征集过程中出现零意见的情况，并不能说明公众完全赞同、没有意见，不排除公众因不感兴趣而并未查看该草案或意见征求稿。

2. 公众参与的能力有限

公众受教育程度不同，知识水平不同，对于政府信息的理解与分析能力及意见反馈能力也不尽相同。首先，部分公众无法通过有效途径参与信息公开。如部分政府机关提供的意见征集渠道只有电子邮件或网上在线提交一种方式，对于不能上网、不会上网的公众而言，如一些网络不畅通的偏远地区、欠发达地区的公众或者一些不会使用电脑的老年人，将无法把自己的意见传递给政府。其次，公众个人知识水平的高低直接影响到其对于某项草案的理解及意见表达程度。正确地表达自己的意见和诉求是公众参与政务公开的关键。对于公众方面的制约因素，不是简单归责于公众，而应先从政府角度研究对策，如针对不同群众采取差异化预公开方式，加大重大决策草案宣传和解读，扩大知晓范围和程度，培养公众参与习惯和能力，引导其有序参与决策。

三　决策预公开发展展望

中国共产党第十九次全国代表大会指出："加强社会治理制度建设，完善党委领导、政府负责、社会协同、公众参与、法治保障的社会治理体制，提高社会治理社会化、法治化、智能化、专业化水平。"决策预公开制度是政府治理社会、密切联系群众的重要路径之一。多渠道征求公众意见和建议是人民当家作主的重要体现，是全面依法治国的重要方面，是健全民主制度，丰富民主形式，拓宽民主渠道，保证人民当家作主落实到国家政治生活和社会生活之中的必然要求。

（一）加强公开平台建设

网络信息时代，政务公开平台是政务公开和公众参与的重要渠道。平台建设水平的高低决定着信息公开内容是否完备、时间是否及时、反馈是否落实等诸多要素是否到位。《〈关于全面推进政务公开工作的意见〉实施细则》也规定，政府应当积极探索公众参与新模式，利用新媒体搭建公众参与新平台。因此，各级政府机关要积极利用现代化网络信息技术，提升政务公开和公众参与平台建设，及时准确地向公众发布政府信息，提高政府公共决策的制定质量。

平台建设的基本要求就是既要做到形式完备，又要做到内容有效。具体而言，各级政府机关应对应政务公开工作内容要素，对政府信息进行分类和整合，建立多元化政务公开形式，如设置相应的栏目或平台，有针对性地深入推进政务公开工作。对于决策预公开，各级政府机关应当积极拓展设置官方门户网站的民意征集等政民互动专栏，建立网上信息咨询系统。民意征集专栏要做到栏目设置醒目易找、栏目定位准确、栏目内容分类明确，区分征集状态或标注起止时间，信息反馈要素完备有效，渠道、时间及反馈结果缺一不可。

（二）预公开模式多元化

网络适用的广泛性与普及性拓宽了公众参与的模式与途径，以全新的方式推动着政府与社会、政府与公民的良好互动与合作。互联网交流方式打破了传统的面对面交流或纸质交流等线下方式的约束，引入了电子邮件、在线交流等线上互通方式。但是，线上方式并不能完全取代线下方式，独当一面。各级政府机关应当在充分考虑到各种信息公开对象的差异性的前提下设置多元化的信息公开渠道，为公众充分参与提供便利。在信息互联互通、高效传播时代，还要充分借助新媒体，充分利用公众社交平台，如微博、微信等新的信息传播媒介，同时，也不能摒弃传统的互通交流渠道，力争使公众最大限度地参与到决策形成中来。

（三）重视结果信息反馈

公众参与结果信息的及时反馈可以促进政府决策科学化、民主化，可以促成政府与公众之间良好的政民关系。只有信息在政府与公众之间双向传递才可以真正实现良好的政民互动，各级政府机关在公众参与决策形成过程中不能只注重信息从政府到公众的单方传递，还要注重信息从公众到政府的传递，倾听公众的心声与诉求。如果公众传递给政府的信息有去无回，公众参与将流于形式，也会令政府公信受损。因此，政府机关应及时总结公众意见，并将采纳情况及具体理由及时反馈给公众。建议政府机关在门户网站设置不同于意见征集的意见反馈栏目，专门公开征集公众意见的情况，并对采纳情况及不采纳的理由进行详细说明，做到让公众信服、让公众满意。

（四）提高公众参与积极性

政府机关应通过新闻报道、新媒体消息推送以及居委会宣传等提高决策预公开的传播力，让公众感受到决策预公开是关乎民众的事情，而不是与己无关的事情。其次，培养和激励公众参与的积极性，将决策预公开信息下达到基层单位，例如需要电子邮箱反馈的决策草案，可由居委会、村委会集中收集意见、建议，集中发送。对于需要网站平台提交反馈信息的，可以由居委会、村委会组织民众集中发言，统一通过网站报送。避免不会使用互联网的居民对于决策预公开的信息有想法却不能表达。

第三章 政务公开标准化的现状、问题与因应（2017）

——以国务院部门为主线

中国社会科学院法学研究所
法治指数创新工程项目组[*]

摘　要：政务公开是提升国家治理能力，保障公众知情权、参与权、监督权的重要方式。但目前政务公开做法不统一、混乱随意现象突出。标准作为重要的治理手段，被引入在内。部分国务院部门和地方政府积极探索政务公开标准化规范化，以增强政务公开的可操作性与统一实施。主动公开目录，作为国务院部门政务公开标准化的基石，虽然大部分已编制完成，但其功能有限、可操作性不佳的问题非常明显。对此，建议明确主动公开目录的功能定位，细化目录内容，助力政务公开的规范化。

关键词：政务公开　标准化　主动公开目录

公开透明是法治政府的基本特征，全面推进政务公开，让权力在阳光下运行，对于发展社会主义民主政治，提升国家治理能力，增强政府公信力执行力，保障人民群众知情权、参与权、表达权、监督权具有重要意义。自2007年《政府信息公开条例》出台，中国的政府信息公开工作走上了全面法治化的轨道，其成效举世瞩目。但在充分肯定成效的

　　* 项目组负责人：田禾，中国社会科学院国家法治指数研究中心主任、法学研究所研究员；吕艳滨，中国社会科学院法学研究所研究员、法治国情调研室主任。项目组成员：王小梅、栗燕杰、胡昌明、徐斌、刘雁鹏、王祎茗、赵千羚、刘迪、田纯才、王洋、王昱翰、葛冰、冯迎迎等。执笔人：栗燕杰，中国社会科学院法学研究所副研究员；刘迪，中国社会科学院国家法治指数研究中心学术助理；吕艳滨。

同时，也应意识到公开标准不明确、公开程度不统一、公开常态化不够等问题，一直困扰着许多行政机关。

政务公开的标准化，是提升国家标准化水平的重要内容。《中共中央关于全面推进依法治国若干重大问题的决定》提到"标准"有 8 处之多。中共中央办公厅、国务院办公厅印发了《关于全面推进政务公开工作的意见》，国务院办公厅印发了《〈关于全面推进政务公开工作的意见〉实施细则》，均将标准化作为提高政务公开规范性和实效性的重要手段。

中国社会科学院国家法治指数研究中心、法学研究所法治指数创新工程项目组（以下简称"项目组"）对国务院部门政务公开标准化的核心载体——主动公开目录进行调研发现，多数国务院部门制定并对外公开了本部门的主动公开目录，取得一定成效。但要素不够完整、可操作性不强等问题妨碍到预期功能实现。对此，应明确其功能定位，细化并扩充相关内容。

一 政务公开标准化的背景与现状

政务公开标准化的推进，其背景是法律、法规的不够健全。标准化的实施，将起到增进操作性之效果。2008 年出台的《政府信息公开条例》实施至今，较为原则笼统操作性不强的问题日渐凸显。"有些制度规定比较原则，政府信息公开的范围不够具体，公开义务主体不够明确，对于哪些信息应当公开、如何公开，存在不同理解和认识，实践中容易引发争议。"[①] 与此同时，无论是为了保障知情权、监督权，还是因为政府办事的需要，都对政务公开提出日趋高标准的要求。

早在 2007 年，国家标准化管理委员会等机构即出台了《关于推进服务标准化试点工作的意见》（国标委农联〔2007〕7 号），提供了标准化推进的制度依据和技术支撑。通过标准化的方式，化原则为具体，增强操作性，明晰公开范围、公开方式、公开时限等要素，可谓对症下

---

① 参见国务院法制办公室《关于〈中华人民共和国政府信息公开条例（修订草案征求意见稿）〉的说明》，中国政府法制信息网公开征求意见系统，网址：http://zqyj. chinalaw. gov. cn/draftExplain？DraftID = 1869，最后访问日期：2018 年 3 月 8 日。

药。政务公开与标准化相结合，成为从中央到地方不约而同的选择。

政务公开标准化的内容包括梳理政务公开事项、编制政务公开事项标准、规范政务公开工作流程、完善政务公开方式等。发展至今，政务公开标准化规范化工作开展得如火如荼。

在中央关于政务公开标准化的统一部署之前，已有一些地方开展主动探索。比如，四川省质量技术监督局于 2014 年同意发布南充市政府组织编制的《政务公开》系列标准中的 5 项区域性地方标准，分别为《政务公开第 1 部分：术语》《政务公开第 2 部分：基本要求》《政务公开第 3 部分：运行管理要求》《政务公开第 4 部分：公众意见处置规范》《政务公开第 5 部分：考核规范》。其在内容上已相对丰富、立体。江苏省宿迁市在政务公开标准化方面，注重制度建设，其效果值得瞩目；编制了《政府信息公开标准化基础知识读本》，既提升了政府机关的政务公开工作水平，也澄清民众的认识误区；设置"政府信息公开标准化试点建设专题"板块，汇总有关的工作动态、制度文件和政策法规等内容。① 安徽省将 2016 年作为"全省政务公开政务服务标准化深化年"，推进发挥"标准化 + 政务"效应。

在地方实践基础上，中央对政务公开标准化加强了顶层设计，进行了统一的部署安排。2016 年《〈关于全面推进政务公开工作的意见〉实施细则》（国办发〔2016〕80 号）明确要求国务院各部门"不断提升主动公开的标准化规范化水平"，并用专门板块要求推进基层政务公开的标准化规范化。随后，《国务院办公厅关于印发开展基层政务公开标准化规范化试点工作方案的通知》（国办发〔2017〕42 号）下发，为基层政务公开的标准化推进提供指导。

在中央文件印发之后，国务院各部门、各省市在推进政务公开标准化方面着力甚巨，其成效令人瞩目。通过观察 21 家国务院部门（本文仍沿用 2018 年机构改革前的机构名称）网站发现，15 家国务院部门公开了本部门的主动公开目录，国家安全生产监督管理总局的主动公开基本目录链接无效，4 家国务院部门网站未公开主动公开目录，人力资源

① 政府信息公开标准化试点建设专题，网址：http://www.suqian.gov.cn/cnsq/zwgk/xxgkbzh.shtml，最后访问日期：2018 年 3 月 8 日。

和社会保障部网站链接无效。其中，国家质量监督检验检疫总局、环境保护部、国土资源部、财政部、工业和信息化部、教育部等国务院部门的主动公开目录内容详细，清楚明确；国土资源部、教育部等国务院部门的主动公开目录在共性的基础信息之上，还体现出了本部门特色，例如国土资源部在服务指南和行政审批事项中详细列明具体的审批事项，除此之外，还列明了土地管理、土地督察、地质矿产管理、地质环境管理、执法监察、科技管理等方面的具体业务事项。

二　政务公开标准化仍存在的问题

国务院部门的政务公开标准化推进，应满足分类科学、名称规范、指向明确等要求，起到标准的预期功能。但项目组发现，政务公开标准化的现状不尽如人意，在理念、制度、机制等方面存在偏差不足，需要予以关注并在今后着力克服。

（一）与法治化要求存在一定偏离

政务公开标准化要发挥作用，前提是其基本要素、要求立足于法律法规和政策文件的规范，具有强制性。只有这样，标准的执行者才会重视政务公开标准，以标准作为公开工作的指南手册；人民法院、复议机关在行政争议解决时才会关注政务公开标准，作为纠纷化解的重要参考。但调研发现，15 家国务院部门公开的主动公开目录中以指导性内容为主，缺乏对现有法律政策的必要梳理，缺乏必要的规范功能和强制性。

第一，标准内容偏离法律规范。调研发现，6 家国务院部门公开的主动公开目录中政府信息公开指南的内容与《政府信息公开条例》要求存在偏离。《政府信息公开条例》第 19 条规定，"政府信息公开指南，应当包括政府信息的分类、编排体系、获取方式，政府信息公开工作机构的名称、办公地址、办公时间、联系电话、传真号码、电子邮箱等内容"，但如商务部的主动公开基本目录中对指南内容的要求是"部政府信息依申请公开有关情况、监督方式等"；国家发展和改革委员会的是"委政府信息主动公开、依申请公开有关情况、监督方式等"。显然，与《政府信息公开条例》要求相比，其内容要素严重不完整。

第二，标准内容未能将政策文件充分纳入。比如，国务院办公厅《2015 年政府信息公开工作要点》要求"对于承担的行政审批事项，均要发布服务指南，列明设定依据、申请条件、申请材料、基本流程、审批时限、收费依据及标准、审批决定证件、年检要求、注意事项等内容"，但 8 家国务院部门公开的主动公开目录中行政许可办事指南的内容并非完全如此。如国家食品药品监督管理总局的主动公开目录中对许可服务办事指南内容的要求是"总局行政许可事项申请条件、申办材料、办理流程、时限等信息"。这是对国务院办公厅年度要点要求的限缩乃至背离，很难起到指导和监督本部门本系统本地区政务公开工作的作用，更难以实现提高政务公开规范化水平的效果。

（二） 公开为常态的原则贯彻不到位

"公开为常态、不公开为例外"已被 2014 年《中共中央关于全面推进依法治国若干重大问题的决定》、2016 年《关于全面推进政务公开工作的意见》等多个文件反复确认。相应地，各部门各系统各地区的政务公开标准化，也理应设法贯彻落实其要求。一方面，在目录的内容上，需考虑以"例外清单"的方式，确保不公开真正成为例外；另一方面，虽然政务公开正面清单并不是行政机关应当主动公开政府信息的完全列举，但仍应尽可能地将有政策文件明确规定的事项纳入，使其有序公开。但从各部门的清单看，仍有部门编制的主动公开目录中的事项不全。例如，国务院办公厅《2016 年政务公开工作要点》要求，积极做好部门规章和政策性文件清理结果公开工作。《国务院关于加强法治政府建设的意见》提出，加强对行政法规、规章和规范性文件的清理，建立规章和规范性文件定期清理制度，对规章一般每隔五年、规范性文件一般每隔二年清理一次，清理结果要向社会公布。但仍有的主动公开目录中未包括规章、规范性文件的清理结果，如财政部。

（三） 较为原则笼统操作性需增强

就其原初功能而言，标准为供共同使用和重复使用的规则指南。相应地，是否具有足够的操作性，是衡量政务公开标准成败的关键所在。

但调研发现，国务院部门的主动公开目录多为原则性规定，可操作性有待提升。

第一，主动公开事项的内容不细致、不明确。比如，住房和城乡建设部的主动公开基本目录（见图1）中的公开内容仅仅是公开事项，并未列明具体的内容要素，行政机关工作人员拿到这份主动公开目录时根本无所适从，不知应当主动公开哪些信息。又如，在重大建设项目信息公开方面，国家食品药品监督管理总局的主动公开目录中的公开内容是"重大项目建设情况"，交通运输部的是"交通运输重大建设项目的批准情况等信息"。再如，在政策落实情况公开方面，国家税务总局的主动公开目录中政策落实事项的公开内容是"重大政策特别是政府工作报告、政府决定事项等的贯彻落实情况；督查税收政策落实情况等"；民政部的则是"重要政策措施的实施情况"，并不能指向明确的信息，政务公开工作人员根本不知该如何公开。如何界定"重要"和"重要"的内涵外延，存在较大裁量空间。

一、机构职能职责

序号	公开内容	公开时限	公开方式	责任主体	监督渠道	其他
1	机构设置	文件印发之日起20个工作日内	门户网站主动公开	人事司	社会监督	
2	主要职责	文件印发之日起20个工作日内	门户网站主动公开	人事司	社会监督	
3	部属单位	文件印发之日起20个工作日内	门户网站主动公开	人事司	社会监督	

二、政府信息公开相关文件

序号	公开内容	公开时限	公开方式	责任主体	监督渠道	其他
1	年度政务公开工作要点	文件印发之日起20个工作日内	门户网站主动公开	办公厅	社会监督	
2	政务公开工作年报	文件印发之日起20个工作日内	门户网站主动公开	办公厅	社会监督	

图1 住房和城乡建设部主动公开基本目录

注：截图时间为2018年2月23日。

（四）公开时限、周期缺乏必要明确

由于紧急程度、重要程度有别，各类政府信息的公开时间、公开频次不尽相同。《政府信息公开条例》虽然原则上规定"属于主动公开范围的政府信息，应当自该政府信息形成或者变更之日起 20 个工作日内予以公开"。但在一些领域，也有规范性文件对该领域信息的公开时间另有要求。如对于行政许可和行政处罚结果，《国家发展和改革委员会关于认真做好行政许可和行政处罚等信用信息公示工作的通知》（发改电〔2015〕557 号）要求在行政许可和行政处罚作出决定之日起 7 个工作日内上网公示；对于政府工作报告或专门领域的工作总结等，一般是按年度公开；对于各类统计数据，有些是按月公开，有些是按季度公开，还有些是按年度公开。换言之，各类政府信息的公开时间并不能一概而论。但调研发现，10 家国务院部门都是在主动公开目录中将公开时间概述为"政府信息形成或者变更之日起 20 个工作日内。法律、法规对政府信息公开的期限另有规定的，从其规定"，如国家发展和改革委员会、民政部等。

（五）做法迥异损害统一性权威性

虽然《〈关于全面推进政务公开工作的意见〉实施细则》要求试点部门和基层政府制定自身的政务公开标准，但并不是要让这些标准"各自为政"，而是希望最终形成全国统一的政务公开标准化规范化体系，所以就全国各部门各系统各地区的共有的公开事项而言，其公开内容、公开时间应该是相同的。但调研发现，不同的国务院部门对同一公开事项的公开内容的详细程度标准不一致。如就领导信息公开而言，国家食品药品监督管理总局的主动公开目录中的相关要素是"总局领导简历、照片、主管或分管工作等"，国家质量监督检验检疫总局的是"总局领导的姓名、职务、个人基本信息（出生年月、性别、民族、籍贯、学历学位、职称）、工作履历、工作分工、标准工作照等信息"，教育部的是"领导简历及分工"，这表明，行政机关对政务公开标准的制定随意性大。

（六）公开事项分类不科学

主动公开目录中公开事项的分类不科学。调研发现，有的国务院部门主动公开目录中的公开事项按照主题分类，有的按照公开主体分类，有的按照信息属性类别分类，不论采用哪一种分类方法，只要分类明确科学，公开事项与其分类相对应即可。但调研发现，有些国务院部门的主动公开目录分类并不科学。如海关总署的主动公开基本目录是按照基础信息公开、决策公开、执行公开、管理公开、服务公开、结果公开、重点领域公开的类别来划分的。虽然中共中央办公厅和国务院办公厅的相关文件将政务公开划分为"五公开"或"六公开"，但该分类并不明确，内容不免相互交叉重叠，依据政务"六公开"的分类来排列主动公开目录的内容，也难免遇到同样的尴尬。又如，商务部的主动公开目录是按照信息类别来划分的，其中规范性文件和政策发布并列为一级类别，但规范性文件和政策本身是有交叉的。再如，在教育部的主动公开目录中，行政许可竟然在政策法规类别下，主动公开事项分类混乱随意。

三　政务公开标准化改进的理念思路

标准化的最终目的是获得最佳秩序和最佳效益，在标准的制定和实施过程中，需要遵循最优化原则。政务公开标准化的目标是提升政务公开效果，避免公开的表面化、形式化、随意性；成为加强对政务公开考核和监督的重要抓手，而非仅仅是辅助性的建议、指导。国务院各部门的主动公开目录，作为其政务公开标准化的重要载体，不应局限于指引性的目录清单。因此，建议从以下方面完善主动公开目录。

（一）立足法治化赋予强制性

主动公开目录，作为政务公开标准化的核心，应当是法治化的精细化，而不是脱离法治化的软性指引。主动公开目录的作用和意义，首先，在于加强对本领域主动公开工作的管理和规范，明确哪些信息应当主动公开，应当公开这些信息的哪些内容，应当以什么形式公开，应当在什么时间公开等问题，避免对外公开的表面化、形式化和随意性，提升对外公开的效果；其次，在于给政务公开工作人员以明确引导，使其看到本单位的主动公开目录就能知道该如何操作；最后，可将其作为对本领域本地区政务公开工作进行监督和考核的抓手。因此，政务公开标准化应当是以强制性规范为主的标准化，行政机关不应仅仅在主动公开目录中列出原则性的、模糊性的公开方向的指引。

为此，主动公开目录应是以强制性规范为主的标准化目录。行政机关应当在梳理自身工作职责、权责清单等的基础上，明确自身在各个工作环节中的公开职责，并结合每个工作环节中产生的政府信息及政府信息源头属性的认定，依照每一条公开事项的公开依据，列明每一项公开职责、公开范围、公开内容、公开时间、公开方式等，如此形成的每一项主动公开事项均有法可依，每一项法律法规规范性文件要求的公开事项均在主动公开目录中有所体现，二者相互对应，凡是纳入主动公开目录中的事项均应主动公开，违反了主动公开目录中的内容即违反了相关文件的要求，行政机关内部可对相关责任主体进行问责，社会大众对此也可举报监督。对此，国务院部门可参考地方政府在该领域的探索创新，北京市的重点领域政务公开三级清单就可作为一个很好的借鉴。尽管北京市重点领域政务公开三级清单的制发早于国务院办公厅对于政务公开标准化规范化的要求，并且北京市重点领域政务公开三级清单仅仅是部分重点领域的公开标准，并不是一个全清单，但是，它是在对每一个领域、每一个公开事项的公开职责和公开依据进行梳理的基础上制定的，如此制定出的清单明白清晰，不仅制定清单的人成竹在胸，使用清单的机关工作人员对于如何操作也会有条不紊，社会大众依据清单对于如何查阅和监督也清清楚楚，这才体现了政务公开标准的法治化和精细化，其做法显然具有借鉴、推广、复制的价值。

（二）总结经验教训增强操作性

标准的对象是重复性的事物，在内容上除基于强制性的法律规范之外，基于已有做法的经验总结必不可少。这也是标准与法律规范职能分工的要害所在。

政务公开标准的内容应当尽可能规范、清晰、统一、可适用。为此，在标准的制定、修订过程中，应正确选取规范性要素，合理搭建文本结构，要素、条款、内容表述尽可能严谨清晰准确、可实施、可考核，避免误解误读，避免执行者无所适从。应充分总结各地区、各领域在政务公开推进中的创新经验，以及出现问题的教训梳理，将之纳入政务公开标准之中。比如，对于各地在政务公开方面出现的典型案件，其经验教训应纳入标准之内，以避免不当操作，再次出现法律风险。

（三）动态调整不断优化完善

政务公开的标准体系，并非建成后就一劳永逸，而应当具有动态特性。与时俱进，进行修订、调整和完善。当法律、法规、政策出台、修订、废止时，应当相应对标准体系的内容予以相应调整。当政府信息的源头属性发生转化时，也应同时对标准的内容进行动态调整。另外，应及时总结本领域本地区在政务公开工作、相关复议应诉、处理投诉举报建议的经验教训，纳入标准之中，将标准的优化不断推向纵深。在此，一些地方经验值得借鉴。安徽省的政府信息公开目录建立动态调整机制，标准内容中处理好"变与不变"的关系，在确保框架、主体内容稳定性的同时，为动态调整预留足够空间。

（四）依托信息化提升智能性

现代政务公开的标准化，已有条件、有能力，更有必要依托信息化来推进，这既是与传统标准化的重大差别所在，也是提升政务公开效能乃至政府治理水准的关键抓手。政务公开的标准化，虽然以主动公开目录为起点，但绝不能故步自封。其标准化的推进，应当与政务公开的系统平台相结合，通过系统的节点管理与标准化无缝衔接，发挥系统的指引、预警、提示、监督等功能，以智能化促进政务公开标准化再上新台阶。

四　政务公开标准化改进的具体举措

（一）扩充主动公开事项范围，探索负面清单

"有法可依"的强制性规范只是行政机关公开政府信息的最低要求。实践中，政府应当主动公开的信息范围广之又广，而且并不是每一个公开事项均有明确的法律法规、政策文件作为依托，因此仅仅通过梳理公开依据来编制主动公开目录，并不能达到"应公开尽公开"的要

求；而且，由多年来行政机关依申请公开数量居高不下的现实情况就可以看出，社会大众获取政府信息、了解政府工作、参与社会治理、监督政府运行的需求仍未满足，这说明行政机关公开政府信息的广度和深度仍然不够。因此，为鼓励行政机关更规范地公开更广泛的政府信息，满足公众需求，行政机关在圈定公开范围时可不局限于"有法可依"的强制性规范，增加引导性标准。这也有利于政务公开标准的动态调整。

第一，全面开展源头认定，与主动公开目录编制同步进行。行政机关开展政府信息公开属性源头认定工作，对自有的政府信息进行摸底，对认定为"主动公开"属性的政府信息直接纳入主动公开目录；对已认定为"依申请公开"和"不予公开"的政府信息再次进行保密审查，对于可转为主动公开的政府信息，及时进行属性转化，并纳入主动公开目录。这既有利于摸清家底，也有利于将没有明确的主动公开依据，但又不属于不予公开范围，社会大众有现实需求的可主动公开的政府信息纳入主动公开目录，扩充目录的内容，满足群众需求。

第二，立足需求本位，广泛吸纳公众意见。在编制主动公开目录的过程中，通过召开征集意见会、讨论会或上网征集意见等形式，让社会大众广泛参与到主动公开目录的编制过程中，将社会大众普遍关注的公开事项和需求，以及群众喜闻乐见的公开方式纳入主动公开目录，丰富和扩充主动公开目录的内容，使其更加贴合社会大众的实际需求，更"接地气"。

第三，编制负面清单，纳入政务公开标准体系。为明确政府信息公开与不公开的边界，避免政务公开的随意性，中共中央办公厅、国务院办公厅印发《关于全面推进政务公开工作的意见》提出，到2020年，政务公开工作总体迈上新台阶，依法积极稳妥实行政务公开负面清单制度的工作目标。这也是真正实现"以公开为常态，不公开为例外"原则的内在要求。多个地区正在积极探索制定政务公开负面清单，如2015年，贵州省在环境保护厅、交通运输厅、旅游局、食品药品监督管理局4个与民生密切相关的省直部门开展非公开信息目录管理试点工作，梳理并公开非公开信息目录；杭州市制发了《杭州市人民政府办公厅关于实行政务公开负面清单制度的指导意见（试行）》，明确了纳入政务公开负面清单的事项及其依据。虽然在政务公开负面清单的编制中仍存在很多困难，如不公开事项范围本身具有不确定性，且存在裁量空间；很多不公开的法律依据已经过时，亟待修改，但行政机关在梳理不公开事项时，仍应尽可能地限缩不公开的事项清单，明确自由裁量权行使的条件和规则，压缩兜底条款的适用，从而让政务公开"不再任性"。

（二）推进标准细化类型化，真正成为指南引领

主动公开目录既然体现的是法治化的精细化，那么主动公开目录的内容越精细越好。从主动公开目录的内容要素上来说，主动公开目录的内容可不局限于公开事项、公开主体、公开内容、公开时间、公开方式，还可增加标准的类别、是否需要保密审查、公开的栏目等要素。地方政府在编制政务公开标准化目录时也可采纳此做法。

首先，区分标准分类。标准的类别，如前文所述，可以分为强制性标准和引导性标准，不同类别的标准对其对应的公开事项具有不同的约束力，违反它们的后果也不相同。

其次，在每一项公开事项后增加是否需要保密审查的标注。虽然纳入主动公开目录范围内的事项均是应当主动公开的事项，但其对应的政府信息未必都是应当主动公开的，就建议提案办理结果的公开而言，虽然《国务院办公厅关于做好全国人大代表建议和全国政协委员提案办理结果公开工作的通知》明确要求公开建议提案办理结果，但有些建议提案办理结果可能涉及国家秘密，或涉及商业秘密、个人隐私，公开后可能危及国家安全、公共安全、经济安全和社会稳定，则不宜公开，因此，在公开上述信息前须进行保密审查和公开属性的源头认定。但是，并非主动公开目录中的所有信息都需要进行保密审查，有些信息是可以免于保密审查的，如法律法规、财政预决算及"三公"经费等。因此，为了提高行政效率，可在主动公开目录中区分是否需要对公开事项下的政府信息进行保密审查。

（三）完善渠道方式，促进公开效果最大化

虽然在公开政府信息时，政府门户网站是第一平台，但新媒体平台凭借其传播性和可移动性等特性成为信息公开的又一种重要方式，实体

的公告栏、显示屏等虽然是一种传统的公开方式，不能适应新时代社会大众随时随地获取信息的需求，但在一些地区或部分领域，如经济欠发达地区、社会救助对象的初审公示领域等，确是不可或缺的一种公开方式。因此，首先，在主动公开目录中，不应以一句类似"原则上主动公开的政府信息都应在政府门户网站公开，鼓励通过新媒体平台等方式公开政府信息"总括式的话来概括公开方式，而是应当区分具体实际情况和群众的实际需求，选择适当的一种或多种公开方式。就此可效仿北京市重点领域政务公开三级清单的做法。尽管北京市重点领域政务公开三级清单中的公开方式也不甚详细，但可以发现它至少结合了基层政务公开的特点，在部门领域优先选择在实体公告栏公开。

其次，明确信息公开的位置栏目。2009—2017年中国政府透明度指数评估结果显示，政府信息发布混乱是影响公开效果的一项重要因素。一方面，可能是因为缺乏政府信息发布位置栏目的明确要求；另一方面，可能是因为即使有些地区有这样的文件要求，但工作人员在录入信息时却不知晓或无视文件要求。因此，建议效仿《广东省人民政府办公厅关于修订重点领域信息公开专栏建设规范的通知》，明确政府信息发布的位置栏目，同时在主动公开目录中每一项公开事项后进行标注，如此使得主动公开目录又有了操作手册的作用，有助于避免信息发布的混乱随意。

（四）相关制度衔接合力，提升治理效能

从整个国家治理体系来看，政务公开的标准化为万里长征的第一步。在此基础之上，还应逐步推行政务服务、行政审批等各项公权力运行的标准化。从具体运行看，随意性大、公开透明度不够，是办事企业和民众对行政审批与政务服务的意见聚焦所在。对此，政务公开的标准化，特别是其中办事条件、指南、须知、流程、期限等方面的公开到位，具有重要意义。显然，政务公开标准化，与政务服务的效能提升可形成合力。与之类似，监管执法结果公开与行政执法的标准化，信用信息公开与信用体系建设，都有着密切关联。

新时代，中国正着力于建设透明政府、法治政府、服务型政府、责任政府。政务公开，作为实现上述目标的重要举措，将发挥越来越重要

的作用。为解决当前政务公开仍存在的混乱、随意等问题，最大限度地发挥政务公开标准化的作用，应摒弃"官本位"的观念，在法治化精细化的基础上，进一步扩充政务公开标准化的内容，使其兼具规范性和操作性；在编制过程中进一步扩大公众参与，吸纳社会大众的意见建议，使其更能满足人民的需求，最终实现共建共治共享的社会治理格局。

第四章　政府回应社会关切情况
调研报告（2017）

中国社会科学院法学研究所
法治指数创新工程项目组[*]

摘　要：2017年，行政机关普遍注重积极主动回应负面舆情，部分行政机关也通过权威方式、事实证据、权威数据等有力回应热点问题，并以此为契机，完善相关行政管理服务制度；但仍有行政机关在信息发布前对舆情预判不足，第一时间回应不力，回应内容不完整不清楚，搪塞敷衍，无后续回应，甚至部门间相互推卸责任。对此，应进一步提升回应关切的主动性和能力，提高回应水平。

关键词：政务公开　舆情回应　回应社会关切

随着互联网的迅猛发展，新型传播方式不断涌现，政府的施政环境发生深刻变化，舆情事件频发，加强政务公开、做好政务舆情回应日益成为提升政府治理能力，提高政府公信力，稳定市场预期，保障公众知情权、参与权、监督权的内在要求。《国务院办公厅关于进一步加强政府信息公开回应社会关切提升政府公信力的意见》（国办发〔2013〕100号）、《国务院办公厅关于在政务公开工作中进一步做好政务舆情回应的通知》（国办发〔2016〕61号）、《〈关于全面推进政务公开工作的

---

　*　项目组负责人：田禾，中国社会科学院国家法治指数研究中心主任、法学研究所研究员；吕艳滨，中国社会科学院法学研究所研究员、法治国情调研室主任。项目组成员：王小梅、栗燕杰、胡昌明、徐斌、刘雁鹏、王祎茗、赵千羚、刘迪、田纯才、王洋、王昱翰、葛冰、冯迎迎、王述珊等。执笔人：吕艳滨；王述珊、刘迪，中国社会科学院国家法治指数研究中心学术助理。

意见〉实施细则》（国办发〔2016〕80号）等文件明确要求，对涉及党中央国务院重要决策部署、政府常务会议和国务院部门部务会议议定事项的政务舆情信息；涉及公众切身利益且可能产生较大影响的媒体报道；引发媒体和公众关切、可能影响政府形象和公信力的舆情信息；涉及重大突发事件处置和自然灾害应对的舆情信息；严重冲击社会道德底线的民生舆情信息；严重危害社会秩序和国家利益的不实信息等，应积极主动回应公众关切。

中国社会科学院国家法治指数研究中心、法学研究所法治指数创新工程项目组（以下简称"项目组"）梳理了2017年度54家国务院部门和31家省级政府（包括省级部门和下辖市、县政府）的政务舆情回应情况，对其回应时间、回应方式、回应内容等进行了分析。

一　政府回应关切调研发现的亮点

（一）信息发布、政策解读与回应关切相互结合，共保政策落地

在全面推进政务公开的新形势下，行政机关已经不能仅仅停留在主动公开和依申请公开，而应当以大公开理念推动政务公开工作。部分行政机关按照公开、解读、回应一体化的理念推动公开工作，公开信息时根据社会形势、舆情状况做好舆情及社会风险评估，并配合解读工作等，确保公开信息的准确、全面，消除被误解误读误判的风险；对于形成的舆情及其他社会关切，建立快速反应机制，作出内容妥当的回应。如2017年3月22日，北京市政府印发的《北京市医药分开综合改革实施方案》规定将取消药品加成、挂号费、诊疗费，设立医事服务费等。由于此事牵动千家万户，社会关注度较高，北京市政府、北京市卫生和计划生育委员会通过政府网站、新闻媒体等渠道发布了政策解读信息，加强解疑释惑。在该文件正式实施后，部分患者关于医事服务费存在种种误解，认为医改后药价是降了些，医事服务费也没少涨，里外里差不多。对此，北京市卫生和计划生育委员会在接受媒体采访时回应，设立医事服务费，取消药品加成、挂号费、诊疗费，是对公立医院补偿机制的重大改革，为了实现补偿机制的平稳转换，在过渡阶段采取了"总量

控制、费用平移"的原则测算设定费用标准，因此医改新政实施后，患者医药费用总体上应是平稳的，或者说改革的当期目标并非降低医药费用，而是转换机制。且媒体采访的多位患者中，大多数患者的医疗费总体较之前有所下降。这使相关政策平稳落地，减少了政策发布和执行的舆情风险和阻碍。

（二）普遍注重回应政务舆情，回应意识较强

积极主动回应政务舆情，回应并解决群众普遍关心的问题，是构建法治政府、透明政府和服务型政府的题中之义。调研发现，评估对象普遍进行了舆情回应，对热点新闻的回应率较高，回应意识较之前有了很大程度的提高。2017 年度涉及国务院各部门和地方行政机关的重点舆情，均得到了回应。此外，由于公众监督范围越来越广泛，政务舆情涉及的事项也越来越宽泛，不仅涉及子女教育、政府人员作风问题，也有诸如长沙县小区烧烤店油烟扰民、辽宁省一群南方人在婚礼现场偷窃等公众身边事。无论大事小事，政府都没有怠慢，只要是公众关注的热点，能回应的都予以快速回应，以阻止负面舆情的进一步扩散，稳定社会秩序。

另外，在政务舆情的类型方面，澄清谣言的占据多数。31 个省份中，有 10 个省的热点舆情中涉及了谣言，因此，地方政府在充当辟谣角色方面发挥着不可替代的作用。针对以上虚假或不完整信息，政府第一时间出面辟谣，及时阻止负面舆情的进一步扩散，消除社会不良影响，告诫公众不要把精力浪费在无用的谣言上。

（三）多数行政机关回应热点及时、主动

在互联网时代，舆情的发生、传播快、猛、狠，行政机关及时迅速地回应十分必要，否则，当舆情蔓延至家喻户晓，错过舆情回应的最佳时机，既可能造成不必要的误解，政府公信力也会因之大打折扣。调研发现，多数行政机关能够第一时间回应热点信息。国务院部门和地方政府多在舆情发生或事件曝光之后一周内迅速回应，很多行政机关甚至当天就作出了回应。如在 2017 年 11 月 21 日早发生的陕西省市民给违停警车霸气贴"罚单"事件中，陕西省渭南市公安局交警支队临渭大队在接到消息后于21 日当天，就在官方微博作出回应并对涉事民警进行处理，罚款 100 元，

通报全大队，并在全大队开展警示教育。又如，2017 年 7 月 24 日，河北省石家庄市一中学涉嫌违规提前招生，此消息在网上大量转发后的几个小时内，石家庄市教育局就针对此事作出回应，严格规范招生行为，责令该中学向市教育局作出深刻检查，对该校违规招生行为予以全市通报批评，并对学校相关负责人作出有关处理，可谓快速及时。

此外，多数行政机关回应主动性也在增强。调研发现，在发生热点舆情时，多数行政机关不再被动等待记者的追问，而是主动召开新闻发布会或者在其官方微信微博上回应热点舆情。如在 2017 年 11 月 17 日的"武汉一女幼师多次体罚幼儿持鞭教学"事件中，湖北省武汉市江汉区教育局在接到幼儿园小二班家长投诉电话后，第一时间成立工作组赶到现场，进行调查。在接下来的两天内，教育局对此案件持续跟进，并在 11 月 19 日主动回应舆情，在其官方微博发布对幼儿园教师违反师德、体罚幼儿事件处理的情况通报，阻止了舆情进一步发展，缓解了民愤，给幼儿家长一个满意的解释。又如，在全国多个省市出现了一款由河南省平顶山神鹰盐业有限责任公司生产、商标名为"代盐人"的深井岩盐（加碘）存在异味的舆情事件中，甘肃省嘉峪关市为防范"臭脚盐"流入本市食盐市场，由市盐务局牵头，联合市场监督管理局、工业和信息化委员会对本市食用盐安全管理进行了全市范围内的联合专项执法检查，对外公开了检查结果，并在嘉峪关广播电视台作了专门的说明，说明了臭脚盐事件事实、上述专项检查行动和检查结果、臭脚盐的鉴别方法、消费提醒和投诉举报电话。行政机关回应舆情主动性的提高，一方面反映了其对待舆情的态度的转变（从消极应付到主动解决问题），另一方面也映射出责任政府职能的提高，对公众而言是一大幸事。

（四）部分行政机关通过权威方式回应舆情，公信力强

行政机关回应政务舆情的方式和形式多种多样，如召开新闻发布会、发布官方微信微博消息、接受媒体采访等，但最权威的方式之一是行政机关主要负责人出面带头回应公众关切。如在"4·1"泸县太伏中学学生死亡事件中，2017 年 4 月 7 日，四川省泸州市委市政府在中共泸州市委书记的带领下召开媒体见面会，通报泸县太伏中学学生死亡事件的相关情况，消除舆情影响，恢复社会秩序。

除此之外，有的行政机关还通过制发规范性文件的形式回应政务舆情。如在"护照能否作为有效证件乘坐国内航班"的舆情事件中，中国民用航空局专门下发通知，进一步明确旅客使用护照乘坐国内航班的相关问题，成功辟谣。

（五）多部门协同合作，均有回应

当热点舆情涉及多个部门时，多个部门第一时间积极配合，协商合作，共同作出回应是题中之义，也是各个部门的分内之举。调研发现，2017年度的热点舆情涉及多个部门时，相关部门均在本部门职责范围内积极主动配合其他部门开展工作，召开新闻发布会还原事情真相。如2017年3月13日，一篇名为《西安地铁你们还敢坐吗》的文章在网络流传，引发外界对西安地铁三号线电缆安全的顾虑。3月20日，西安市政府召开新闻发布会，公布西安地铁三号线电缆抽检结果：送检的电缆样本均不合格，将全部更换。除此之外，西安市公安机关也对奥凯电缆展开调查并对外回应，依法控制了该公司8名涉事嫌疑人。3月23日，陕西省工商行政管理局商标监督管理处发布通报称，已经对奥凯电缆著名商标认证情况进行了全面调查，撤销奥凯电缆商标的"陕西省著名商标"称号，并对该商标认证过程中把关不严的相关责任人进行追责。西安市政府、公安机关和陕西省工商行政管理局的回应展现出了一个个部门强烈的责任心和认真负责的大政府形象。又如，在北京红黄蓝幼儿园被曝虐童案件后，国务院教育督导委员会办公室、教育部、司法部、北京市教育委员会、北京市朝阳区政府和北京市公安局朝阳分局等相关部门第一时间联合展开调查，并在48小时内通过新闻发布会、相关网站、官方微信微博等各种渠道发布调查通告，平复舆情。再如，在"4·1"泸县太伏中学学生死亡事件中，四川省泸州市委市政府召开媒体见面会，通报泸县太伏中学学生死亡事件的相关情况，出席此次媒体见面会的有中共泸州市委书记、泸州市政府副市长兼市公安局局长、事件调查技术负责人（四川省公安厅刑侦局刑事技术处处长）、泸州市委宣传部副部长兼市政府新闻办主任、泸州市教育局局长、泸州市公安局网监支队支队长，可谓是相关责任部门的大联合，而这次"大联合"也的确给出了最全面、最专业的解释。

（六）回应内容有理有据、有力量

回应的基础是及时、不滞后，回应的核心要素则是回应内容的"质"。热点回应的内容应当全面、专业、准确，如此，才能真正消解群众的疑虑，解决群众关切的问题，达到消除负面舆情的目的，树立透明政府、法治政府和服务型政府的良好形象。调研发现，2017年，不少行政机关面对负面舆情，在阐释事情原委的同时，拿出了相关事实证据、统计数据等作为佐证，有力地回应了舆情热点。如2017年8月1日，陕西省商洛市商州区环境保护局公车工作期间出现在酒店门口，疑似公车私用，一时间大量舆论在微信微博转发，一发不可收拾，政府的廉洁形象被无数网友质疑，舆论反响强烈。8月4日一早，商洛市环境保护局相关工作人员发现此舆情后，及时在官方微博发布《商洛市环境监测站关于〈环保局公车工作期间出现在酒店门口疑似公车私用〉的情况说明》，详细说明商州区环境保护局公车工作期间出现在酒店门口的原因，及时澄清这一误会。同时，商洛市环境保护局在微博附上住宿发票、派车单及陕西省环境检查中心站文件（附有陕西省土壤环境质量例行检测时限要求信息表），并在微博的最后附上本站工作人员的联系方式，如有不明白之处可随时联系相关工作人员，相关工作人员随时接受公众的监督和询问。这则回应可谓有理有据，最后附上的联系方式体现了政府的底气和服务的诚意。又如，在2017年12月29日吉林警察"打人"案件中，事情一经发生，在网上引起轩然大波，长春市公安局马上组织警力对涉事警察和当事人进行调查，调取案发现场摄像头，走访目击证人，调取证据，还原事实真相，并于次日主动发布调查结果：警察为制止违法行为而抢下手机，并非殴打当事人。此后，长春市公安局把该部门联系电话附在网上，称已把视频录像等电子资料和书证、物证等证据妥善保管，如有疑问及时拨打电话询问或者到公安局现场询问，留有专门工作人员耐心解答。再如，在引起广泛关注的留美学生不当言论事件中，一名来自云南昆明的中国留学生在美国马里兰大学2017年毕业典礼发表演讲，称她在中国每天出门都要戴口罩，到了美国才呼吸到"新鲜而香甜的空气"，引发网民强烈关注。对此，云南省昆明党务政务信息公开平台官方微博"昆明发布"在5月22日下午4

时回应称："这个锅我们不背！"并称："昆明四季如春，气候宜人，截至 5 月 8 日，2017 年昆明市空气质量优良天数比例达 100%。不过，昆明的空气倒极有可能'新鲜而香甜'，如果大家行走在昆明的大街小巷，就能感受到昆明'四季鲜花开不败'的自然芬芳！"昆明的这则回应虽然简短，但坚持用数据和事实说话，效果显著。

（七）线上回应，线下后续跟进

毋庸置疑，能够引起社会大众广泛关注的舆情事件，必然是涉及社会大众切身利益，社会大众普遍关注的领域，而且，有些被曝出的负面舆情可能并非该领域中的个案，不排除甚至很可能仍有类似的问题存在，因此，行政机关的工作不能仅限于消解负面舆情，更需要采取后续行动。调研发现，有的行政机关能够在解决负面舆情事件之后采取进一步的措施，防微杜渐。如在 2017 年 11 月底爆发的北京市红黄蓝幼儿园虐童事件逐渐被平息的同时，北京市教育委员会下发了《关于进一步加强各类幼儿园管理的通知》，加强对北京市幼教行业的管理，北京市各区也按照市教育委员会的要求，迅速开展幼儿园安全隐患排查和治理，加强幼儿园监管工作，促进幼儿园规范办园行为。

二　政府回应关切调研发现的不足

2017 年，虽然部分行政机关较以前更为注重主动、积极和正面的回应舆情，以便阻止舆情的进一步发展，消除其对社会的不良影响。但是，相关部门在提速的同时，一些问题也逐渐暴露出来。某些地方舆情回应的速度虽然非常及时，但缺少对自身依法行政过程中存在问题的反思与改正。这不仅与回应关切的本意南辕北辙，也不利于改进工作，建设人民满意的服务型政府。

（一）信息发布前的舆情预判不足

在信息发布前，对发布的信息可能引发的舆情风险进行预判，针对可能造成舆情风险的信息开展媒体吹风或前期解读，在信息发布时配合解读，并对群众的情绪反应作出正确有效的引导，是稳定市场预期，保障政策平稳落地的重要举措。但调研发现，有的行政机关在发布信息时，简单直接地"抛"出信息本身，然而群众并不买账，引发了负面舆情。如在刘国梁卸任国家乒乓球队总教练一事中，职务调整可能本是中国体育改革的一个环节，但国家体育总局在公布该任免信息时，恐怕并没有预料到这会引发国家乒乓球队内的多人退赛、社会上无数不满情绪，在后续的官方舆情回应中，也只是简单地对相关人员进行批评，而非对社会大众的情绪进行引导，造成了非常大的负面舆情。

（二）第一时间回应质量有待提升

回应热点舆情的及时性固然重要，但第一时间回应的内容更为关键。如果可以的话，行政机关应在第一时间完整阐述事情的来龙去脉，如果尚需要后续调查，应疏导群众的紧张情绪，通报已采取的和即将采取的措施。但若回应的内容简单，无法解释清楚，未能有效疏导群众的情绪，反而会适得其反，引起次生舆情。调研发现，仍有行政机关存在第一时间回应舆情不力、未能有效化解舆情的情况。例如，在河南省西华县奉母镇一女生被强奸、有关公安机关不予立案的舆情事件中，河南省西华县公安局第一时间发布了"发布严重失实消息的情况通报"，在通报中严厉批评网民"白衣天使茉莉花"制造炒作噱头，吸引网民眼球，扰乱网络公共安全秩序，经公安机关调查其所发布信息严重失实。但在这则通报中，西华县公安局仅仅通报了结果，并没有道清事情的原委，释明法律依据，并疏导舆论情绪，以至于引发了更大的舆情反应，直至周口市公安局介入处理，该舆情事件才逐渐得以平息。

（三）有的回应内容不清楚不完整

回应内容的"质"，是提升回应的公信力和权威性的核心，是保障公民知情权、监督权、参与权的关键，是打造透明政府、法治政府、服务型政府的重要内容。舆情回应的内容应全面、专业、准确。但调研发现，仍有行政机关作出的回应不清楚、不完整，并不能有效地化解舆情矛盾。再以刘国梁卸任国家乒乓球队总教练事件为例，这本是中国体育改革中的正常一环，但在舆情发生后，国家体育总局发言人当晚对运动员的退赛行为作出严厉批评；接着，中国乒乓球协会发表声明，阐述了对乒乓球管理模式进行改革的原因、对弃赛事件的惋惜和深刻反思；这之后，国家乒乓球队发表了致歉信；最后，刘国梁在个人微博上发文致歉，支持中国体育改革。社会大众对国家体育总局、中国乒乓球协会、国家乒乓球队的回应并不买账，主要原因在于这些回应并没有清楚完整地说明中国体育改革的必要性、改革的内容和措施、撤销刘国梁总教练职务的必要性等内容，并没有缓解信息供求双方之间的矛盾，回应效果不佳也在情理之中。又如，在河北女子称儿子丢失 20 余年未立案这一舆情中，河北省平乡县公安局在 2017 年 7 月 17 日对外回应称该舆情不属实，并已立案。但日后未解释该舆情不属实的理由，也未发布舆情不属实的证据。该案件 21 年未立案，舆论情势危急，不免让公众怀疑警方是迫于舆论才发布立案消息，且事后未有跟进，难以令人信服。

（四）"万金油"现象依然存在

舆情回应应当连续完整。但调研发现，在 2017 年的舆情回应中，类似"正在调查中""请后续留意"等"万金油"式回应依然存在，似乎成了某些部门遇到突发事件时，控制信息流动、统一宣传口径的固定工作模式。部分行政机关对热点舆情作出"将进一步调查"的初步回应后便再无下文，政府公信力一落千丈。如在陕西富平贩婴案 3 年后才发认领公告案中，舆情发生后，渭南市公安部门和民政部门负责人接受记者采访时对外回应本部门未发布该公告，民政部门负责人表示正在调查为哪个部门发布，待日后发布结果。但是该部门在日后未发布公告为哪个部门发布的调查结果，有些搪塞并且有头无尾，此消息日后也不了了之，成为"僵尸新闻"。又如，河南省驻马店市教育局针对班主任怀孕要家长"代班"的舆情也只说明"正在调查"，而无下文。驻马店市教育局没有公布后续调查结果，未正面回应，该事件之后不了了之，反映出该部门敷衍大众，不对这些进行回应而只是一味地推脱责任、撇清自己，等待时间冲淡舆情的极其不负责的心态。再如，在湖南交警用"山寨"测速仪执法案中，益阳市交警部门 2017 年 1 月 4 日在记者追问下对外回应称"不知情"，1 月 8 日，益阳市公安局在其官方微博回应将会严格调查此事，并称对外公布调查结果，但 2017 年已经远去，调查结果也未公布。孔令辉遭赌场追债事件亦是如此，调查结果至今仍不得而知。

（五）回应搪塞敷衍、态度慵懒

调研发现，有的行政机关对政务舆情回应并不重视，回应内容过于敷衍。如在山西省太原市一官员 10 岁参加工作的舆情中，太原市委组织部针对此案件对外回应称"信息录入错误"，虽然太原市委组织部对此作了回应，但回应的内容未免显得苍白无力，让人摸不着头脑，不具有说服力。当然，此说法也未阻止舆情的进一步酝酿，此后的舆论中有人产生这样的质疑：如果是一处错误可以理解，但入党、工作时间同时错误，就让人费解。任前公示，是官员提拔的一项制度，直接关系到官员的前途命运，所以，公示工作极为严肃，太原市委组织部缘何如此大意、把关不认真，恰恰在工龄、党龄这种关键内容上出错？所以，现在回头来看太原市委组织部的"信息录入错误"回应，不免使得公众对该部门产生回应搪塞敷衍了事的看法。又如，在 2017 年 3 月 29 日河南安阳网民微博反映"沁阳交警收黑钱"的舆情中，河南省沁阳市公安局回应：确实收了 50 元，将依法处理。沁阳市公安局一经回应，不但没有压制舆情的进一步发展，却引发了一大批质疑的声音。其中，某新闻称：看到概括的警方的回应"确实收了 50 元"，真让人啼笑皆非，不得不佩服，警方的危机公关艺术实在太高明。不仅如此，质疑的声音还有针对 50 元所引发的警方背后一系列的"潜规则"现象。在这一案例中，司机录像并举报警方收取 50 元的现象，在当地很可能不是第一次发生，类似的情况很可能发生过很多次，甚至已经成为一种潜规则，否则司机和交警怎么如此默契？而且在视频中，司机问"我们这边出来过路是不是这样"，交警回答"都这样"，这至少算是一个间接的证据，证明收黑钱在当地很可能已成为一种"规则"。针对这些质疑，警方没有深挖类似于"清除了这个交警，还有哪些交警也收黑钱？""能不能排除不是有组织的统一布置，全部按照约定收黑钱？"这些问题，而是轻描淡写地来一句涉事交警"确实收了 50 元"，似乎就要把事情画上句号，这样回应没有实质内容，也没有解决任何问题，反而让群众质疑行政机关严格执法、依法治警的诚意。不仅仅是行政机关，从公权力机关的角度讲，司法机关同样存在类似问题。

（六）仍有部门间相互推诿

在负面舆情面前，相关责任部门应通力合作，互通有无，相互配合。但调研发现，仍有部门在面对同一负面舆情时，相互推卸责任，未能顺利消解舆情，反而影响政府公信力。如在湖南交警用"山寨"测速仪执法的舆情事件中，益阳市交警支队回应称，使用了没有计量器具制造许可证的雷达测速仪，但该雷达测速仪获得了湖南省计量检测研究院的检定证书，"'山寨'也好，'三无'也好，责任不在我们"；湖南省计量检测研究院回应称，自己只是个技术机构，仅对出具的数据负责，厂家是否"山寨"，他们没有核验义务，"而这样一台设备能否用来执法，由交警他们自己控制"；当地政府采购部门回应称："不可能去对购买物品鉴定真伪质量，没有合格厂家生产的产品本身不能进入政府采购，买来冒牌产品，由采购人自己承担。好比消费者买了质量不好的车，交警给负责吗？"益阳市质量技术监督局的答复则显示，该雷达测速仪没有按有关规定备案。上述相关部门均对此事作出了回应，但均表示本单位无责任，那么谁应该为此事负责呢？社会大众只会更加疑惑不解，政府的公信力也会摇摇欲坠。

三　完善建议

在互联网时代，在政务公开的新形势下，行政机关回应政务舆情的任务异常艰巨。这就需要行政机关转变工作态度，习得新的方法方式，重视回应内容和回应效果，构建良好的政民关系。

第一，将舆情回应作为政务公开的重要内容来看待。在新形势下，应按照公开、解读、回应一体化的理念推动公开工作，公开信息时根据社会形势、舆情状况做好舆情及社会风险评估，并配合解读工作等，确保公开信息的准确、全面，消除被误解误读误判的风险；对于形成的舆情及其他社会关切，建立快速反应机制，作出内容妥当的回应。

第二，重视回应内容，提升回应质量。回应内容的全面、专业、准确是取得良好回应效果的核心。因此，建议在回应舆情时，不要仅仅通报调查结果，应当同时附上相关的证据、数据等支持调查结果，阐明法律依据、相关的救济渠道，并对社会大众的情绪作出有效疏导，如此才能让群众满意。

第三，加强回应个人关切事项。有些政务舆情的洪流是由一个个个人关切事项汇集而成的，因此，加强对个人关切事项的关注也尤为重要。建议完善个人关切事项的反映渠道，如网站互动平台、政务微博微信的互动功能等，并安排专人每日查看、回应、跟踪反馈这些个人关切事项，如此才能打造服务型政府。

第四，规范行政机关本身的行为。很多时候，之所以会产生政府负面舆情，主要是因为行政机关自身的行为不规范或履职不到位。因此，建议加强行政机关对自身行为的规范，公开政务信息，实现行政机关和群众之间信息的对等，加强社会监督。

第五，顺应传播新技术的发展。从新闻发布会、新闻发言人到网络留言的互动、网络新闻发言人，从官方网站到政务微博，从信息封锁到信息公开，政府对网络舆情的应对方式在不断创新。被各种新媒介包围的管理者，尤其是政府公务人员，亟须学习新媒介知识，了解新媒介的传播规律，学会"新闻执政"。认识新媒介的重点是掌握新媒介的传播特质和传播规律，在深入认识的基础上才能更好地使用。以微博为代表的新媒介，实现了与移动互联的对接，可以随时随地发布信息，深刻地改变了信息的发布权。以往，传统媒体可以垄断新闻的议程设置。现在，越来越多在传统媒体不能及时报道的突发事件，首先被网民公之于众，这些消息大多来源于突发事件的当事者。针对这些新出现的网络新技术，政府相关部门应加大对此传播技术的培训，使得每位公众人员对此技术了然于心，处理舆情时才能从容应对。

第三编 政府透明度评估

第五章　社会救助信息公开评估报告

中国社会科学院法学研究所

法治指数创新工程项目组[*]

摘　要： 社会救助信息公开关乎困难群体的切身利益，中国社会科学院国家法治指数研究中心、法学研究所法治指数创新工程项目组对全国各级政府 2017 年公开社会救助信息的情况进行了评估。评估发现，各类社会救助信息在政府网站上的展示效果较好，部分地区公开社会救助制度本身较为规范，部分政府公开的社会救助统计数据内容较为详细，但仍有需要改进之处，如各类社会救助信息公开程度不佳，各地社会救助信息的内容要素和公开形式不统一，社会救助标准更新滞后，社会救助的申请指南内容不明确、不准确，社会救助统计数据公开不及时，等等。对此，项目组提出了相关对策建议，以促进全国各地社会救助信息公开水平的提升。

关键词： 社会救助　公开　法治指数　网站

社会救助是指国家和其他社会主体对于遭受自然灾害、失去劳动能力或者其他低收入公民给予物质帮助或精神救助，以维持其基本生活需求，保障其最低生活水平的制度、机制。社会救助对于保障困难群体的生存发展权益，实现社会公平正义，稳定社会发展，增进社会团结，都

---

* 项目组负责人：田禾，中国社会科学院国家法治指数研究中心主任、法学研究所研究员；吕艳滨，中国社会科学院法学研究所研究员、法治国情调研室主任。项目组成员：王小梅、栗燕杰、胡昌明、徐斌、刘雁鹏、王祎茗、赵千羚、刘迪、田纯才、王洋、王昱翰、葛冰、冯迎迎、王展、冯天阳、任昱希、向林、荆涵等。执笔人：吕艳滨；刘迪、荆涵、冯天阳，中国社会科学院国家法治指数研究中心学术助理。

有积极促进作用。2014 年 2 月 21 日，国务院公布《社会救助暂行办法》（国务院令第 649 号），自 2014 年 5 月 1 日起施行。这是中国第一部统筹各项社会救助制度的行政法规。《社会救助暂行办法》将最低生活保障、特困人员供养、受灾人员救助、医疗救助、教育救助、住房救助、就业救助和临时救助 8 项制度以及社会力量参与作为基本内容，确立了完整清晰的社会救助制度体系。

在总结以往实践经验基础上，《社会救助暂行办法》将"公开"作为社会救助工作应当遵循的原则。公开社会救助相关信息，如社会救助制度建设、标准制定、资金使用、救助结果、相关统计等，一方面，有助于公众的知情权、参与权和监督权；另一方面，通过"阳光救助"有助于加强对社会救助制度运行的监督管理，真正实现制度预期的"托底线"功能，并提升政府公信力。

为分析当前社会救助信息公开情况，中国社会科学院国家法治指数研究中心、法学研究所法治指数创新工程项目组（以下简称"项目组"）对部分政府门户网站或民政部门网站公开 2017 年社会救助信息的情况进行了评估。本报告对此次评估结果进行分析。

一　评估对象、指标与方法

（一）评估对象

此次评估对象为 31 家省级政府、49 家较大的市政府、100 家县级政府。本次选取的 100 家县级政府为《国务院办公厅关于印发开展基层政务公开标准化规范化试点工作方案的通知》中确定的试点区县政府。

（二）评估指标

社会救助信息公开的评估指标包括城乡最低生活保障、特困人员供养、医疗救助、临时救助的救助标准，申请指南、人次数及资金支出情况。

1. 社会救助的救助标准

《社会救助暂行办法》明确规定，最低生活保障标准，由省、自治区、直辖市或者设区的市级人民政府确定、公布；特困人员供养标准，由省、自治区、直辖市或者设区的市级人民政府确定、公布；医疗救助标准，由县级以上人民政府确定、公布；临时救助的具体事项、标准，由县级以上地方人民政府确定、公布。虽然《社会救助暂行办法》没有赋予县级政府制定最低生活保障标准和特困人员供养标准的权限，但县级政府在具体实施社会救助工作的过程中势必适用、执行上述救助标准，加之县级政府是公众最直接的求助对象，所以县级政府也应公开社会救助标准。为此，项目组考察了 31 家省级政府、49 家较大的市政府、100 家县级政府门户网站或民政部门网站是否公开本地区城乡最低生活保障标准、特困人员供养标准、医疗救助的救助标准和临时救助的救助标准。

2. 社会救助的申请指南

社会救助是一项关乎民生的政务服务事项。中共中央办公厅、国务院办公厅印发的《关于全面推进政务公开工作的意见》要求，各地区各部门要全面公开服务事项，编制发布办事指南，简化优化办事流程，让群众不跑冤枉路，办事更明白、更舒心。为了打通政府联系服务群众的"最后一公里"，《国务院办公厅印发〈关于全面推进政务公开工作的意见〉实施细则的通知》和《国务院办公厅关于印发开展基层政务公开标准化规范化试点工作方案的通知》均要求，社会救助是基层政府大力推进政务服务事项公开的重要内容。因此，项目组考察了 100 家县级政府门户网站或民政部门网站是否公开城乡最低生活保障、特困人员供养、医疗救助和临时救助的申请指南，申请指南的内容是否全面、明确。

3. 社会救助的人次数和资金支出情况

《民政部 2016 年政务公开工作要点》提出，做好城乡低保、特困人员救助供养、医疗救助、临时救助等社会救助基本数据发布工作，主要包括城乡低保对象、特困人员、临时救助对象人数，保障标准，补助水平和资金支出情况，以及医疗救助对象人次数、资助参保参合和直接救助资金支出等情况。《民政部 2017 年政务公开工作要点》也要求，及时公布城乡最低生活保障、特困人员救助供养、城乡医疗救助、临时救助等社会救助基本数据；推进经常性社会救助工作进展情况公开。公开社会救助的人次数和资金支出情况等基本数据，有助于加强对社会救助资金使用情况的监督和管理。因此，项目组考察了 31 家省级政府、49 家较大的市政府、100 家县级政府门户网站或民政部门网站是否公开 2017 年本地区城乡最低生活保障、特困人员供养、医疗救助、临时救助的人次数及资金支出情况。

（三）评估方法

评估坚持结果导向，基于公众视角，侧重对各评估对象实际公开效果的评价。项目组主要通过观察各评估对象门户网站及相应部门网站公开社会救助信息的情况来进行评估。评估时间为 2017 年 10 月 18 日至 11 月 6 日。

二　评估发现的亮点

评估发现，2017 年全国社会救助信息公开取得了明显成效。2017 年全国各级政府普遍集中公开本地区社会救助信息，公开效果较好。由民政部牵头，民政部网站在"数据"的"统计数据"栏目集中并定期公开了全国各省、市、县的城乡最低生活保障标准、城乡最低生活保障与特困人员供养的人次数和资金支出情况，查看民政部网站的统计数据即可掌握全国社会救助的情况；不少省、市、县也集中公开了本地区社会救助的基本信息，方便群众利用，也方便政府对本地区社会救助工作的管理。以下简要分析评估发现的亮点。

（一）专门栏目集中公开方便查找

与分散在各网站、各栏目相比，在政府门户网站或民政部门网站设置社会救助专门栏目，集中、系统化公开各类社会救助信息，更便于需求群体进行查询。评估发现，部分评估对象在政府门户网站或民政部门网站设置了"社会救助"栏目。如安徽省合肥市庐阳区民政局网站设置了社会救助栏目，并将栏目内容分为城乡低保、医疗救助、临时救助、特困人员供养、申请审批程序、资金使用情况，内容全面又一目了然；山西省太原市民政局网站也设置了社会救助栏目，并且按照社会救助的种类对栏目内的信息进行了分类；贵州省遵义市播州区政府门户网站在"网上服务"—"公共服务"—"社会保障"—"社会救助"栏目下分类公开了各种社会救助信息，清楚明了；郑州市、杭州市和苏州市也采用同样的做法，各项相关信息都非常集中，且公开位置显眼，便于找寻。

（二）有的公开形式较规范

全国各地公开社会救助标准的形式多种多样。评估发现，部分评估对象公开社会救助标准的形式较规范，提升了公开效果。有的将社会救助标准公开在社会救助事项的办事指南中。如西安市民政局在医疗救助申请指南的备注事项一栏内，详细列明了西安市城乡医疗救助标准，公众在申请社会救助的同时就可以对自己将得到的救助有所预期，这种公开方式不无推广价值。有的将分散在政策性文件中的各种社会救助的救助标准搜集整理放在统一的页面。如乌鲁木齐市政府在"乌鲁木齐市2017 年各项社会救助标准"页面集中公开了城乡低保标准、医疗救助标准、临时救助标准等，且各项救助标准清楚明确；又如石家庄市民政局在"社救处主要业务"页面统一公布了城乡低保、特困人员供养、医疗救助和临时救助的救助标准，查看方便。有的以统计表格的形式公开社会救助标准。如太原市民政局在"太原市城乡居民最低生活保障标准"统计表格中公开了 2017 年太原市各市、区的城市最低生活保障标准和农村最低生活保障标准，清楚明了。

（三）社会救助办事指南发布效果佳

社会救助是政府提供的重要公共服务事项，部分评估对象将其纳入政府门户网站的政务服务平台，公开办事指南，方便公众查询和办事。如广东省网上办事大厅将公共服务事项，包括社会救助纳入进来，列明了各个社会救助事项的办事指南，公开效果较好。

（四）注重公开社会救助统计数据

评估发现，部分地区公开社会救助方面的统计数据较好。如安徽省的社会救助统计数据公开整体较好。安徽省、安徽省合肥市、安徽省淮南市、安徽省合肥市庐阳区、安徽省亳州市蒙城县、安徽省宿州市灵璧县、安徽省滁州市定远县、安徽省六安市金寨县、安徽省宣城市宁国市、安徽省铜陵市义安区、安徽省黄山市徽州区 11 家评估对象均公开了四种社会救助的统计数据。而且，在四种社会救助统计数据的公开频率方面，除安徽省合肥市是不定期公开城乡低保的人次数和资金支出情况，安徽省黄山市徽州区是不定期公开特困人员供养的人次数和资金支出情况外，安徽省内其他 9 家评估对象均是定期公开各类社会救助统计数据，公开较规范。这一方面得益于本机关对该项工作的重视，另一方面得益于安徽省对本地区该项工作的统一要求和指导。而且，部分地方集中公开社会救助统计数据，方便查看。部分评估对象，或者集中公开各类社会救助的统计数据，或者集中公开本地区的社会救助统计数据，既方便行政机关的管理，也方便公众利用，公开效果较好。如吉林省民政厅在 2017 年每月社会救助开放情况页面，集中公开最低生活保障、医疗救助、临时救助的户数、人数、人均补助标准、累计支出资金等信息，长春市也采取了类似做法；又如河北省、合肥市民政局集中公开各区县、乡镇的社会救助统计数据，北京市、天津市也集中公开了各区县的社会救助统计数据。民政部门户网站则在"数据"—"统计数据"栏目下集中公开全国各省、县的城乡低保统计数据。

尽管民政部政务公开工作要点仅明确要求公开社会救助基本统计数据中的人次数和资金支出情况，评估发现，部分评估对象公开的社会救助统计数据更为详细。

第一，部分评估对象公开的社会救助统计数据不限于人次数和资金支出情况，还对救助对象的不同分类统计数据进行了说明。如陕西省、江苏省、福州市和厦门市等均对城乡低保人次数依据性别、健康状况、是否就业、年龄等进行了详细的分类，并将全省数据集中在同一个表格中公开；又如合肥市的医疗救助信息中还公开了医疗救助的资金来源，非常详细。

第二，部分评估对象不仅公开了社会救助对象和资金支出的总数，还细化到了个人。如合肥市、宁夏回族自治区石嘴山市平罗县、安徽省宣城市宁国市、安徽省六安市金寨县、安徽省亳州市蒙城县、浙江省衢州市江山市等将城乡低保人次数和资金支出情况等数据公开细化到个人；又如，浙江省温州市瓯海区公开的临时救助信息中有具体的资金使用人和资金使用的用途。

第三，部分评估对象还公开了社会救助人员的退出信息。如海南省海口市、安徽省亳州市蒙城县、浙江省江山市公开了统计时段中新增或退出的低保人员信息。

第四，部分评估对象公开了不同时段社会救助统计数据的对比信息。如福建省福州市、厦门市在公开的本月社会救助统计数据表中，除了有本月统计数据之外，还包括前几个月的统计数据，从中可以看出本地区社会救助水平的增减变化趋势。另外，部分评估对象在社会救助数据公开中，同去年同期数据进行了比较，显示出提高救助标准的实际落实情况，如广东省和宁夏回族自治区银川市。其中，广东省公开的城乡低保和特困人员供养人次数和资金支出情况不仅有上期的情况及对比，还绘制出折线统计图，使数据的变化更加明显突出。

（五）有针对性地公开社会救助信息

社会救助工作主要针对困难群众开展，社会救助信息中必然包括大量有关救助对象的个人信息，在公开社会救助信息时要注意方式方法。其中，特定困难家庭当前低保待遇信息，有必要对该家庭公开，但不宜向该家庭以外的人公开。个别评估对象就此设置了专门的公开系统，供特定人查阅。如太原市民政局网站设置低保查询栏目，救助对象可输入身份证号查询本家庭当前低保待遇，针对性强，也保护了困难家庭的个人隐私。

三　评估发现的问题

尽管社会救助信息公开工作取得了以上成果，但仍存在一些问题。如社会救助涉及内容繁多，各地信息公开内容有别、公开形式五花八门，缺乏统一标准。具体说来，社会救助标准的制定和公开主体在各个地区不一致，公开的社会救助标准的详细程度迥异，社会救助申请指南的公开方式不一，社会救助统计数据的公开形式和公开时间也各不相同。另外，由于社会救助领域信息公开标准缺失，全国各地社会救助信息公开的总体情况仍有待提升，以下简要分析存在的问题。

（一）社会救助标准

1. 社会救助标准公开程度低

根据《社会救助暂行办法》，社会救助标准应当对外公开。评估发现，仍有部分评估对象未公开社会救助的救助标准。3 家省级政府、9 家较大的市政府、15 家县级政府完全未公开城乡最低生活保障标准，15 家省级政府、25 家较大的市政府、44 家县级政府完全未公开特困人员供养标准，10 家省级政府、11 家较大的市政府、25 家县级政府完全未公开医疗救助的救助标准，17 家省级政府、13 家较大的市政府、54 家县级政府完全未公开临时救助的救助标准。其中，内蒙古自治区赤峰市克什克腾旗、宁夏回族自治区中卫市海原县、广东省深圳市罗湖区、广东省惠州市博罗县、黑龙江省齐齐哈尔市龙沙区、黑龙江省大庆市杜尔伯特蒙古族自治县、黑龙江省密山市 7 家县级政府完全未公开城乡低保、特困人员供养、医疗救助和临时救助四类社会救助的救助标准。从上述统计数据也可以看出，临时救助的救助标准公开程度最低，特困人员供养标准的公开程度次之。

2. 社会救助标准公开形式亟待统一

社会救助标准的公开形式直接关系到救助标准的公开效果和权威性。评估发现，各地公开社会救助标准的形式并不统一。

第一，多数评估对象以政策性文件的形式公开社会救助标准。作为规定社会救助标准的政策性文件虽然具有权威性，但是，这些政策性文件大多摆放混乱，或者发布在规范性文件栏目，而非社会救助信息公开栏目，即使有些规定社会救助标准的政策性文件发布在社会救助栏目中，公众在查找社会救助标准的时候，首先需要找到此类政策性文件，再在这些政策性文件中查找具体的社会救助标准，而且有些时候社会救助的标准并不是集中规定在一个政策性文件中，而是在多个政策性文件中均有所规定，公众查找时很难找到全面的救助标准，不是一种可取的做法。评估发现，在公开了社会救助标准的评估对象中，12 家省级政府、26 家较大的市政府、60 家县级政府以政策性文件的形式公开城乡最低生活保障标准，10 家省级政府、26 家较大的市政府、42 家县级政府以政策性文件的形式公开特困人员供养标准，17 家省级政府、33 家较大的市政府、65 家县级政府以政策性文件的形式公开医疗救助标准，14 家省级政府、30 家较大的市政府、57 家县级政府以政策性文件的形式公开临时救助标准。

第二，个别评估对象在政策解读中公开社会救助标准。在政策解读中对社会救助标准做说明，本身就不是社会救助标准公开的权威方式。评估发现，仍有 1 家较大的市政府在政策解读中公开临时救助标准，1 家县级政府在政策解读中公开医疗救助标准。

第三，部分评估对象在政府新闻中公开社会救助标准。政府新闻本身并不是政府信息公开的方式，更不是社会救助标准公开的规范形式。评估发现，仍有 2 家省级政府、9 家较大的市政府、15 家县级政府以政府新闻的形式公开城乡最低生活保障标准，4 家省级政府、4 家较大的市政府、9 家县级政府以政府新闻的形式公开特困人员供养标准，3 家较大的市政府、6 家县级政府以政府新闻的形式公开医疗救助标准，1 家省级政府、1 家较大的市政府、2 家县级政府以政府新闻的形式公开临时救助标准。甚至，有的评估对象仅在媒体报道中公开社会救助标准，如重庆市民政局在一则"我市提高城乡低保标准和特困人员救助供养标准"的新闻中公开救助标准。

3. 公开的社会救助标准过于笼统、含糊

社会救助标准应当具体、明确，使公众在看到该项救助标准时能够对自己将获取的社会救助有明确的预期。全国各地公开的社会救助标准可分为两类，一类是上级政府民政部门制定的指导下级政府民政部门制定救助标准的标准，其目的在于指导下级工作，故该类标准大多为原则性规定；另一类是最终的社会救助标准，清楚明确，这是公众最需要的救助标准。各级政府民政部门不仅应当公开第一类救助标准，更应当公开第二类救助标准。评估发现，部分评估对象公开的仅是制定救助标准的标准，并不能满足社会需求。

第一，部分评估对象公开的社会救助标准只有救助金额的上限或下限。评估发现，1 家省级政府公开的是城乡最低生活保障标准的上限或下限，3 家省级政府、1 家较大的市政府、4 家县级政府公开的是特困人员供养标准的上限或下限，7 家省级政府、7 家较大的市政府、9 家县级政府公开的是医疗救助标准的上限或下限，6 家省级政府、9 家较大的市政府、13 家县级政府公开的是临时救助标准的上限或下限。如云南省楚雄彝族自治州楚雄市公开的城乡临时救助标准是，"一次性临时救助金一般不高于当地城乡居民最低生活保障年标准 3 倍。一个家庭或个人每年接受临时救助的次数一般不超过 2 次，原则上为一事一救，不得以同一事由反复进行申请"。

第二，部分评估对象公开的是社会救助标准的计算公式。评估发现，2 家较大的市政府公开的是城乡最低生活保障标准的计算公式，2 家省级政府、5 家较大的市政府、6 家县级政府公开的是特困人员供养标准的计算公式，2 家省级政府、11 家较大的市政府、13 家县级政府公开的是医疗救助标准的计算公式，7 家省级政府、12 家较大的市政府、24 家县级政府公开的是临时救助标准的计算公式。如青海省公开的临时救助标准是，"困难家庭一次性临时救助标准 = 困难家庭人口数 × 困难延续时限（以月为单位）× 当地当年城市最低生活保障月标准"。

第三，部分评估对象公开的社会救助标准是以其他指数为基数。如南京市以城乡居民最低收入为基数确定城乡最低生活保障标准，广西壮族自治区以合作医疗标准为基数确定医疗救助标准，宁夏回族自治区以人均收入比例来确定特困人员供养标准，哈尔滨市和浙江省义乌市以城乡消费支出为基数确定特困人员供养标准，淄博市以城乡低保的倍数确定特困人员供养标准；新疆维吾尔自治区、广东省、重庆市、安徽省淮南市、广西壮族自治区南宁市、江苏省南京市、黑龙江省哈尔滨市、河南省洛阳市、安徽省黄山市徽州区等则以最低工资标准或者城乡低保标准为基数来确定临时救助的具体标准。公众需要先查询基数的数额，再计算出社会救助标准的数额，并不直观。

4. 社会救助标准的相关信息更新不及时

2014 年《社会救助暂行办法》的颁布施行，标志着之前分散的、不成体系的各类社会救助制度被整合了起来，它承接了各种分散的社会救助制度，也对其有了新的规定和导向。评估发现，部分评估对象并没有及时跟进。

　　第一，社会救助标准的制定和公开主体未及时更新。1999年《城市居民最低生活保障条例》第六条第二款规定："直辖市、设区的市的城市居民最低生活保障标准，由市人民政府民政部门会同财政、统计、物价等部门制定，报本级人民政府批准并公布执行；县（县级市）的城市居民最低生活保障标准，由县（县级市）人民政府民政部门会同财政、统计、物价等部门制定，报本级人民政府批准并报上一级人民政府备案后公布执行。"可见，当时城乡最低生活保障标准是可以由县级政府自行制定的，但2014年颁布的《社会救助暂行办法》第十条规定："最低生活保障标准，由省、自治区、直辖市或者设区的市级人民政府按照当地居民生活必需的费用确定、公布，并根据当地经济社会发展水平和物价变动情况适时调整。最低生活保障家庭收入状况、财产状况的认定办法，由省、自治区、直辖市或者设区的市级人民政府按照国家有关规定制定。"可见，新规定中取消了县级政府制定城乡最低生活保障标准的权限，根据新法优先于旧法的规则，对于城乡最低生活保障标准的制定应该适用新法，县级政府无权制定本地区的城乡最低生活保障标准。评估发现，部分评估对象对于社会救助标准的规定滞后，仍沿用1999年《城市居民最低生活保障条例》中相关条款。如宁夏回族自治区固原市彭阳县2014年9月16日制发的《彭阳县人民政府关于提高城乡居民最低生活保障对象标准的通知》规定，经县人民政府第13次常务会议研究决定，对本县城乡最低生活保障对象标准进行提标，并规定了具体的城乡最低生活保障标准，显然违反上位法的规定。

　　第二，对农村五保户和城市"三无"人员的救助并没有完全纳入特困人员供养体系。《社会救助暂行办法》《国务院关于进一步健全特困人员救助供养制度的意见》，秉承城乡统筹发展的理念，将过去的农村五保供养和城市"三无"人员救助工作由特困人员救助供养制度承接下来，避免城乡差异拉大，造成城乡制度割裂。评估发现，部分评估对象仅公开了有关农村五保供养的信息，没有形成特困人员供养的体系。如陕西省以政策问答的形式仅对农村五保人员供养制度进行了详细说明，安徽省滁州市定远县仅公开了农村五保供养标准，这是非常不全面的。

　　第三，社会救助标准更新不及时。随着2014年《社会救助暂行办法》出台，各级政府具体的社会救助执行标准也应随之有新的变化，换句话说，2014 年后，各级政府一般也会制发新的有关社会救助工作的规定，包括关于社会救助标准的规定。评估发现，部分评估对象公开的社会救助标准中，仍存在标准更新不及时的问题。在公开了社会救助标准的评估对象中，4 家省级政府、4 家较大的市政府、5 家县级政府公开的城乡最低生活保障标准仍是 2014 年之前制发的，1 家县级政府公开的特困人员供养标准仍是 2014 年之前制发的，5 家省级政府、4 家较大的市政府、15 家县级政府公开的医疗救助标准仍是 2014 年之前制发的，1 家省级政府、3 家较大的市政府、8 家县级政府公开的临时救助标准仍是 2014 年之前制发的。大同市民政局 2017 年上网公开的城乡最低生活保障标准仍是其 2006 年制发的《大同市农村居民最低生活保障办法（试行）》，其中第十条规定，"农村居民最低生活保障标准。按照维持当地农村居民基本生活所必需的衣、食、住等费用，并适当考虑水电、燃煤（柴）以及未成年人义务教育费用由各县（区）政府自行确定，报市城乡社会救助体系建设领导组备案。今后，各县（区）可根据当地经济发展水平和物价指数变动情况适时调整"。社会救助标准更新不及时就无法满足困难群众的需求，无法达到社会经济快速发展与人民生活水平同步增加的目标。

（二）社会救助申请指南

1. 社会救助申请指南的公开有待加强

根据《国务院关于加快推进"互联网＋政务服务"工作的指导意见》，各级政府应当编制并公开政务服务事项的办事指南，包括社会救助。评估发现，仍有评估对象未公开社会救助事项的办事指南。26 家县级政府未公开城乡最低生活保障的办事指南，58 家县级政府未公开特困人员供养的办事指南，42 家县级政府未公开医疗救助的办事指南，49 家县级政府未公开临时救助的办事指南。其中，18 家县级政府未公开上述四类社会救助的办事指南，公开率有待提高。

社会救助申请指南的内容要素存在缺漏。《国务院关于加快推进"互联网＋政务服务"工作的指导意见》要求，规范和完善办事指南，列明依据条件、流程时限、收费标准、注意事项等；明确需提交材料的名称、依据、格式、份数、签名签章等要求，并提供规范表格、填写说明和示范文本。评估发现，仍有评估对象公开的社会救助办事指南未包括上述全部要素。38 家县级政府公开的城乡最低生活保障办事指南中的内容要素不全面，28 家县级政府公开的特困人员供养办事指南中的内容要素不全面，21 家县级政府公开的医疗救助办事指南中的内容要素不全面，23 家县级政府公开的临时救助办事指南中的内容要素不全面。如陕西省榆林市靖边县仅公开了最低生活保障申请审核审批程序，公众看到后仍不知如何申请。其中，收费标准、办理依据、办理时限要素的缺失较为普遍。

社会救助申请指南的内容不够明确。社会救助申请指南是困难群体申请社会救助的说明书，其内容应当清楚明确，以提供明确的指引。根据《国务院关于加快推进"互联网＋政务服务"工作的指导意见》，除办事指南明确的条件外，行政机关不得自行增加办事要求。评估发现，仍有评估对象的社会救助办事指南中提供的办理依据、申报条件、申报材料、收费标准等包括"等""其他""相关"等模糊性表述。46 家县级政府公开的城乡最低生活保障的办事指南内容不明确，14 家县级政府公开的特困人员供养的办事指南内容不明确，24 家县级政府公开的医疗救助的办事指南内容不明确，29 家县级政府公开的临时救助的办事指南内容不明确。

2. 社会救助申请指南发布位置混乱

社会救助是一项重要的政务服务，将社会救助事项纳入政务服务平台来管理，是方便群众办事、建设服务型政府的应有之义。评估发现，仍有不少评估对象未将社会救助等公共服务事项纳入政务服务平台，社会救助的办事指南仍在政务服务栏目之外，并以各种不规范的形式公开。这一方面不方便群众办事，另一方面，也不利于政府对公共服务事项的管理和统一规范。

（三）社会救助统计数据

民政部政务公开工作要点要求，及时公布城乡最低生活保障、特困人员救助供养、城乡医疗救助、临时救助等社会救助基本数据，包括救助的人次数和资金支出情况。评估发现，部分评估对象未公开社会救助的人次数和资金支出情况。11 家省级政府、18 家较大的市政府、48 家县级政府未公开 2017 年城乡最低生活保障对象的人次和资金支出情况，17 家省级政府、27 家较大的市政府、62 家县级政府未公开 2017 年特困人员供养的人次数和资金支出情况，16 家省级政府、23 家较大的市政府、58 家县级政府未公开 2017 年医疗救助的人次数和资金支出情况，16 家省级政府、20 家较大的市政府、59 家县级政府未公开 2017 年临时救助的人次数和资金支出情况。

1. 社会救助统计数据公开不及时

定期及时公开社会救助统计数据，既能体现各级政府社会救助工作进展的持续性，也有助于社会监督。评估发现，部分评估对象的社会救助统计数据公开规律、更新不够及时。

第一，部分评估对象未及时定期公开社会救助统计数据。有的评估对象每半年公开，甚至有的不定期公开社会救助的统计数据，公开不及时。1 家省级政府、3 家较大的市政府、2 家县级政府每半年公开城乡最低生活保障的人次数和资金支出情况，2 家省级政府、3 家较大的市政府、2 家县级政府每半年公开特困人员供养的人次数和资金支出情况，1 家省级政府、4 家较大的市政府、3 家县级政府每半年公开医疗救助的人次数和资金支出情况，1 家省级政府、4 家较大的市政府、3 家县级政府每半年公开临时救助的人次数和资金支出情况；1 家省级政府、4 家较大的市政府、9 家县级政府不定期公开城乡最低生活保障的上述统计数据，3 家较大的市政府、9 家县级政府不定期公开特困人员供养的统计数据，3 家较大的市政府、9 家县级政府不定期公开医疗救助的统计数据，5 家较大的市政府、8 家县级政府不定期公开临时救助的统计数据。如辽宁省抚顺市民政局 2017 年仅公开了截至 5 月末和 6 月末的社会救助情况，未公开其他月份的统计数据。

第二，仍有少数评估对象网站上的社会救助统计数据更新不及时。如福建省福州市城乡最低生活保障等相关数据虽然按月公开，但仅公开至 2016 年，无 2017 年的统计数据。

2. 城乡社会救助统计数据公开不同步

《社会救助暂行办法》《国务院关于进一步健全特困人员救助供养制度的意见》倡导城乡特困人员供养统筹发展，特困人员供养的统计数据也应同步公开，而非差异化对待。评估发现，广西壮族自治区按月公开农村地区特困人员供养数据，按季度公开城镇地区的统计数据，公开频次不一致。

3. 不同类型的社会救助统计数据公开详细程度不一

同是社会救助的统计数据，但部分评估对象公开的不同类型的社会救助的详细程度不一。如北京市的西城区、朝阳区、海淀区、昌平区公开的城乡最低生活保障的统计数据很详细，细化到了每个受助者的基本信息，但特困人员供养、医疗救助、临时救助的统计数据仅公开了加总数目。

4. 社会救助统计数据发布位置不规范

在评估的城乡最低生活保障、特困人员供养、医疗救助和临时救助四项社会救助中，各级政府网站的公开方式缺乏一定的规范性。大部分网站没有设置相关社会救助数据公开专栏，存在社会救助中不同类型的社会救助数据，甚至同一救助类型不同时期的数据分别在网站不同的栏目中公开的现象。如广州市医疗救助情况公示的分布就存在不集中的现象，1—3月的数据在重点领域公开中的社会救助情况专栏公布，而7—9月的数据在网站的通知公告专栏中公布，有的数据在政务公开中的结果公开专栏公布。同样，内蒙古自治区救助标准与救助人次和资金在同一张表中公布，但缺乏统一的公布专栏，公布路径十分混乱，第一季度的数据在信息公示专栏公示，第二季度信息则在通知公告专栏公示，查找十分不便。

（四）个人信息泄漏问题凸显

行政机关在保障公众知情权，公开政府信息的同时，更要注重个人信息的保护。《政府信息公开条例》第十四条规定："行政机关不得公开涉及国家秘密、商业秘密、个人隐私的政府信息。但是，经权利人同意公开或者行政机关认为不公开可能对公共利益造成重大影响的涉及商业秘密、个人隐私的政府信息，可以予以公开。"评估发现，个别评估对象过于细化社会救助的统计数据，在公开救助对象的人次数和资金支出情况的时候，公开了救助对象的身份证号等个人信息，侵犯个人隐私。如江苏省新沂市公开的低保名单中包括街乡名称、村居名称、受助者姓名、身份证号、低保证号、保障金额和性别；同样，泄露了救助对象身份证号码的还有四川省成都市新津县等。《国务院办公厅关于推进社会公益事业建设领域政府信息公开的意见》（国办发〔2018〕10号）已经对此提出了要求，各地应严格贯彻执行。

四　社会救助信息公开发展展望

社会救助信息公开是全国政务公开的重要组成部分，其公开情况的好坏也关乎政府权力运行是否规范，广大人民群众是否能够真正有获得感。党的十九大报告指出，转变政府职能，深化简政放权，创新监管方式，增强政府公信力和执行力，建设人民满意的服务型政府。为此，《国务院办公厅关于推进社会公益事业建设领域政府信息公开的意见》（国办发〔2018〕10号）提出，重点围绕城乡低保、特困人员救助供养、受灾人员救助、医疗救助、教育救助、住房救助、就业救助、临时救助、老年人福利、残疾人福利、儿童福利、孤儿基本生活保障、计划生育特殊困难家庭扶助等事项，全面公开救助对象认定、救助标准，福利补贴申领及申请审批程序等相关政策，有针对性地公开救助款物的管理使用、福利补贴发放等情况。公开方式方法要因地制宜、因事制宜，既确保公开实效、维护底线公平，又保护好相关人员个人隐私。

第一，明确社会救助领域信息公开标准。明确社会救助领域信息公开内容、公开方式、公开时间等具体要求，为各级政府公开社会救助信息提供操作指引，是保障全国社会救助信息公开标准化、规范化的基础。因此，国家应在《社会救助暂行办法》基础上，制发有关社会救助领域信息公开的细化文件，不仅统一全国各级政府民政部门公开社会救助信息的内容要素、公开形式、公开时间等标准，还应统一各类社会救助的内容要素、公开形式和公开时间，使社会救助信息公开形成标准化、系统化的体系。

第二，以需求为导向，全面系统地公开社会救助信息。社会救助关乎民生，更应坚持立足公众需求，尽可能地公开公众需要的全部信息。因此，在公开内容上，社会救助的各个环节形成的信息，包括救助标准的制定、受助人员的公示和确定、社会救助的申请、救助资金的来源和发放、救助机构的名单等，都应当公开。在公开形式上，虽然不仅限于社会救助信息公开栏目，整个政府网站都是信息公开平台，但在发布社会救助信息的时候仍应精准管理和规划信息的发布栏目，并将社会救助与相关公开平台如政务服务平台充分衔接，以群众的视角公开社会救助信息。

第三，重视社会救助制度自身的完善。社会救助信息公开的及时、客观、准确有赖于社会救助制度本身运行的合法规范。《社会救助暂行办法》对各类社会救助制度进行统筹规范，以新角度、新思路对之前的一些社会救助工作进行了改进。各级政府应及时更新和跟进最新的社会救助制度发展，统筹协调好本地区相关制度的衔接，并在对外网站上及时公开。

第四，完善政府信息源头管理机制。行政机关应当在政府信息制作或形成时，明确其公开属性认定，严把涉及国家秘密、商业秘密、个人隐私等政府信息不公开的关口，将政府信息属性认定纳入政府公权力运作、公开的全过程，防止侵犯公民个人隐私、泄露个人信息的事件发生。

第六章　安徽省政务公开
第三方评估报告

安徽省安策智库咨询有限公司政策研究室
北京安策智行咨询有限公司政务研究中心课题组[*]

摘　要：政务公开是法治政府建设的一项重要制度。安徽省围绕党中央、国务院关于政务公开工作的决策部署，扎实推进政务公开工作，成效显著。安徽省政务公开具有良好基础，本文介绍了安徽省政务公开的现状和取得的成效，深入分析了安徽省政务公开发展中存在的问题及原因，提出了深入推进安徽省政务公开工作的一系列对策建议，对安徽省内外各级政府更好地开展政务公开工作具有一定的借鉴意义。

关键词：政务公开　地方实践　基层政务公开　第三方评估

当前，中国已进入全面深化改革和依法治国的关键时期，政务公开作为现代公共管理的重要制度安排，是建设公正法治、廉洁高效的服务型政府的基础和保证。习近平总书记指出，政务公开是法治政府建设的一项重要制度，要以制度安排把政务公开贯穿政务运行全过程，权力运行到哪里，公开和监督就延伸到哪里。因此，政务公开在制约和监督权力，从源头上预防腐败方面发挥着重要的作用。

近年来，安徽省紧紧围绕党中央、国务院及省委、省政府关于政务公开工作决策部署，扎实推进政务公开工作，成效显著，但与人民群众的期待相比，与建设法治政府的要求相比，仍存在公开理念不到位、制度规范

---

* 课题组负责人：王万秀，安徽省安策智库咨询有限公司政策研究室主任、北京安策智行咨询有限公司政务研究中心主任。课题组成员：吴建飞、卞泽娟、沈甜甜、罗亚平、杨顾、金钊、俞文书等。第一执笔人：吴俊杰，安徽省安策智库咨询有限公司政策研究室副主任、北京安策智行咨询有限公司政务研究中心副主任。

不完善、工作力度不够强、公开实效不理想等问题。本文以推进安徽省政务公开为研究对象，深入分析安徽省政务公开工作现状与成效，针对存在的问题提出相应的解决措施，以期拓展安徽省政务公开范围、规范政务公开内容和形式、强化公开和监督机制，全面提高政府治理能力和为民办事的效率，为安徽省落实更高效、公正、透明的政务办公提供借鉴和参考。

一　安徽省政务公开现状与成效

中国社会科学院法学研究所发布的《中国法治发展报告》显示，2015 年安徽省省级政府透明度指数排名全国第三位，2017 年排名第三位；2016 年政府透明度总体评估结果（较大的市）中安徽省合肥市在 49 个市的评估中排名第四位，2017 年排名第一位；2016 年在全国抽测的 100 家县（市、区）级政府透明度指数排名中，安徽省宁国市、怀远县等地位于前十位之列；2017 年安徽省宁国市、合肥市庐阳区、黄山市徽州区、宿州市灵璧县位列前十。由此可见，安徽省政务公开工作水平处于全国前列。[①] 本报告从现有政策分析、政务公开推进效果、公众参与程度、体制机制建设情况等方面分别加以概述。

（一）政务公开平台与主体建设进一步完善

安徽省在政务公开平台建设方面起步较早，率先在全省范围内使用统一的目录体系规范，并对目录体系实施动态管理。2016 年 8 月 30 日颁布实施的《安徽省人民政府办公厅关于实施政府信息公开目录内容基本规范和政府信息公开网络平台技术规范（2016 年版）的通知》（皖政务办秘〔2016〕7 号），进一步规范了各级政府、政府部门、事业单位

[①] 参见中国社会科学院法学研究所法治指数创新工程项目组《中国政府透明度指数报告（2015）》，载李林、田禾主编《中国法治发展报告 No. 14（2016）》，社会科学文献出版社 2016 年版；中国社会科学院法学研究所法治指数创新工程项目组《中国政府透明度指数报告（2016）》，载李林、田禾主编《中国法治发展报告 No. 15（2017）》，社会科学文献出版社 2017 年版；中国社会科学院法学研究所法治指数创新工程项目组《中国政府透明度指数报告（2017）》，载李林、田禾主编《中国法治发展报告 No. 16（2018）》，社会科学文献出版社 2018 年版。

建设信息公开平台的目录体系规范，该目录体系的出台进一步适应了全面推进政务公开工作的新局面。

按照国务院办公厅关于深入推进政务公开工作的新要求，2017 年度安徽省政府信息公开平台又一次做了重大调整，新的网站以"发布五公开＋解读＋回应"为基本架构，覆盖了决策、执行、管理、服务、结果等全过程，保障了发布、解读、回应等全环节的有序衔接，并以关联阅读的方式加大了解读与发布文件内容之间的关联度，大大提升了平台的可用性。在此基础上蚌埠、阜阳等地纷纷对平台进行改版升级，保障公开平台适应新的公开形势。

在公开主体建设方面安徽省实现了横向到部门纵向到乡镇（街道）的公开主体全覆盖。省级部门公开主体涵盖了省政府直属部门、省级事业单位及中央驻皖单位共计 66 个部门；各地市及县区分别保障了政府部门的全覆盖，部分地市和县区公开主体覆盖到了全部事业单位甚至国有企业。从纵向来看，按照安徽省政务公开办公室要求，全省 16 个地市、105 个县（市、区）及各县区所属的乡镇（街道）已实现全覆盖，全省统一部署各级政府应公开事项目录规范，保障政务公开工作基本部署到位。

（二）政务公开内容趋于常态化和标准化

随着政务公开工作的深入推进，对公开内容的规范化要求越来越高，在信息公开的深度、广度、频度以及规范化程度上均有要求。

第一，公开范围越来越广，主动公开信息越来越多。根据安徽省发布的政府信息公开工作年度报告显示，全省信息公开条目从 2013 年的204.90 万条增加至 2017 年的 382.20 万条，信息发布数量翻倍，同时省直部门及地市、县（市/区）、乡镇等各级政府信息发布数量也实现跨越式增长，越来越多的政府信息被纳入公开范围（见表 1）。

表 1　　　　　　　　　安徽省政府信息主动公开统计表　　　　　　　单位：万条

区域	2013 年	2014 年	2015 年	2016 年	2017 年
全省	204.90	215.10	238.00	324.06	382.20
省政府及其部门、机构和部分中央驻皖单位	6.40	8.10	8.90	10.74	9.75

续表

区域	2013 年	2014 年	2015 年	2016 年	2017 年
各市政府及其部门（单位）	56.03	51.30	55.60	73.89	113.04
县、区级政府及其部门单位	102.00	106.10	117.20	154.40	172.55
乡、镇政府	40.47	49.60	56.30	85.03	86.86

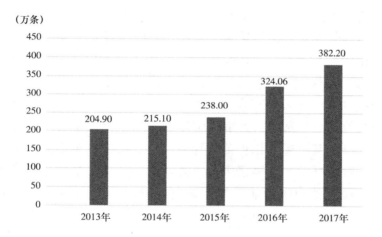

图 1　2013—2017 年安徽省政府信息主动公开数量

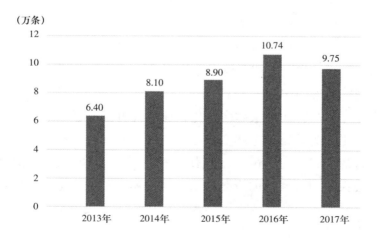

图 2　2013—2017 年安徽省政府及其部门、机构和部分中央驻皖
单位政府信息主动公开数量

　　第二，公开标准越来越完善，公开向常态化发展。近年来安徽省不断探索公开标准，完善公开事项及公开规范的梳理，逐级完善公开的标准，以季度监测、第三方评估、日常自查督查等多种方式推进工作的常态化开展。安徽省政务公开办公室组织编写了《安徽省政府信息公开目录内容基本规范》（2016 年版），详细规定了各级公开主体应公开的目录，公开事项等，并对百姓关注的政务公开重点领域信息详细规定了应公开的要素、公开时间等要求，如环保信息中明确规定了空气质量指数及预报信息要按日发布，环境质量报告要按月发布并发布年度报告，水源水质信息按月度（或季度）发布等，保障信息公开的常态化、规范化。在基层政务公开标准化探索方面，安徽省积极响应国务院办公厅的通知要求，围绕征地补偿、拆迁安置、保障性住房、农村危房改造、扶贫救灾、市政服务、公共资源交易、义务教育 8 个领域重点开展基层标准化规范化探索工作。在试点范围选取上，除国务院办公厅选择的 8 个国家级试点外，另外增加了蚌埠市怀远县、阜阳市界首市、池州市贵池区等 10 个县（市、区）作为省级试点，各地市纷纷将试点扩大至其他县区乃至乡镇（街道）；在试点内容选取上，六安市、宣城市等地在国家规定的 8 个领域以外，还选取了社会保险、社会救助、惠民资金等不同领域展开探索；在标准建设方面，以部门"三定"方案为基础，结合部门权责清单、办事流程图、公共服务事项清单、中介服务清单等各类权力清单全面梳理公开事项，基本实现试点领域信息"应公开尽公开"的全覆盖，对各事项的细化公开依据、内容要求、公开主体、公开方式、公开时限等，保障标准的科学、规范、可操作。

　　第三，公开方式越来越多样化，注重提升互动性。安徽省以网上政务公开平台为基础，基本实现了线上线下相结合、传统媒体与新媒体相结合的方式。对于国有土地使用权出让、征地拆迁等影响较大、涉及社会大众切身利益的应公开信息在网站、报纸、电台等媒体上同步公布；对于农村危房改造、房屋征收评估、惠民资金发放等涉及基层群众直接利益的信息除网上公开外，必须以现场公示栏张贴的方式予以公布，保障部分有互联网接触障碍的群众的知情权益；对于环保、教育、医疗卫生、公共安全等诸多公众关注度特别高、信息传播特别广的政务公开领域信息，保障在微博微信等新媒体同步发布，并跟踪网民的舆情，及时回应引导，多种公开方式相结合充分保障公开效果。

（三）政务公开流程进一步规范

第一，主动公开信息流程进一步规范。根据《关于全面推进政务公开工作的意见》的要求，安徽省政府严格规范主动公开信息流程，依法依规明确政务公开的主体和公开属性。积极推进安徽省基层政务公开标准化规范化试点建设，梳理政务公开流程——包括政务公开工作流程图和公开事项流程图，进一步规范政务公开工作程序，优化业务运行流程。

第二，依申请公开流程进一步规范。为促进政府信息依申请公开办理规范化，安徽省政府办公厅制定印发了《安徽省人民政府办公厅政府信息依申请公开办理规程》（秘函〔2014〕61号）、《关于进一步规范依申请公开工作的通知》（秘函〔2017〕33号），进一步规范依申请公开的受理、审核、回复程序。各级政府网站也开设了依申请公开栏目，详细公布了依申请公开的指南和办理流程，确保依申请公开渠道畅通。部分地市如淮北市形成了覆盖全市的依申请公开统一答复协调机制，保障在收到依申请公开的第一时间以各级政务公开办公室为纽带，衔接各部门公开责任人，对答复的合法性和规范性进行统一审核，对答复办理进度进行统一把控，对需要协调不同部门进行答复的申请信息进行综合协调，充分保障了依申请公开答复及时、处理规范，提高了依申请公开的办理效率和质量。第三方模拟测评的结果显示，各级部门的依申请公开答复率和规范性均有所增加。

第三，政策解读程序进一步规范。安徽省深入贯彻落实《中共中央办公厅国务院办公厅印发〈关于建立健全信息发布和政策解读机制的意见〉的通知》（中办发〔2014〕21号），制定并印发了《安徽省人民政府办公厅关于建立重要政策解读机制的通知》，要求重要政策文件解读与政策制定同步进行，做到政策性文件与解读方案、解读材料要同步组织、同步审签、同步部署。16个地市已全部实现政策解读与政策文件相关联，让老百姓"看得懂""信得过"，进一步增强群众对政策文件的理解，提升政府决策认同度。

第四，重大决策公开过程进一步规范。党的十八届四中全会提出，要健全依法决策机制，把公众参与、专家论证、风险评估、合法性审查、集体讨论决定，确定为重大行政决策法定程序。安徽省政府各部门、各市县政府信息公开网全部开设决策公开栏目，对涉及群众切身利益、需要社会广泛知晓的重要决策，在决策前向社会公布决策草案、决策依据，并通过各种渠道进行意见征集，及时公开意见的收集和采纳情况。安徽省积极探索建立健全利益相关方、公众代表、专家、媒体、法律顾问等列席政府有关会议的制度，省政府和部分地市先行实施决策公开落实会议开放。2016年12月19日、30日，省政府第93次、第95次常务会议分别邀请18位来自社会各界的群众代表列席会议，就会议讨论的民生议题发表意见建议。2017年12月12日，阜阳市政府召开第19次常务会议，首次特邀两位公众代表列席会议，就"关于进一步加强政务服务中心建设若干意见"主题提出意见建议。2017年12月18日滁州市政府第68次常务会议上，特邀滁州市金鹏建设和阳光都市项目经理等公众代表参加《滁州市城镇排水管理办法》议题讨论，发表意见建议，进一步提升政府决策过程透明度、公众参与度和决策科学化。

（四）有效提升公众参与的主动性

政府决策过程公开，立法过程公开，执法行为公开等动态的、事前事中的政务公开，有助于社会公众通过多途径展开协商、讨论、辩论，参与到政府决策、立法、执法的有关事项中，政府可以广泛地了解和听取社会公众的意见、建议和主张，推动社会公众参与和协商民主的实现。近年来，安徽省加大推进政务公开力度，充分利用新闻媒体、互联网、移动互联网等平台保障政务公开信息有效到达，社会公众能够更便捷充分地了解政府的依法行政决策和行政动态，能够与政府进行有效交流，加强了公众对政府工作的认同感和信任感，增强满意度和获得感。

政府引导，强化公众参与。一是拓宽渠道。安徽省通过政府网站、新闻发布会、政务公开栏、报刊、电视、政务微博、微信等多种渠道公开政府信息，强化公众参与，充分保障公众的知情权、参与权、表达权、监督权。比如安徽省各级政府均在其政务公开网站开设了意见征集专栏，征集公众意见。二是加强互动。安徽省内各级政府网站设立了政民互动栏目，通过网上信箱、在线访谈、市民论坛等栏目，积极鼓励公众参与信息公开，广泛听取公众的意见建议，促进政府与公众的良性互动。三是建立公众参与机制。安徽省人民政府办公厅制定了《安徽省人民政府重大行政决策公众参与程序规定》，明确提出安徽省人民政府审议重大行政决策方案，将根据决策内容涉及的事项、范围邀请利益相关方、公众、专家、媒体等代表列席相关的政府常务会议、专题等会议。各地市分别制定了对应的重大决策公众参与办法，明确各单位制定重大决策草案应当引导公众参与，有利于进一步提升公众参与度。

公众参与主动性逐步提升。随着互联网时代的深入发展，公众主动参与的积极性越来越高，各级政府网站的点击量越来越高，各类政务微博访问量大幅增加，政务微信公众号阅读量呈现爆发式增长，公众参与政务公开的兴趣逐步提升（见表2、表3、图3—图6）。

表2　　　　　安徽省部分省直单位政务微信公众号访问统计　　　单位：次

公众号	阅读总数		点赞总数	
	2015 年	2016 年	2015 年	2016 年
安徽发布	804191	1211483	7871	11048
安徽消防在线	117022	838154	1357	13801
安徽省科技厅	1245	98003	2123	3312
安徽徽姑娘	60901	1043448	1018	44087
安徽检察	141780	410615	4339	9983

资料来源：（1）博约科技：《2015 年安徽省政务微信排行榜》，《决策》2016 年第 1 期，第 44—45 页。（2）博约科技：《2016 安徽政务"双微"排行榜》，《决策》2017 年第 1 期，第 38—40 页。

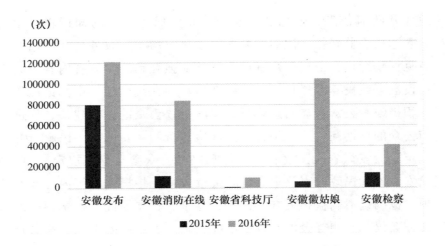

图3　安徽部分省直单位政务微信公众号阅读总数

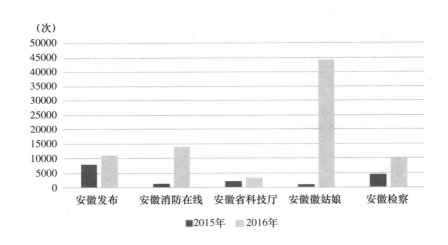

图4　安徽省部分省直单位政务微信公众号点赞总数

表3　　　　　　安徽省部分地市直单位政务微信公众号访问统计　　　单位：次

公众号	阅读总数		点赞总数	
	2015 年	2016 年	2015 年	2016 年
阜阳发布	3542310	3468917	76109	84745

续表

公众号	阅读总数		点赞总数	
	2015 年	2016 年	2015 年	2016 年
安庆之声	416569	1331156	6025	16758
中国马鞍山	422795	1079044	12067	16679
宿州发布	33437	352927	560	4343
六安发布	790712	842818	8215	10204
安庆市消防支队	30925	90215	340	325
淮南发布	425450	3747866	7441	41632
美好滁州	1107186	7344230	18385	133605
亳州发布	658929	2900688	10701	64575
芜湖发布	229301	1912463	6958	24937

资料来源：（1）博约科技：《2015 年安徽省政务微信排行榜》，《决策》2016 年第 1 期，第 44—45 页。（2）博约科技：《2016 安徽政务"双微"排行榜》，《决策》2017 年第 1 期，第 38—40 页。

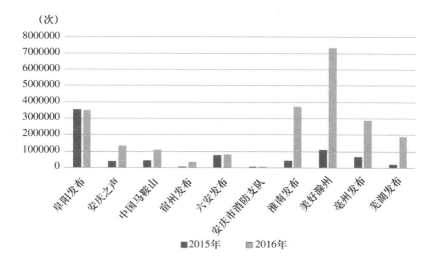

图 5　安徽省部分地市直单位政务微信公众号阅读总数

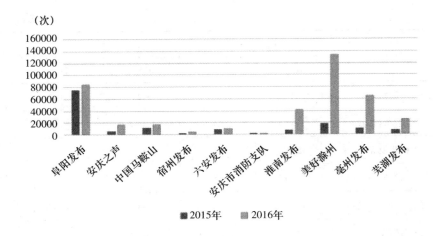

（次）

■ 2015年　■ 2016年

图6　安徽省部分地市直单位政务微信公众号点赞总数

通过2014—2016年安徽省各地市依申请公开数据对比发现，安徽省依申请公开数量总体呈现增长的态势，公众对政务公开的需求越来越大，公众主动参与和监督意识越来越强（见表4）。

表4　　　　2014—2016年安徽省各地市依申请公开数量统计　　单位：次

地区	2014 年	2015 年	2016 年
合肥	325	407	765
淮北	70	43	153
亳州	4	91	83
宿州	348	68	416
蚌埠	84	77	161
阜阳	239	511	906
淮南	154	158	192
滁州	82	101	123
六安	86	98	113
芜湖	650	467	509

地区	2014 年	2015 年	2016 年
马鞍山	28	71	219
安庆	1994	1119	1321
池州	215	116	103
铜陵	64	100	93

资料来源：安徽省各地市 2014—2016 年政府信息公开工作年度报告。

（五）政务公开保障机制进一步完善

安徽省各地市积极探索政务公开保障机制建设，取得一定成效。

第一，政务公开组织领导和责任追究机制方面，安徽省成立政务公开领导小组，统筹协调各相关部门及单位工作职责。根据每年的国务院办公厅政务公开工作要点，安徽省政府办公厅科学规划全省政务公开工作要点，制定政务公开重点工作任务分工，明确各项任务的计划进度、完成时限、责任单位。安徽省政务公开办公室督促省直重点领域牵头部门制定重点工作实施方案，召开省直重点领域政务公开工作推进会，研究各部门工作方案。为强化政务公开机构及人员职责，安徽省制定完善政务公开责任制度，各地市分别出台政务公开工作责任追究办法，明确违反政务公开规定的行为及追究责任方式，加强追责力度。安徽省通过严格的条例规范有效提升了政务公开工作质量。

第二，政务公开督查考核机制方面，2008 年安徽省出台《安徽省人民政府公务厅关于印发安徽省政务公开考评暂行办法的通知》，规定了各省直单位及各市的政务公开考评标准，逐步建立完善专门的政务公开工作督查考核机制。2016 年安徽省政府在对市政府目标管理绩效考核和省直机关效能建设考核中将政务公开权重提高到 4%。一方面安徽省加大政务公开工作日常考核力度，定期考核监测，建立了定期调研督导机制。重点对政务公开工作中网上办事业务、服务质量进行监测，发布监测考评结果，并召开督查片区座谈会。另一方面建立多元化考评机制。安徽省委托省经济信息中心、第三方评估机构对全省政务公开情况开展三次网上评估，秉持"以评促建"的理念，逐一反馈结果，推进日常工作落实。从 2016 年开始，安徽省政务公开年度考评中增设双向互评环节，形成广参与、多维度的全方位考核工作体系，促进考评过程公开透明，考评结果客观准确。

第三，政务公开培训机制方面，安徽省重视政务公开专业培训工作，将政务公开、政务服务工作纳入干部教育培训内容体系，积极开展业务培训与研讨交流，不断提高政务公开工作人员业务能力。安徽省直部门以及各地市也积极开展培训工作，安徽省教育厅、国土资源厅等省级部门定期开展政务公开、政务服务培训班，针对政务公开服务相关政策规定、"互联网＋政务服务"等相关知识进行培训。六安市、淮北市等地市也定期开展政务公开专题业务培训，邀请专家对政务公开重点工作进行解读。各地市、各部门通过培训班、专题讲座等形式，切实提高了政务服务的专业化水平。

二　安徽省政务公开发展中存在的问题及原因分析

（一）部分政务公开工作人员的服务意识比较淡薄

仍有少部分政府工作人员对政务公开工作不够重视，认为政务公开不仅不能直接反映业绩的提升，反而会增加工作量，公众的咨询、提问、投诉都会带来工作负担；因此，有些公众的申请和投诉或被草草处理，或被置之不理，可见，部分政府工作人员只是被动应对政务公开工作。此外，经费投入不足、缺少培训等都会给政务公开的有效推进带来困难。

因此，部分行政人员思想观念是阻碍推进政务公开工作的一大障碍。部分行政人员不愿积极主动地去公开政务信息，担心公开会导致自身权力的受限或丧失。

（二）公开平台建设有待完善

1. 部门之间缺乏协调合作，信息资源无法整合共享

首先，行政机关部门间合作机制不成熟，重纵向监管，轻横向协作，无法实现资源共享。如公众依法申请政府信息公开，申请信息涉及

多个部门，但部门之间信息互不开放，形成信息沟壑，信息资源无法有效整合，部门之间的协同办公也无法开展。虽然安徽省大多数部门的门户网站和政府信息公开网实现了"两网合一"，但部分单位负责门户网站管理维护与负责政务公开的部门是分开的，这就导致信息数据的"两次录入"、信息不对称以及两网信息的时效性不一。

其次，各部门以自身为中心搭建数据库，垄断相对独特性的信息资源，导致政务公开协同难、共享难、跨部门跨地区跨层级联动难。大部分政府部门从本部门出发，自行开发设计本部门的信息服务系统，搭建数据库，横向部门之间没有形成信息互联互通。个别部门出于利益考虑或是由于传统管理观念影响，垄断相对独特的信息资源，不愿公开部门所掌握的政府数据，造成政务公开工作部门协同难、资源共享难。

最后，执行的公开标准各不相同，导致政务公开的步伐不一致，缺少全盘规划和部署。政务公开不仅仅受到体制的影响，还受到经济发展水平、公民权利意识以及政府人员政务公开意识的影响。近年来，中国大力推进政务公开，但是当前政务公开没有统一的标准、公开具有随机性，难以建立有效的规章制度，对其进行规范和管理。从对安徽省部分地市 2016 年的政务公开情况进行的统计可以看出（见表5），合肥市和六安市主动公开的信息数量要远多于其他地区，主动公开的信息数量最多的合肥市与最少的池州市差距明显。其形成的原因主要是各不相同的规范标准，导致不同地市的政务公开标准与要求不一致。

表5　　　　　　　　2016 年安徽省部分地市政务公开情况　　　　　单位：条

地区	主动公开	不予公开信息
合肥市	371523	14997
芜湖市	209130	26
马鞍山市	113826	7
六安市	334086	27
池州市	106975	3
安庆市	211419	28

资料来源：根据 2016 年各市政务公开情况汇总整理所得。

2. 对线下平台建设重视度不够

安徽省通过网络进行政务公开部署落实较早，网络已经成为政务公开的主战场。但在基层特别是农村地区，部分公众接触网络存在客观障碍，传统线下平台建设不足，信息接收渠道较窄。在政务公开过程中，应充分发挥传统媒体和新媒体协同作用，以传统媒体发布权威性信息的同时，新媒体及时引导舆论方向。传统媒体与新媒体的结合将更有利于政务公开的准确性，更有利于公开信息快速传播，切实为人民群众获取政府信息提供便利。但总体上，安徽省对传统媒体的利用尚显不足。

表6　　　　2017 年合肥市政府部分主要部门新闻发布会安排情况

部门	新闻发布会计划情况
合肥市发展和改革委员会	暂无新闻发布会计划安排
合肥市农业委员会	4 场新闻发布会安排
合肥市教育局	4 场通气会安排
合肥市民政局	暂无新闻发布会计划安排
合肥市财政局	暂无新闻发布会计划安排
合肥市国土资源局	暂无新闻发布会计划安排
合肥市商务局	暂无新闻发布会计划安排
合肥市体育局	2 场新闻发布会安排
合肥市信访局	暂无新闻发布会计划安排
合肥市城乡建设委员会	1 场新闻发布会安排
合肥市科技局	暂无新闻发布会计划安排
合肥市公安局	7 场新闻发布会安排
合肥市司法局	暂无新闻发布会计划安排

资料来源：根据合肥市各部门 2017 年度新闻发布会情况整理所得，数据取样时间截至 2017 年 10 月 17 日。

新闻发布会是政府信息线下公开的重要方式，召开新闻发布会是政府对于线下公开平台重视程度的一种体现。但由表 6 可以看出，合肥市大多数部门都没有召开新闻发布会的工作安排或召开发布会实录，这种传统的政务公开方式逐渐被政府所忽视。上述部门多开通政务微博或微信，通过网络的形式对相关信息进行公布，总体上对传统媒体或线下公开平台的建立与运用不够。

（三）公开内容规范性有待提高

1. 决策公开要去形式化

通过研究各级政府及其部门网站意见征集、民意调查、网上征集等栏目发现，安徽省内部分单位还存在对决策公开重视度不够，重大决策制定过程中公开征集意见较少，征集方式单一，没有公众参与或公众参与意见征集较少等情况。例如，许多部门仅针对政府内部部门征求意见，形式上仅有发布征求意见稿一种形式，部分部门邀请了相关领域专家参与决策，绝大多数部门未邀请利益相关的群众参与决策讨论。在意见征集效果上，许多部门发布的征集意见存在大量甚至全部反馈结果为零的现象，这一现象在一定程度上表明部分单位征集意见流于形式，未达到科学决策参考的效果。在意见采纳情况方面，部分单位仅公布了收集意见条数、采纳条数等统计信息，未逐条公布各条意见内容，没有公开未采纳意见的原因等。

2. 执行公开要规范化

在执行公开层面，各级政府及其部门公开的随意性较高，缺乏常态化规范化的公开机制，公开信息缺少梳理，动态类信息较多。例如政府重点工作完成情况栏目中，各部门信息发布随意性较高，只有少部分地区和部门能够按月或按季度定期汇总报告部门重点工作阶段性执行进展情况，且对于执行过程中哪些要素属于应公开信息也缺乏一个规范性的要求，公开要素有待完善。

3. 重点领域信息公开要进一步完善

安徽省在重点领域信息公开方面一直走在全国领先水平，在中国社会科学院法学研究所发布的政府透明度指数报告中，所抽查的环保、教育、社会保险等重点领域的公开情况均显示，安徽省得分较高。但进一步分析仍可发现省内重点领域公开尚存在一些不足。从公开广度上来看，部分重点领域信息存在公开缺项，比如各地市保障性住房工程质量处理通报信息发布较少。从公开深度上来看，部分重点领域信息发布时存在信息删减等"再加工"问题，部分信息如政府债务信息发布质量不高，部分地市和县区仅显示了债务总额，对各项债务的分配、使用及偿还等信息未发布。在公开频度上，部分栏目信息如社会保险和社会救助等，仍然存在部分月份缺失，信息发布不及时，各月份信息集中发布等现象，未尽到及时准确公开的义务。

4. 政策解读与回应关切需进一步加强

新时期的政务公开工作，是发布解读回应三个环节一体化协调发展的工作，许多公开部门未打破原有的公开观念，仅重视信息发布，忽视政策解读和舆情回应，部分部门本级政策解读工作未开展或开展较少，缺乏主动回应引导舆情的意识，部门内部缺乏政策解读和舆情回应的机制，影响了公开效果。

（四）公众参与的深度和广度有待提高

推进政务公开与公众参与的有机结合是当前各级政府和职能部门的重要工作任务。安徽省的政务公开已经取得了长足进步，主动公开信息情况较好，但是在公众参与层面，仍然存在参与意识薄弱、参与渠道有限、参与机制不健全等诸多问题。

1. 公众参与意识薄弱

近些年，安徽省不断创新公众参与政务公开的方式方法，公众参与政务公开的意识虽然有了提高，但相对还是比较薄弱，参与的积极性不高，参与能力不足。当前，公民的互动多数集中在关乎自身利益的民生问题上，政府受理信件也多以投诉和咨询类为主。以合肥为例，截至2017年10月，投诉类与咨询类信件分别达到1508296封与1237979封，建议类的受理信件仅90411封，占很小比例，虽然投诉与咨询一定程度上体现了公众参与主动性的提高，但是大多参与深度不够，也从侧面反映公共参与的意识有待提升。当前各级政府不断地创新政务公开的途径，安徽省各市县均开通了政务微博与政务微信，但是公众参与"双微"互动较少，关注度不高。以合肥市为例，从表7可以看出，合肥市政务微博的转发量、评论量与点赞量很少，大多数微博的评论量或转发量仅有1—2条甚至为0条。在统计数据的过程中，笔者还发现芜湖市拥有16万的微博粉丝关注，是表7列举部分市中最多的一个，但微博的互动量较少。从各市政务微博的互动情况可以看出，公众对政府政务公开工作的关注度低，参与意识薄弱。

表7　　　　　安徽省2017年9月份部分地市政务微博统计情况　　　单位：条

地区	发布量	转发量	评论量	点赞量
合肥	103	30	6	8
六安	35	17	8	31
芜湖	91	63	46	76
马鞍山	123	113	47	62
池州	96	69	33	53
蚌埠	245	97	58	144
阜阳	128	112	73	209

资料来源：根据各市政务微博发布情况整理汇总所得。

2. 公众参与渠道有限

第一，公众参与渠道与政务公开渠道有很强的关联性，政务公开渠道不畅会直接影响到公众参与的深度与广度。当前，安徽省政务公开信息不能最大限度地到达全体公众，传递媒介受限，传递渠道不畅。政府网站平台可用性较差，不能成为被社会公众所熟知的信息公开平台，具体表现在地方政府网站的网络访问量小，网站栏目繁多且复杂，搜索功能不完善，不利于普通民众获取相关信息资源。

第二，公众参与渠道较少。当前安徽省大部分市县以及各部门大多通过政府信息公开网、微博、微信等网络形式进行政府相关信息的公开。据相关调查显示，截至2016年年底，中国10—39岁年龄段网民占全部网民的73.7%，现有的渠道忽视了老年人、较少上网或无条件上网的群众，而这些群体往往对政府的相关政策有强烈需求。过度依靠网络进行政务公开，而忽视拓展其他渠道，会导致公众参与的渠道变窄，不利于公众广泛参与。

3. 公众参与机制不健全

第一，法律保障机制不健全。在公众参与领域，近年来，国家开始重视对公众参与政府管理的法律法规保障，尤其是在行政规章制定、环境影响评价、重大行政决策领域等。但在现实中，信息的不对称占有，利益组织化的不均衡，程序公正的缺位，回应和规则机制的虚无，都构成真实、有效民意表达的障碍。例如，虽然在《环境影响评价法》中对公众参与专项规划和建设项目的环境影响评价作了相关规定，但是这些规定通常都太过原则，缺乏可操作性。制度设计得不够细化使得在实际操作过程中，政府可以较为随意地选择信息公开内容、公开方式、公开范围，制定公众参与规则，弱化了公众参与效果。此外，少部分工作人员保密导向的政治理念根深蒂固，对于"以公开为原则，不公开为例外"的精神仍有所抗拒。有关部门、企业出于保密、避责、省事等原因，以"涉及机密不予公开"为由拒绝公开，实为部分"偷懒"部门在政务公开这张"网"上开了一个大口子。总体上来看，公众参与政务公开的法律保障尚未健全。

第二，在大多数的政府决策中，公众只有知情权而没有真正的参与权。政府采用的公众参与方式主要有公示、公开听取公众意见、展示和咨询、民意调查、座谈会和听证等，方法简单，形式有限。而这些形式使用起来也非常僵硬，容易流于形式。如有些社会发展规划，政府相关部门会在信息公开网站上发布征求意见稿，但是否有公众参与或者公众的意见是否被考虑、采纳则不得而知，政府部门后续也较少进行相关说明，所以真正参与很难实现，而仅仅有知情权，只知道政府决策的结果，并没有参与政府决策过程。

（五）保障机制有待完善

1. 公开标准有待进一步优化完善

政务公开规范性有待提升。安徽省政府各部门虽然都制定了政府信息公开指南和公开目录，但从整体来看，信息公开目录规范性不高。对政务公开的规定、标准不统一，公开形式、公开程序等方面缺少统一明文规定，单位分类索引栏目不够规范，公众很难快速准确获取信息，政务公开工作大打折扣。部分公开信息的质量不高。信息公开没有精准对接民众需求，把领导活动、部门动态、政府文件、会议通知、新闻报道等作为网上公开信息，而具有实际需求价值的信息却公开不足。政务信息"五公开"工作机制还不够健全，公开的内容还有待进一步加强，多数是对政策文件及行政结果的公开，触及行政执行、管理、服务方面的信息较少，解读回应的质量、频次和效果有待提高。

2. 有效激励机制不健全

随着政务公开不断深入，激励机制逐步成为提高政府行政效率的关键，对增进政府活力起到了积极作用，但由于相关激励机制不完善，适应性不足，推行力度不够，依然存在着一些问题。一是行政管理思想仍需改进。主要是考核过程中重过失处罚轻正向激励引导，导致竞争意识淡薄，工作积极性不高。二是政务公开过程激励不足。政府部门对政务公开公职人员采用绩效考核方式作为实施激励的途径，在工作过程中缺乏过程考核，不能直接指出工作中遇到的问题与不足，相关反馈和帮助不及时，难以形成过程激励效应。三是个人激励较少，模式单一。在精神层面激励方式运用不足，忽略了工作人员的内生动力建设，在政府公职人员职业发展规划、职务晋升、职业自豪感提升等激励环节缺乏相关的激励制度，如荣誉称号的评比、成果表扬等。注重对部门、单位、地区的激励制度，忽视对个人的激励制度，导致政府公职人员的工作积极性不高。

三　推进安徽省政务公开发展的对策建议

（一）转变政务公开思想观念

要想政务公开顺利地进行下去，必须转变思想、转变观念。变"被动应对"为"主动开展"，变"应对考核"为"促进工作"，变"行政推动"为"制度推动"。把"一切以公众满意"作为政务公开工作的出发点和落脚点，这也是政务公开有效性的衡量标准。政府部门要树立全新的信息公开理念和服务意识，把政府信息公开视为公民应当享有的权利，当作政府应该履行的职责，要从"管理型"向"服务型"转变。要站在公众的角度去发布信息、处理问题、开展工作，使各项政务服务更加体贴、人性化。

（二）强化政务公开平台建设

1. 统一规范标准，加强协调沟通，构建资源共享平台

标准化、规范化是各部门实现互联互通、信息共享、业务协同、安全可靠运行的前提条件。结合国家和安徽省相关标准规范及政策要求，建立涵盖全省的总体标准与规范。加强部门间的沟通协调、密切合作，特别是在资源整合、数据交换与数据共享、互联互通方面，积极探索创新工作机制和管理模式，按照统筹兼顾、分步实施、共同推进的原则，有计划地推进各项工作的实施。加快推进安徽省电子政务资源整合，建立跨地区、跨层级的信息资源共享平台，对政务信息资源的性质、采集、归属、权益、存储、发布、共享、交换、安全等进行统一管理。

2. 打造"线上＋线下"的公开平台

以线上为主导，以线下为辅助，通过数据交换共享，形成线上线下一体化的政务公开体系。线下服务依托省、市、县三级政府服务部门和乡镇（街道）、村（社区）基层服务部门，利用社区公开栏、公示牌等固定场所，同时拓展利用广播电视、新闻发布会等公开形式，通过政策下乡宣讲、宣传册、"明白卡"、公开信、手机短信等方式不断拓宽"线下"公开渠道。"线上"公开以省政务公开网为总门户，由省统一建设，分级部署使用，分级负责管理。各地级市可不再重复建设互联网公开平台，重点整合本地区特点与现有数据资源，实现互联网公开平台与市级部门和县级以下各级政府的数据对接，做到数据统一、管理统一。"线上＋线下"的公开平台应该充分发挥协同作用，实现网络技术与传统公开方式的优势互补。

（三）搭建政务公开标准化体系

以建设阳光政府、方便群众办事为出发点和落脚点，强化标准引领，从基础标准、基本要求、运行管理和监督评议等环节探索建立统一的政务公开标准体系，对公开内容、公开形式、公开流程、公开时间、公开制度等要做细致、科学的规定，并根据实际情况定期调整和更新，推进政务公开与政务服务标准化有机融合。

1. 规范标准化内容和流程

探索建立政务公开标准化规范化管理的有效方式，以制度化手段，建立完善政务公开事项标准制定、运用、考核、监督等工作机制。一是梳理政务公开事项。各部门依据工作职责和转变政府职能工作要求，特别是对照权责清单和公共服务事项，进行系统梳理和细化，摸清信息底数，按条目方式进行分类，确保公开事项分类科学、名称规范、指向明确。二是编制政务公开事项标准。借鉴北京等地梳理主动公开清单、摸清家底、明确公开责任的做法，在全面梳理信息内容的基础上，按照"以公开为常态、不公开为例外"的原则确定公开事项标准，并结合重点领域政务公开清单动态更新工作，汇总编制政务公开事项标准目录，实行动态调整，推动各领域政务公开管理的清单化、精细化。三是规范政务公开工作流程。在编制政务公开事项标准的同时，创新政务公开方式方法，全面梳理和优化政务公开工作流程，健全工作机制，推动发布、解读、回应有序衔接，实现决策、执行、管理、服务、结果全过程公开，推动信息发布、解读、回应、参与等工作的标准化规范化。

2. 建立政务公开标准监督制度

增强政府工作人员的责任意识，加强事前、事中、事后监督，促进行政机关按照法定权限和程序行使权力、履行职责，促使政府工作人员对照公开的内容依法行政、公开行政和透明行政。加快网上办事在线监测统一平台建设，实现对行政许可和服务事项申办、受理环节的实时监控，建立全程留痕、过往可溯、进度可查的办事督查和投诉举报机制；加快推进审计部门、监察部门与财政部门、财政资金使用部门联网监察，加强对财政专项资金使用情况的实时在线监管。及时收集群众意见和建议，主动接受社会监督，做到制度性、政策性内容长期公开，阶段性工作逐段公开，经常性工作及时公开，动态性工作随时公开，实现政务公开制度化和规范化。

（四）扩大公众参与力度

扩大公众参与度，推进公众与政府良性互动，不仅是优化政务公开用户体验的核心做法，也是培育参与型公民的重要手段。

1. 加强公众权利意识转变，提升公众参与积极性

一方面培育发展公民社会组织。从群众中发展宣传政务公开组织，能够将政务公开的法律理念传输到群众思想中。政府可联合社区，以社区为单位，吸纳有权利意识的公民组成社区宣传小组，定期对权利意识及法律理念进行宣讲。另一方面加强公民民主意识教育。安徽省地方政府分月定期举行相关教育活动，如开展公民权利讲座、开办公民民主意识交流会、开设公民民主权利系列影音室等，利用多形式开展教育，普及公民参与政务公开的主人翁意识。

2. 多渠道强化传播力度，优化互联网政务信息服务

微博、微信、微视频等具有互动性强、方式灵活、海量转播等特点，有助于强化政务公开传播力度，安徽省应积极利用并发挥各类新媒体的使用效果。具体有以下几点建议。

一是进行多渠道宣传。一方面充分利用传统媒介渠道。例如，在广播、电视以及报纸中开辟政务公开宣传模块，芜湖市利用广播电台和《芜湖日报》对政务公开进行专题报道，获得良好成效。还可编制政务公开相关的娱乐性节目，化解政策宣传的枯燥，吸引公众的关注。另一方面强化新媒体渠道效果，可开设一些优秀栏目，提高访问量和群众知晓率，如安徽省公安厅在微博开设"守护平安""在线发布""警民连心"等栏目，获得公众好评，其他政府部门及各级政府单位应借鉴成功经验，积极提高微政务服务水平。

二是加快推动信息服务个性化。一方面改进技术，学习国外先进经验，如美国政府网站的"互动式特色服务"，利用互联网"推进"技术，定制个人的信息服务需求，政府依据用户需求，推送相关信息，保持了信息的持续性，为民众制定特色的信息服务。另一方面应继续加强各部门及各级政府单位的网站服务功能，强化网页信息个性化服务，利用数据后台分析，为不同公众主动推送主题不同的政务信息，激发公众关注政府工作的积极性。如按不同年龄段推送针对性信息：针对50岁以上的群体推送退休、医保、养老等相关信息，20—50岁的群体推送就业政策、"五险一金"、教育住房等方面的信息，20岁以下的群体推送未成年保护、教育改革等信息。

3. 加强政策文件解读，重点关注民生问题

一是多主体解读政策。要加强部门领导的政策解读，各级部门主管领导是政策执行的重要环节，对政策文件的理解最为深入。定期发布部门领导的政策解读，专人对专项，让公众直观了解政策与自身切实利益的相关性。要加强专家政策解读，对公众关注热点问题和专业文件邀请各领域专家指定解读方案，解读过程注重实用性、客观性和可观性。要强化媒体解读，利用媒体解读政策，能够从公众的视角来解释政策信息，生动的解读及重点信息的提取能够吸引公众的关注，提高传播效果。

二是政策解读重点关注民生问题。公众对于有利于提升改善日常生活的政策关注度高、参与意识强，加强基层政府在此类信息上的公开工作，能够大幅度地提升公众参与的积极性。例如，合肥市正在开展地铁建设项目，可以加强关于地铁建设、试运营、开通时间等信息解读与推送，满足公众的政策解读需求。

4. 积极回应社会关切，广泛听取采纳公众意见

一是规范回复信息流程与内容。在回复信息流程方面，政府部门应对回复信息的时间与方式进行统一规定，规范流程。如先将各类信息分类，传递给各领域负责人，统一回复之后，规定1—2个工作日内将结果反馈给公众，并将回复信息进行公示。在回复内容方面，要做到"一步讲清"。针对公众咨询，回复内容要有实质性，避免将回复责任转移到其他部门。

二是积极吸纳公众意见。广开社会和公众有序参与政务工作的途径，科学吸纳大众智慧、公众意见，把公众纳入政务公开的整个工作过程中来，对公众所提意见进行梳理，归纳共性问题，及时调整与处理，并对调整处理结果进行公示，让公众感受到政府对意见的重视程度，充分保障人民群众知情权、参与权、表达权和监督权。

（五）完善政务公开支撑体系

1. 建立政务公开绩效评估制度

政务公开绩效评估是提升政务公开水平的重要抓手，开展基层政务公开绩效评估既可以提升各部门的政务公开意识，也可以评促改，推动

各部门进一步完善政务公开工作。建立一套行之有效且标准统一的政务公开绩效评估制度，通过明确职责、责任到人、考核到位，增强政府政务公开执行者的责任感、服务感，提高行政效率，使政务公开工作落到实处、取得实效。在方式方法上，一方面将定期考评和不定期考评相结合，按季度定期开展政务公开绩效考评，同时每年开展一至两次的不定期考核，以此实现对政务公开工作的动态监测；另一方面将全面评估与专项评估相结合，开展对于政务公开各项内容的全面细致评估，同时对于百姓关心、关系重大的核心领域和各部门的重点领域工作等开展专项评估。在实施管理上，根据安徽省年度考核计划和标准，确定各阶段目标，评估分阶段计划实施程度。设立专门的政务公开绩效考核小组，负责定期跟踪、指导、督查政务公开工作进展，同时根据实施过程中遇到的具体问题和反馈情况，适时修订、完善评估管理方案和绩效评估指标体系。在评估反馈上，注重绩效考核结果的及时反馈与有效沟通，设立绩效评估小组严格按照考核评估流程和评估标准，于20日内完成上一季度政务公开考核工作，10天内完成相关数据的处理和分析工作，并出具政务公开绩效考核报告。在发现问题和诊断问题的基础上，就反馈结果与相关被考核单位进行绩效面谈与沟通，帮助被考核部门深刻认识持续改进问题，进一步提高政务公开水平。在结果应用上，在年度绩效考评后，及时组织召开由安徽省政务公开领导小组组长主持的全省政务公开年度总结大会，总结、通报全省政务公开考核基本情况，对先进单位和个人予以表彰，对典型案例和共性问题进行解剖，并给出相应的改进提升建议；将评价结果作为部门和单位工作完成情况和干部任职、奖惩的重要依据，对评价过程中出现较多问题和排名靠后的单位，制发整改意见书，限期整改并报告改进情况，提升政务公开工作实效。

2. 强化政务公开监督机制

为了增强政府工作透明度，让权力在阳光下运行，安徽省政府应该努力加强对政务公开的监察披露工作，完善政务公开监督机制，从不同监督主体入手，实行多种形式的监督，实现监督形式多样化。

一是强化内部监督机制。完善对安徽省政务公开工作的定期监督检查制度，确保监督检查的常态化、规范化。建议成立专门监督检查机构，该机构要高于一般职能部门级别，专门负责政务公开，更有效地推进和监督政务公开工作。内部监督不仅仅作用于事后监督，更应该将焦点集中在事前监督和事中监督，对于重大决策，尤其是关乎民生、公众利益和社会热点的事项一定要多部门集体讨论，在设立专口监督机构的基础上，听取采纳多方建议，避免因权力过分集中而导致内部监督形同虚设。

二是完善外部监督机制。为了提高政府政务公开的有效性，将政务公开落到实处，不能仅仅依靠政府"自觉"，还需进一步完善人大政协、公众、媒体、社会组织等外部监督。

首先，积极发挥人大和政协的监督作用。将各级政府政务公开工作纳入人大监督范围，定期安排听取和审议本级政府的政务公开专项工作报告，尝试将政务公开报告纳入《政府工作报告》，在每年的"两会"中进行汇报，确保各级政府依法履行政务公开职责。积极发挥政协在政务公开中的民主监督作用，支持委员在深入调研的基础上科学提案，为顺利持续推进政务公开工作出谋划策。

其次，注重公众监督的重要作用。根据基层民主理论，需要发挥人民群众实行民主监督的重要作用，以扩大有序参与、推进政务公开，特别对事关公众切身利益的事项，更应让公众参与全程监督。行政机关应当为公众监督创造良好的平台，鼓励其通过多种方式对政务公开工作进行评价，并根据评价结果做出相应的调整。例如，可采用聘请社会义务监督员，设立监督电话、监督窗口、监督信箱，定期或不定期召开座谈会的形式，广泛听取和收集群众意见，及时反馈情况。建立政务公开投诉处理制度，对在政务公开工作中不称职、弄虚作假和侵犯群众民主权利的单位领导和干部，要严肃处理，增强政府公信力。

再次，发挥舆论媒体监督职能。报刊、广播、电视、网络等媒介表达和传导舆论具有普遍性意见及看法的特征，在社会中拥有较高的认可度，易产生广泛影响。因此，在政务公开制度外部监督上，鼓励媒体舆论发挥先导作用，通过宣传典型事例与曝光个案并举，形成强大的舆论压力，督促相关单位和部门进行整改，推进政务公开工作落到实处。

最后，鼓励非政府组织参与监督。从国外政府政务公开的基本经验可以看出，大量非政府组织代表民众向政府提出利益诉求，有力地推动了政务公开的发展。同时，非政府组织具有一定的规模，相对于公民个体来说监督力量较强。因此，应鼓励诸如行业协会、公益团体等积极参与政务公开的监督工作，并为其参与提供引导和便利，形成全方位、多层次的监督体系。

3. 强化第三方评估

引进第三方评估机构是推动政务公开向纵深发展的创新举措，政府部门可通过多种形式邀请第三方机构参与政务公开评估，利用其独立公正、科学专业的特点，提升评估结果的含金量与说服力，避免地方政府自说自话，增强政务公开工作成效的可信度。

第三方评估机构对政务公开质量和效果进行客观公正的评估，形成评估报告、工作亮点、问题清单、整改报告等，帮助各部门总结政务公开成效，了解自身政务公开成熟度，总结提炼存在的具体问题和短板，分析产生的原因并提供进一步整改建议，有利于各部门找准改进方向，加大整改力度，促进政务公开工作高效推进。

4. 创新政务公开激励机制

政务公开作为现代行政的基本制度，在管理经济社会事务方面发挥着越来越重要的作用。为了持续推进政务公开工作，有必要创新政务公开激励机制，强化对个人、单位、地区等方面的激励，切实增强工作责任感和紧迫感，全面调动工作积极性。

一是针对个人的激励机制。建立每月工作通报制度，对每月政务公开建设落实情况进行总结，并以简报形式进行通报，对表现优秀的工作人员进行表扬；对政务公开工作落实不到位、不及时的工作人员，经督查部门核实后进行通报批评。实行每月、年中、年终绩效评比考核制度，考核结果与年度工作目标责任制考评和评选先进等激励机制挂钩，由政务公开工作领导小组对相关工作人员进行考核评比，对表现突出的个人授予荣誉称号并给予奖励支持。对政务公开工作有创新性贡献的工作人员，在职位晋升上可优先考虑。

二是针对单位的激励机制。通过对单位设立激励机制，提高单位整体对政务公开的重视程度和工作效率。例如，根据政务公开考核结果，对排名前三名的单位和部门实行奖励，颁发荣誉证书，并给予一定额度的财政补贴，对排名后三名的单位和部门进行通报批评。设立"政务公开红黑榜"，将结果在网上公示，鼓励公众和媒体等进行多方位监督，督促各单位加强政务公开整改，提高政务公开水平。

三是针对地区的激励机制。为了提升安徽省各地区政务公开工作的积极性，切实落实相关工作，有必要针对各地区实施激励政策。如对考核排名靠前和进步明显的地区进行表扬，并给予一定的专项财政补贴奖励，同时加大相关经济优惠政策倾斜幅度，或者将政务公开评估结果与其他相关工作结合，采取相应加分政策，以此激励各地区加大政务公开投入力度。

（六）进一步健全政务公开保障机制

1. 加大对政务公开的经费投入

综观安徽省政府信息公开年度报告不难发现，在政务公开方面所投入的人力、物力、财力是远远不够的，需要加大对政务公开的资金投入。一是应加大对政务公开工作人员的资金投入，比如增加政务公开专职人员培训质量和频率、奖励积极创新等，不仅提升政府工作人员自我进步和工作满足感，而且也提升不断挑战创新超越自我的成就感。二是加大对网络信息平台建设的资金投入，一方面增加网络信息平台的日常维护、更新以及设备的检修与网站建设的资金投入，对网站进行专人定期维护；另一方面，投入资金助力网站向信息化、智能化系统改进，以为政务公开提供先进的硬件支撑。

2. 加强信息公开的队伍建设

一是建设安徽省信息公开专业队伍。政务公开专业人才队伍建设是发展政府政务公开的关键所在。随着政务公开的深入推进，国家在政务公开的原则和实践层面提出了更高的要求。安徽省级政府专门负责信息公开的人员较少，部分市县政府甚至没有专职人员，而是由其他工作人员兼任，很大程度上影响了信息公开工作的开展效率。因此，各级政府应当根据本级政府实际需要，适当招募一定数量的专职人员，在信息公开日常工作机构的架构内，专门负责处理公众的信息公开请求。

二是完善政务公开人才管理制度。政务公开工作对于构建服务型政府、塑造良好政府形象具有重要作用，应给予高度重视。相关政府部门应当设置专业的政务公开职位，吸引专业信息化人才，开展政务公开工作。结合市、县级政府的实际，可定向从基层项目服务人员中考核招聘相应的信息化人才充实政务公开专业人才队伍，基层项目服务人员多为高校毕业生，作为服务工作的高素质人才，具有信息素养与基层经验的双重优势。

三是加强政务公开专业人才培训。政务公开专业人才的能力要求具有典型的复合型特征，应至少具备信息技术、政务、管理等方面的知识，从政府政务公开人才具体素质来看，还未达到专业人才的要求。为适应政务公开相关信息技术及管理知识的快速更新，应组织该领域专业人才进行内容公开标准化的定期培训。一方面，整合安徽省智库专家资源，邀请政务公开方面的专家学者召开专家研讨会，对国家、省政府出台的相关政务公开政策、文件进行深入解读，并在相关政务公开部门进行标准化建设的辅导，将政务公开相关理论知识传授给政务公开工作人员，进一步提升工作人员的专业度。另一方面，采取定期组织各部门政务公开工作人员到党校、高等院校进行专业培训的形式，提高工作人员能力素养。还可邀请专业政务公开评估研究机构，对政务公开的工作人员进行专业提升指导。

第四编　特定领域政务公开

第七章 环境信息公开的经验与未来

生态环境部办公厅[*]

摘 要： 近年来，原环境保护部和各级环境保护部门立足工作实际，顺应时代潮流，回应公众关切，不断开拓创新，环境信息公开取得了长足发展。本文通过分析近年来环境信息公开工作取得的成效，发现信息公开意识明显提升，信息公开组织机构逐步健全，重点领域信息公开不断深化，信息发布、解读、回应衔接配套的工作格局基本形成，平台和制度建设不断完善，依申请信息公开稳步推进。未来，应继续推进重点领域环境信息公开，积极推动企业环境信息公开，深化信息发布、解读、回应工作，强化政府网站平台作用，加快推进"互联网＋政务服务"平台建设，开展环境信息大数据建设和应用，建立健全环境信息公开评价体系。

关键词： 环境信息 政策解读 回应关切 制度机制

生态环境部以习近平新时代中国特色社会主义思想为指引，深入贯彻落实党的十八大、十九大精神，统筹推进"五位一体"总体布局和协调推进"四个全面"战略布局，按照《关于全面推进政务公开工作的意见》及其实施细则的要求，大力推进政务与信息公开工作，把环境信息公开作为转变政府职能、建设法治政府、服务型政府的重要举措，努力满足社会公众日益增长的环境知情权、参与权、监督权需要。

---

* 执笔人：许福成，生态环境部办公厅政务与信息公开处。

一 近年来环境信息公开取得的成效

自 2008 年 5 月 1 日起，《环境信息公开办法（试行）》施行，环境信息公开工作逐步走上规范化、法治化轨道。经过多年的不懈努力，政府环境信息公开取得显著进展，公众和社会各方给予积极评价。

（一）信息公开意识明显提升

原环境保护部高度重视信息公开工作，将信息公开作为公众参与的前提和基础，作为保障公众知情权、监督权最便捷有效的手段，把政府和企业同时放在阳光下，让每个人都成为保护环境的参与者、建设者、监督者。各级环保部门认真贯彻落实，能够按照《政府信息公开条例》和《环境信息公开办法（试行）》要求，大力推进环境信息公开工作，及时、准确公开各类政府环境信息，公开范围不断扩大，内容更加丰富也更加细化，社会满意度不断提高。

（二）信息公开组织机构逐步健全

为贯彻落实党中央、国务院关于全面推进政务公开工作的总体要求，做好新形势下环境信息公开工作，2016 年 4 月，原环境保护部新成立了政府信息与政务公开工作领导小组，办公厅增设政务与信息公开处，统筹推进环保系统政府信息与政务公开工作，为深入推进环境信息公开提供了组织机制保障。

（三）重点领域信息公开不断深化

围绕环境质量、环保审批、环境监管等重点，大力推进环境空气质量、水环境质量、土壤污染防治、环境影响评价、污染源监测、监管执法、突发环境事件与投诉举报、核与辐射安全监管等信息公开，及时公开中央环境保护督察进驻及反馈信息，向社会公开督察发现的典型案例，信息公开工作不断拓展、深化。在原环境保护部门户网站和中国环境监测总站网站发布京津冀、长三角、珠三角区域，全国 31 个省（自治区、直辖市）、32 个重点城市空气质量预报信息，主要包括：重点区域未来 5 天形势，省（自治区、直辖市）未来 3 天形势，重点城市未来 24 小时、48 小时空气质量预报，重点城市空气质量指数范围、空气质量级别与首要污染物及其对人体健康的影响和建议措施，等等。地级以上城市自 2016 年 1 月起，按月公开集中式生活饮用水水源水质监测信息。落实《建设项目环境影响评价信息公开指南（试行）》，全面公开建设项目环评、竣工环保验收，以及环评资质的受理、审查、审批等政府信息，全本公开环评文件，全文公开批复文件。加强污染源监测和环境监管执法信息公开，按月调度和分析《环境保护法》配套办法执行情况并向社会公开。统计分析日常环境监管执法"双随机一公开"工作情况，全国 3200 多个环境监察机构实施"双随机"制度，2016 年随机抽查企业公开查处结果信息约 15.52 万家次。加强重特大突发环境事件应对及调查结果信息公开，主动回应公众关切。2016 年主动公开各类政府环境信息 16432 条；2017 年主动公开政府公文 2146 件，发布各类政府环境信息 6710 篇。

（四）信息发布、解读、回应衔接配套的工作格局基本形成

环保部门对信息发布、政策解读、舆情回应工作的重视程度显著提高，公开政策法规的同时，加强重要政策法规的配套解读，及时回应社会关切，为公众解疑释惑。原环境保护部领导多次解读重要政策并答记者问。实行环境保护部例行新闻发布制度，通过召开新闻发布会、接受访谈、发表文章等方式宣讲解读，传递权威信息。2016 年组织采访报道原环境保护部重要会议 123 场，发布新闻通稿 144 篇，召开新闻发布会、通气会、解读会 18 场。

（五）平台和制度建设不断完善

公开平台多元化发展，新媒体得到广泛、快速应用，形成政府网站、微博微信、客户端（以下简称两微一端）信息发布格局。积极推进"互联网＋政务服务"，整合资源搭建和拓展网上办事大厅，逐步实现信息互联共享，提升行政审批服务效能。各级环保部门以《政府信息公开条例》和《环境信息公开办法（试行）》为核心，基本形成以实施办法（细则）和专项公开办法配套衔接的制度体系。

（六）依申请信息公开稳步推进

从第三方开展的评估和原环境保护部检查掌握的情况看，各地依申请信息公开数量逐年增多，环保部门依法依规及时答复办理。2015 年环境保护部受理信息公开申请 682 件，2016 年受理信息公开申请 499 件，2017 年受理信息公开申请 606 件，均按要求进行了答复。

二　环境信息公开主要做法

在国务院办公厅政府信息与政务公开办公室的大力指导下，环境信息公开制度机制逐步完善，重点领域信息公开不断深化，公开渠道和方式日益丰富，公开成效日渐显现。

（一）建立健全组织机构，强化主体责任

为贯彻落实党中央、国务院全面推进政务公开工作的总体要求，原环境保护部成立专门机构，明确信息公开的责任主体，这是大力推进信息公开工作的有力举措，对推动新形势下环境信息公开具有重要作用。各地区环保部门相应建立了省（自治区、直辖市）环境保护厅（局）"一把手"负总责，分管领导具体负责，相关部门共同参与的信息公开工作机制。

（二）建立完善规章制度，做到于法有据

原环境保护部逐步建立健全环境信息公开发布、政策解读、舆情回应等环节衔接配套的制度机制。近年来先后印发《环境信息公开办法（试行）》《企业事业单位环境信息公开办法》《国家重点监控企业自行监测及信息公开办法（试行）》《国家重点监控企业污染源监督性监测及信息公开办法（试行）》《建设项目环境影响评价政府信息公开指南（试行）》等，做到环保政务公开工作有章可循。及时研究制定年度政务公开工作实施方案。落实新闻发言人和信息发布机制，健全突发环境

事件新闻发布制度。及时公开和反馈群众举报案件及处理信息。

各地环保部门从建立健全制度入手，陆续制定信息公开工作管理办法、信息公开指南、环境新闻发布等一系列信息公开相关制度，规范和完善信息公开工作内容和程序，形成了各自的环境信息公开工作管理体系。本着"及时、准确、便民"原则，一些地区制定依申请公开办理流程，规范受理、交办、承办和答复环节的责任、时限和具体要求。北京市、吉林省、新疆维吾尔自治区环境保护厅（局）修订印发了环境信息公开管理办法，明确相关制度要求；广东省环境保护厅建立每月全厅范围内通报信息公开进展情况的工作模式；江苏省环境保护厅不断完善信息公开考核制度、信息公开保密审查制度，及时澄清虚假或不完整信息的工作制度；内蒙古自治区环境保护厅着手研究建立核与辐射安全信息公开多部门协调机制；苏州市环境保护局制定行政权力网上公开透明运行工作制度，规范行使行政许可、处罚、征收、强制、确认及其他权力。

（三）建好用好公开平台，丰富公开载体

认真贯彻落实国务院办公厅关于加强政府网站信息内容建设的意见，积极发挥政府网站信息公开"第一平台"的作用，围绕信息公开、在线服务、政民互动三大功能，努力建成内容丰富、信息全面、查找快捷、界面友好的服务型政府网站。加强政府网站检查评估，按照国务院办公厅《政府网站发展指引》要求，原环境保护部每年开展年度全国省级环保部门网站绩效评估，各网站能够及时发布、更新政务信息，尤其是公众关心的环境质量信息。31 个省（自治区、直辖市）环保部门网站全部建有空气质量发布平台，实现重点城市空气质量指数（AQI）数据全部公开，水质信息发布及时、准确。

原环境保护部门户网站年均主动公开的各类环境信息超过 1 万余篇。总访问量达 9.5 亿次，总访问人次达 1.1 亿次。英文网站同步公开重要会议活动、环境要闻、新闻发布等信息，年均累计翻译发布信息 1000 余条。围绕热点环境问题，开设专题，增强信息公开的针对性和系统性，如大气污染防治行动计划专题、水污染防治行动计划专题、土壤污染防治行动计划专题、大气污染防治强化督查专题、第二次全国污

染源普查专题、"5·22"国际生物多样性日专题等。在"六·五"世界环境日前，原环境保护部网站发布上一年度全国环境状况公报，各省（自治区、直辖市）环保部门网站发布本地区上一年度环境状况公报。

充分发挥《中国环境报》《中华人民共和国环境保护部公报》等公开载体影响力，丰富拓展公开渠道。注重发挥好传统与现代载体各自优势，综合利用政府网站、报纸、广播电视传统媒体和网络、微博、微信等新兴媒体公开信息。适应新媒体传播速度快、用户量大、使用率高的特点，打造微博、微信公众号和APP客户端，发挥好平台联动和矩阵效应，及时推送环保信息。运用微信举报平台拓展举报渠道，与公众互动交流日益增强。

2016年11月，原环境保护部开通政务微博、微信，及时传递权威信息，提前发布空气质量预警提示、通报督查工作进展和各地应急响应情况。微博、微信发布内容以原创为主，包括新闻发布通稿、空气质量、一图一故事、环保促转型、中央环保督察、秋冬季攻坚行动、污染举报等栏目和板块。2017年，"环保部发布"（现更名为"生态环境部"）微博年度发布信息已达3800余篇，关注量达90万个；"环保部发布"微信年度发布信息达3100余条，订阅数达17万个；"两微"影响力快速上升。

（四）健全解读回应机制，拓展公开空间

国务院办公厅先后印发《国务院办公厅关于进一步加强政府网站管理工作的通知》等系列文件，对加强政策解读、回应公众关切都提出明确要求。对涉及群众切身利益的重要决策，要在政府网站公开征求意见；重要政策出台后，要及时通过政府网站做好政策解读工作；对公众关注的社会热点问题，要主动在政府网站予以回应。

原环境保护部紧扣信息公开发布、解读、回应重要环节，做实全流程公开工作，突出公开实效。在制定政策时，同步研究起草解读材料，发布后及时组织形式多样、通俗易懂的解读。主动开展舆情收集和分析研判，做好正面舆论引导，及时回应关切，确保为政策出台后顺利实施创造良好社会氛围。近年来，原环境保护部对出台的重要政策法规，均按要求加强解读、回应工作。对涉及面广、社会关注度高的环保法规政

策及重大措施，由分管部领导通过出席新闻发布会、媒体解读会、接受访谈、发表文章等方式带头宣讲政策，解疑释惑，传递权威信息，回应社会关切。多次组织各类重要政策出台后的解读，涉及大气、水、土壤污染防治、《环境保护法》实施进展、农村环保成效、环保部门机构调整、监测监察执法垂直管理、环境保护与经济发展关系、环境保护督察、环境影响评价、国家危险废物名录等，通过一系列跟进解读，让公众更好知悉政策，社会反响很好。

积极回应公众关切，妥善化解热点舆情，有效疏解社会情绪。对涉及环保重要政务舆情、媒体关切的热点敏感问题，及时回应和正面引导。朝核应急期间，通过中央电视台等权威媒体深度报道，原环境保护部门户网站实时公开监测数据，官方微信平台实时发布信息。针对"核雾染致霾"话题，2016年"六·五"世界环境日，在央视焦点访谈制作专题节目，辟谣"核雾染"，澄清误解。在原环境保护部门户网站设立"部长信箱"，听取公众对环保工作的意见建议，答复公众来信，加强互动交流。在部政府网站信息公开栏目中及时公开建议提案办理答复情况，2016年，原环境保护部承办议案41件、建议445件、提案266件，共752件，公开建议提案主办件办理复文231件，公开率达79.1%。

（五）建立协调联动机制，提升公开质量

政务公开涉及多个部门，注重加强顶层设计，建立有效的协调联动机制，对重难点问题的公开建立会商机制；建立与宣传部门和媒体的多方协作机制，利于扩大政务信息传播范围和效果，积极回应舆情热点。充分运用好部网站、省级环保部门网站、微信公众号和信息公开微信群等载体，构建起全国环保系统高效、快捷的信息公开联动机制，形成全国环保系统政策出台、解读、回应衔接配套的工作格局。

各地区加强对环境信息公开工作的检查调度，将信息公开纳入年度目标考核范围，做到上下联动，合力推动工作落实。部分地区环境保护厅（局）在指导所属地市、区县信息公开工作中，坚持问题导向，加强分类指导，注重发现先进典型，推动鞭策后进，把督促检查贯穿信息公开工作全过程，督促推动信息公开工作在基层落地见效。重庆市环境保护局将环境信息公开作为全市生态文明体制改革重点任务之一，建立三级责任和考核机制，周督查、月通报、年考核。湖北省环境保护厅把信息公开工作纳入总体工作规划，与业务工作同步策划、同步部署、同步检查、同步总结。

加强信息公开工作培训。原环境保护部每年举办全国环保系统政府信息与政务公开工作培训班，加大对各级环境信息公开部门和人员培训力度。同时，督导省级环保部门将培训下沉至市、县一级环保部门，切实提高基层信息公开工作人员的能力。培训紧扣重点，聚焦难点，注重实效，地方环保部门工作人员能够学习了解当前环境信息公开工作新情况、新问题和新要求，交流信息公开工作经验。通过近几年的培训，环保系统信息公开工作人员意识和能力得到普遍提高，积极性、主动性和工作成效逐步增强。

开展常态化信息公开调研。原环境保护部每年选取若干地区开展重点领域信息公开情况、"五公开"推进情况、信息公开平台和制度建设情况、依申请公开受理答复情况等工作调研。了解地方环境信息公开开展情况，总结推广好的经验和做法，研究解决重难点问题和后续改进工作的对策措施。

三 环境信息公开经验总结

从近几年信息公开实践看，环保部门立足工作实际，顺应时代潮流，回应公众关切，不断开拓创新，环境信息公开取得了长足发展。主要有以下四点经验。

（一）紧扣公众关切是关键

环境保护是重要民生领域，近年来，原环境保护部坚持以公开促落实，以公开促规范，以公开促服务，大力推动公开环境质量、污染源监测、监管执法、环境影响评价等重点领域环境信息，公众获得感增强。通过加大环境信息公开力度，增强了社会环保工作合力，促进了环保工作的加快发展，推动了法治政府、服务型政府建设。

做好公众依申请信息公开。依申请公开作为主动公开的重要补充，更多体现的是基于公众申请下的一种政民互动关系，申请信息的答复事关政府部门作风、形象和公信力。《政府信息公开条例》实施以来，原环境保护部高度重视依申请信息公开，严格按照依申请公开制度推进工作，不断优化完善信息依申请公开工作流程，升级改造"政府信息公开在线申请系统"，有效提高数据传输效率和准确性，更加方便公众申请环境信息。同时，不断规范依申请公开告知书的格式和内容，及时依法依规答复公开申请，维护公众环境信息公开申请权。

（二）制度建设是保障

《政府信息公开条例》出台后，《环境信息公开办法（试行）》与其同步实施。《环境信息公开办法（试行）》规范了主动公开、依申请公开要求。2014 年，新修订的《环境保护法》颁布后，配套制定了《企业事业单位环境信息公开办法》（部令第 31 号），有效维护公民、法人和其他组织依法享有获取环境信息的权利，促进企业事业单位如实向社会公开环境信息，推动公众参与和监督环境保护。制定了政府网站建设管理有关规定，充分发挥政府网站发布权威信息、服务公众、提高效能的重要载体作用。为进一步推进政府信息主动公开目录体系建设，2018年 1 月，原环境保护部发布了《环境保护部政府信息主动公开基本目录》，共 18 类 109 项信息，完善的制度体系为推进环境信息公开提供了支撑保障。

（三）平台载体是基础

不断整合信息公开平台资源，着力提升网站服务能力，升级改版原环境保护部门户网站，新版网站取消以"业务部门"组织栏目，突出"以服务公众为中心"的理念设置网站频道，强化信息公开、互动交流、公众服务三大功能。充分运用流行设计理念与最新互联网交互技术，使用悬浮导航技术，丰富首页信息，缩减首页长度，精简首页频道数量。通过扁平化设计，实现页面简洁、栏目清晰，多元素丰富展现形式。开通网站手机版、APP 客户端，拓宽信息传播渠道，便于移动互联网终端浏览网站，依托原环境保护部网站打造移动端 APP 应用，覆盖

IOS 和 Android 操作系统，汇聚原环境保护部网站当日头条、环境要闻、地方快讯、信息公开、政务公开、热点专题、直播访谈等优势资源。同步上线英文版网站，完善原环境保护部概况、新闻、专题、资源、服务五大板块。改版手机版页面，全新设计制作，实现 PC 端和手机端信息无缝集成，囊括了 PC 版全部信息栏目及内容。

针对公众"微博微信问政"需求，开通微博微信，及时发布热点焦点信息，加强与公众互动沟通。综合各类平台运用，形成以政府网站为核心，覆盖"两微一端"、《中国环境报》和《中华人民共和国环境保护部公报》等的多样化公开渠道。

（四）检查培训是抓手

环境信息公开工作任务重、标准高、要求严。针对各地发展不平衡、不充分的现实问题，原环境保护部把强化检查作为推进信息公开工作重要抓手，坚持不懈，每年确定 3—5 个省份，深入基层开展专项调研与督导工作，把督导检查作为长效机制不断健全完善，通过推动各地区公开环境信息满足公众知情权、参与权、监督权需要，提高工作质量、效率。通过检查督导调研环境信息公开工作，督导各级环保部门不断规范政府行为，促进政府科学决策，取得公众支持理解，接受社会广泛监督，树立起公开、透明、阳光的环保部门形象。

信息公开挑战性强，特别是依申请公开工作中，经常出现一些新情况，没有现成经验和固定模式借鉴。对于市、县环保部门从事信息公开的工作人员，通过加强培训，交流经验，尽快提高工作能力很必要，也是一条捷径。原环境保护部政务公开工作机构根据年度工作安排，制定培训工作计划，编写培训材料，组织实施培训。通过培训，重点推动贯彻落实党中央、国务院决策部署要求，总结交流工作经验，研究解决重难点问题。督促省级层面加强对市、县环保部门信息公开培训指导，提高各级环保部门信息公开人员的能力水平。

四 环境信息公开存在的问题及展望

尽管环境信息公开取得了一些成绩，但与社会公众期待和日益增长的环境信息需求相比还存在较大差距，还有一些亟待解决的问题。例如，一些地方对环境信息公开的重要性认识还不够，仍然将其当作一项事务性工作，与转变政府职能、建设服务型政府的要求相比还有差距，工作中也存在一定的畏难情绪；一些地方公开的信息内容、形式有待改进，不能及时回应公众关切，回应内容模式化、简单化，难以满足公众多样化需求；一些地方基层环保部门答复依申请公开能力有待加强；企业环境信息公开力度不够，是工作短板。

生态环境部未来应将根据政务公开工作当前任务和长远需要，进一步整合力量资源，加强人员能力建设。建立常态化培训机制，推动信息公开课程"进党校""进行政学院"。强化省以下环保部门信息公开人员培训，紧扣重点，聚焦难点，补齐短板。在做好重点领域信息公开的同时，加强对全国环保系统信息公开工作的指导、督促、检查和统筹推进，完善协调联动机制，实现环境信息公开工作"全国一盘棋"，推动环境信息公开工作深入发展。

（一）继续推进重点领域环境信息公开

重点领域环境信息公开是生态环境部政务公开工作的重中之重。生态环境部将继续加大环境空气质量、水环境质量、建设项目环境影响评价、环境监管执法、污染减排、核与辐射安全、突发环境事件、环境污染举报和处理等重点领域信息公开工作力度，深化全国重点区域及主要城市空气质量预报信息公开，推进集中式生活饮用水水源水质监测信息公开，开展城市水环境质量排名工作，依法向社会公开重特大或敏感突发环境事件调查结论、环境影响等信息，及时回应公众关切和社会期待。

（二）积极推动企业环境信息公开

推动企业环境信息公开是信息公开工作的重要内容。生态环境部未来应将把企业环境信息公开作为重点，加大对企业环境信息公开督导检查力度，严格按照2014年修订的《环境保护法》要求，督促企业及时公开环境信息。发挥企业环境信息公开平台功效，以"界面友好，利于查询，信息公开及时、主动、全面、准确"为目标，集中公布重点排污单位的环境信息，便于公众及时查询信息和监督企业行为，利于环保部门实时监管，激励约束企业环境守法。

（三）深化信息发布、解读、回应工作

大力推进党中央、国务院关于生态环境保护重大决策部署和政策措施的宣传报道。健全信息发布、政策解读、回应关切等工作机制，落实生态环境保护例行新闻发布制度，及时公开生态环境政策措施、生态环境治理工作进展等信息。加大生态环境保护重大政策措施、重要法规规章的解读力度，通过官方网站、《中国环境报》、"两微一端"加强环保宣传教育，增强公众认识，凝聚社会共识，积极引导践行绿色发展理念和绿色生产生活方式，形成全社会关心、宣传、参与、推动生态环境保护事业健康发展的良好氛围。

（四）强化政府网站平台作用

进一步发挥政府网站作为信息公开第一平台的作用，持续改进政府网站建设与运行，推进网站集约化建设，全面提升用户体验。根据《政府网站发展指引》要求，定期开展网站自查抽查工作，认真查找网站信息发布、保密和安全管理等方面的薄弱环节，及时整改完善，不断丰富网站信息内容，及时更新动态信息。

积极推进政府网站集约化建设，按照国家关于开展政府网站集约化建设要求，以门户网站为龙头，对内设机构和直属单位新建网站和原有网站进行迁移或升级改造，形成生态环境部政府网站集群，整合汇聚信息数据和服务资源。按季度开展部属政府网站抽查工作，重点检查网站可用性、信息更新、互动回应和服务实用情况，推进政府网站管理更加

规范，实现信息资源集聚、内容栏目集成、业务管理集中、网上服务便捷的目标。

（五）加快推进"互联网＋政务服务"平台建设

加大整合共享力度，积极推进"互联网＋政务服务"平台建设，规范政务服务事项，优化政务服务流程，让企业和群众办事更方便、更快捷、更有效率。完成"互联网＋政务服务"平台门户和管理平台的开发建设，抓紧推进系统整合，实现网上"办事大厅"集中统一入口和一网登录、一站办理，最大限度地方便企业和群众办事，减少"群众奔波"，多让"信息跑腿"，打通"最后一公里"，逐步让"键对键"取代"面对面"，提升网上办事效率。系统梳理优化业务流程，优化系统架构功能设计，逐步实现与国家、省级政务服务平台信息共享交换，充分发挥信息整合功效。

（六）开展生态环境信息大数据建设和应用

随着物联网和云计算等信息技术的不断发展，充分利用大数据技术，发挥政府信息资源的作用和效益。加快建设政府信息开放的统一大数据平台，推进政府信息资源整合共享，开展环保大数据分析，揭示数据间关联性，为环境与发展综合决策提供科学的技术支撑。建立以业务整合为主导、以信息资源数据为基础的集约集成信息平台，探索利用政务微博微信及 APP 客户端等新平台，扩大信息传播，提供在线服务，实现生态环境综合决策科学化、监管精准化、公共服务便民化。

（七）建立健全生态环境信息公开评价体系

2017 年，已经有一些城市开展了企业环境信息公开评价工作，并探索建立评价等级与企业奖罚挂钩的制度机制，促进企业规范开展环境信息公开工作。建立科学有效的生态环境信息公开工作评价体系，以评促建，加强对各地环保部门信息公开工作的规范和引导，有利于督促地方环境保护部门加大生态环境信息公开力度，扩大生态环境信息公开范围，提升生态环境信息公开质量和实效。生态环境部未来应将加强研究，以相关法律法规和制度规范为依据，重点从基础能力建设、环境质量、污染源监测、建设项目环评等信息的公开以及互动回应情况等方面进行考核评估，综合评价生态环境信息公开工作绩效。通过考核评估，系统分析生态环境信息公开工作成效、不足及改进意见，推动环保部门不断完善生态环境信息公开工作。

第八章　交通运输政务公开的实践与展望

交通运输部办公厅*

摘　要：交通运输部高度重视政务公开工作，《政府信息公开条例》施行以来，交通运输部不断强化组织领导，采取务实措施，以公开促规范，以公开促落实，以公开促服务，取得了积极成效。党的十九大作出了中国社会主要矛盾已经转化为人民日益增长的美好生活需要和不平衡不充分的发展之间的矛盾的重大判断，明确提出建设交通强国，对于新时代交通运输政务公开工作提出了新的更高要求。交通运输部积极适应和满足人民群众对政务公开工作的新需求，进一步创新方式方法，提升工作实效，全面推进交通运输部政务公开工作，让人民群众看得到、听得懂、能监督，更好地保障人民群众知情权、参与权、表达权、监督权。

关键词：交通运输　政务公开　政府信息公开

政务公开是现代政府治理的重要内容和本质要求，是汇聚民智、凝聚共识的重要渠道。全面推进政务公开，让权力在阳光下运行，保障人民群众知情权、参与权、表达权、监督权，对于发展社会主义民主政治、推进法治政府建设、提升行业治理能力和建设人民满意交通都具有十分重大的意义。习近平总书记明确指出，政务公开是法治政府建设的一项重要制度，要通过制度安排使政务公开贯穿政务运行全过程，权力

---

*　执笔人：汤继伦，交通运输部政府信息与政务公开办公室主任；陈宏云，交通运输部政府信息与政务公开办公室工作人员。

运行到哪里，公开和监督就延伸到哪里。交通运输部坚持以习近平新时代中国特色社会主义思想为指导，认真贯彻落实党中央、国务院关于全面推进政务公开工作重大决策部署，以公开促规范，以公开促落实，以公开促服务，以交通运输工作更加公开透明赢得人民群众更多理解、更多信任、更多支持。

一　全面推进交通运输政务公开工作的着力点

交通运输部高度重视政府信息与政务公开工作，以习近平新时代中国特色社会主义思想为指导，严格落实《政府信息公开条例》，坚持以公开为常态、不公开为例外，紧紧围绕人民群众关注关切、党中央国务院重大决策部署和交通运输改革发展重点任务，切实加大公开力度，加强解读回应，扩大公众参与，交通运输政务公开工作取得明显成效。

（一）紧紧围绕人民群众关注关切全面推进政务公开

交通运输联系千家万户、服务亿万群众，与人民群众生产生活息息相关。交通运输部始终坚持把人民满意与否作为检验自己政务公开工作的唯一标准，紧紧围绕人民群众关注关切，全面推进政务公开。一是深化民生领域信息公开。实施交通运输更贴近民生实事，年初公布实事、年中公布进展、年底对账问效，持续提高交通运输公共服务供给能力，不断满足人民群众新需求。发布《全国收费公路统计公报》，通过新闻发布会等多种途径进行解读，采取"收费公路怎么看"等专题专栏形式扩大公众参与。二是坚持"问计于民"，扩大群众参与。让人民群众参与到政策制定中来，在起草《关于深化改革进一步推进出租汽车行业健康发展的指导意见》《网络预约出租汽车经营服务管理暂行办法》过程中，先后召开100余次不同范围、不同层次的座谈会、论证会和咨询会，广泛听取包括专家、从业人员、乘客在内的社会各界的意见，努力取得改革的"最大公约数"。通过交通运输部网站和国务院法制办公室网站向社会公开征求意见，共征集到意见、建议近12000条。成功出台全球首部国家层面部门规章，为破解网约车管理世界性难题贡献了中国智慧，提供了中国经验。三是做好建议提案办理结果公开工作。认真落实国务院办公厅关于做好全国人大代表建议和全国政协委员提案办理结果公开工作的要求，在交通运输部门户网站设立"两会意见建议办理结果公开"专栏，及时公开复文摘要，主动接受群众监督，回应社会关切。

（二）紧紧围绕党中央国务院重大决策部署全面推进政务公开

一是推行农村公路建设"七公开"制度。党的十八大以来，习近平总书记多次对农村公路工作作出重要指示批示，要求把农村公路建好、管好、护好、运营好。2017 年 12 月，习近平总书记再次指出，近年来，"四好农村路"建设取得了实实在在的成效，为农村特别是贫困地区带去了人气、财气，也为党在基层凝聚了民心。交通运输部等有关部门和各地区要认真贯彻落实党的十九大精神，从实施乡村振兴战略、打赢脱贫攻坚战的高度，进一步深化对建设农村公路重要意义的认识，聚焦突出问题，完善政策机制，既要把农村公路建好，更要管好、护好、运营好，为广大农民致富奔小康、为加快推进农业农村现代化提供更好保障。为切实贯彻落实总书记重要指示批示精神，服务好农村公路建设重点工作，从 2014 年起，交通运输部积极推行使用公共财政资金的农村公路项目建设计划、补助政策、招投标、资金使用等内容"七公开"，主动接受社会监督，有效规范项目建设管理，加强质量安全控制，预防腐败现象和违规违纪问题发生，对提高农村公路发展质量和效益，切实维护群众利益发挥了重要的推动作用。二是做好推进交通运输供给侧结构性改革公开工作。从经济社会发展大局和交通运输转型升级的客观需要出发，认真推进落实交通运输供给侧结构性改革工作要点。2017 年，以目标任务公开、政策标准公开、实施效果公开等有效措施，积极促进落实基本取消政府还贷二级公路收费、公路绿色通道、差异化收费等举措。三是做好深化"放管服"改革公开工作。简政放权、放管结合、优化服务是民之所望、施政所向。国务院主要领导同志指出，制定"三张清单"本身就是最大的政务公开。2014 年，交通运输部在国务院部门中率先公布《交通运输部管理权力清单制度公告》，通过政府网站集中动态公布行政处罚、行政检查等权责清单以及"双随机"抽查清单，公开事中事后监管举措，促进社会共治，形成监管合力。

（三）紧紧围绕行业治理体系和治理能力现代化全面推进政务公开

一是以公开推进交通运输信用体系建设。加大信用信息公开力度，让守信者"浮上来"，使"失信者"沉下去，建立不敢失信、不能失信、不想失信、诚实守信的良好氛围。2016 年上线"信用交通"网站，并对接国家信用信息共享平台，归集发布各类信用信息 6000 多万条，公开部级行政许可和行政处罚信息共 80627 条，公布失信黑名单信息 271 条，发布 1800 余家公路、水运建设从业企业综合信用评价结果，公布 280 艘安全诚信船舶、256 名安全诚信船长，提供部分领域企业和从业人员信用信息查询服务。交通运输部办公厅会同国家发展和改革委员会办公厅联合印发《"信用交通省"创建工作方案》。二是以公开强化严格规范公正文明执法。在路政、运政、海事、港政、稽查等交通运输执法方面，全面推行公示制，将执法主体、依据、程序、结果、监督和当事人权利等内容向社会公开，促进执法公开、透明、公正。如海事系统各执法部门，将船舶安全管理、通航环境管理、防污染及船员管理等 60 余项行政执法管理规定全部向社会公开，推行海事执法责任制、海事执法过错责任追究制度，确保海事执法规范、公开、文明。三是以公开规范行业建设管理。按照国务院办公厅关于推进重大建设项目批准和实施领域政府信息公开的决策部署，在制修订《公路建设市场管理办法》《公路工程施工招投标管理办法》等多项规定时，严格将公开的理念和要求贯穿其中，突出批准信息、招投标信息等公开重点，以公开提升项目批准、实施的透明度和效率，规范行业建设管理行为。四是以公开推进行业重点领域改革。积极回应综合交通运输管理体制改革这一重大社会关切，国家层面"一部三局"架构建立后，按规定及时将主要职责向社会公开。加大深化公路水运管理体制改革、完善现代运输服务体系、推进事业单位分类改革等行业重点领域公开力度，在改革过程中既及时将涉及群众切身利益的改革事项予以主动公开，又通过公开渠道广泛听取群众意见建议，推动各项重点改革不断深化完善。

二 全面推进交通运输政务公开的主要做法与经验

自《政府信息公开条例》施行以来，交通运输部坚持依法行政，不断提高群众获取信息的时效性、便捷性，着力扩大了解社情民意助力科学决策、民主决策的广泛性、针对性，政府部门公信力、执行力进一步增强，充分发挥了政务公开服务群众、服务决策的积极作用。

（一）扎实做好主动公开

一是动态拓展公开内容。及时修订《交通运输部主动公开基本目录》并根据工作实际进行动态调整，将原有"主题"一套分类体系拓展为"主题""行业""机构"三套分类体系，社会公众仅需知晓三者中任一信息即可查询。同时，增加了铁路、民航、邮政相关查询链接。二是建立源头认定机制。在公文系统中设置公开属性必选控制程序，拟制政府信息时要明确公开属性，确定不予主动公开的政府信息要说明理由和依据。同时，在公文审核过程中，同步增加保密审查程序，实现公开属性和保密属性源头提出、层层把关。三是深化重大政策解读。通过交通运输部门户网站"政策解读""在线访谈"等专栏，及时解读涉及面广、社会关注度高的政策性信息。明确政策解读要求和时限，要求在政策及法规公开发布后 20 个工作日内进行解读，同时根据社会反应主动回应社会关切。组织召开专家座谈会、在线访谈等活动，就社会关注的政策、热点和敏感问题进行沟通和研讨，提高政策解读的针对性、科学性、权威性。

（二）规范依申请公开

一是拓宽受理渠道。充分发挥政府网站作为政府信息公开第一平台的作用，努力实现网上申请、受理、办理和答复"一条龙"服务，提高依申请公开工作效率。对外公布信息公开联系方式，引导公众通过电话、书面或当面等多种形式提出公开申请。对采用书面形式确有困难的，主动做好代为填写等工作。二是规范办理程序。合理确定依申请公开办理流程，在受理申请、审查内容、安排处理、拟制告知书、审核印制、发送及记录等环节严格把关、科学分工，建立内部沟通、保密审查和协调会商机制，确保程序合法合规、答复质量较高，保障申请人合法权益。三是注重分析研判。每年对本单位不予公开的信息以及依申请公开较为集中的信息进行全面自查，发现应公开未公开的信息，可由依申请公开转为主动公开。同时，对依申请公开典型案例进行汇总分析，有针对性地提出改进措施。

（三）做好新闻舆论引导

一是做好重大主题宣传。迎接宣传贯彻党的十九大、"一带一路"高峰论坛、习近平总书记关心港口发展纪实等重大主题宣传报道，配合做好"砥砺奋进的五年"大型展览及系列宣传活动。二是部领导带头主动发声。交通运输部主要负责同志积极参加国务院新闻办公室组织的新闻发布会，发表《中国交通运输发展》白皮书，全面介绍中国交通运输发展情况；针对出租汽车改革等热点问题，详细介绍有关政策制定进展。三是统筹新闻发布和媒体联络。2017年，组织各类新闻发布会、媒体通气会、记者大讲堂43场，重点解读宣传了交通运输行业经济运行、供给侧结构性改革、交通扶贫、民生实事、多式联运等重点工作有关情况。四是规范新媒体报道。运用交通运输部门户网站和行业新闻网站、微信公众号、客户端等新媒体，加强对涉及交通运输重要工作部署、重大政策措施发布的会议及活动的宣传报道。至2017年年底，交通运输部微信公众号粉丝超过42万人；建立行业微信联盟，58家行业公众号入驻交通运输部微信，覆盖人群近800万。

（四）加强政府网站平台建设

一是突出需求导向。根据交通运输工作职责，对企业项目投资、生产经营、资质认定、安全生产等与人民群众密切相关的服务事项，结合交通运输部门户网站功能升级，开设各类专栏，加大减税降费、重大建设项目、公共资源配置、"放管服"改革、供给侧结构性改革等信息公开力度。积极利用第三方平台开展预约查询、证照寄送等服务，逐步开通手机 APP 和微信端的相关查询服务。二是坚持问题导向。按照开展政府网站普查通知有关要求，对交通运输部门户网站、部有关直属单位网站进行自查与整改，彻底解决网站"不及时、不准确、不回应、不实用"等问题。将网站抽查工作形成常态，督促各单位提升信息公开的及时性、权威性、全面性。积极开展内设、垂直管理机构政府网站的迁移整合工作，加大政府网站集约化建设力度。三是强化网站绩效考评。发布实施《交通运输部政府网站共建工作绩效考评细则》，每年两次对交通运输部门户网站共建单位进行绩效考评。通过对各单位在交通运输部门户网站的信息发布、应用系统建设、公众参与栏目共建情况等进行考评，促进各单位推进政务公开、加强政策解读、回应社会关切，提升网站政务服务能力。四是建立交通运输行业政府网站联动工作机制。充分发挥政府网站集群效应，通过"全国交通信息联播"频道，在各地方交通运输主管部门网站发布重大政策和重要信息。加强交通运输部门户网站与《中国交通报》等行业媒体协作，共同策划、建设相关专题网站，及时准确传递政府声音。

（五）优化信息便民服务

一是做好日常出行信息服务。建立科学高效的公路、水路交通气象信息预测、发布机制，每日发布"公路交通气象预报"，遇有重大气象灾害及时发布"重大公路气象预警"，通过电视、电台、网络、手机短信等多种方式发布公路通阻信息。同时利用 12328 交通运输服务监督电话开展公众出行咨询服务。二是强化应急信息发布。在地震、冰雪灾害等突发事件发生时，围绕交通运输应急工作，及时通过媒体发布交通运输应急工作情况，加强宣传和引导，及时提供公路动态交通状况、内河及沿海运输及通航等情况，为人民群众及相关企业提供生产生活便利。三是积极回应群众关切问题。做好网上留言的收集、处理、反馈工作，通过交通运输部门户网站"部长信箱""在线访谈""意见征集""网上投诉""网上调查""纪检信箱""审计信箱""干部监督"等互动栏目接受群众咨询、投诉、意见和建议，为群众答疑解惑。建设完善"智能问答系统"，为群众咨询办事项目提供便捷、高效的公开渠道。

（六）改进督导培训

一是加强日常监测。开展交通运输部内各单位政府信息公开和政策解读等工作的日常监测，发现问题及时提醒纠正。对发文中主动公开、依申请公开、内部文件进行抽查，年底对各单位履行主动公开职责情况进行统计并通报。建立面向社会的监督、投诉渠道，主动接受各界监督。二是建立效果评估机制。健全科学、合理、有效的量化评估指标体系，每年底根据公开的内容、时限等对各司局开展综合考评，并将政府信息公开考核结果与评先评优、晋职晋级挂钩。三是加强政务公开教育培训。不定期开展政务公开专项业务培训，组织开展业务研讨交流，提升政务公开工作人员政策理论水平和专业素养，着力强化交通运输部机关各级领导干部在互联网环境下政务公开理念。

（七）加强组织领导

一是加强党的领导。交通运输部坚持对政务公开工作把关定向，对于重大问题、重点工作召开党组会议部署研究，特别强调要完善议事决策程序，大力推进党务公开、政务公开，确保科学决策、民主决策、依法决策。二是加强组织队伍建设。2008年，成立交通运输部政务（政府信息）公开领导小组及其办公室，由交通运输部主要负责同志担任组长，从全局上强化交通运输部政务公开工作的组织领导。2017年，在交通运输部办公厅督查室加挂"政府信息与政务公开办公室"牌子，交通运输部内各司局和部属各单位均明确政府信息公开工作分管负责人和专职工作人员，配齐配强政务公开工作队伍。三是加强制度建设。结合交通运输实际，出台了《交通运输部办公厅关于全面推进政务公开工作的实施意见》，先后制定了《中华人民共和国交通运输部施行〈政府信息公开条例〉办法》等十余项制度，信息公开、新闻发布、政策解读、回应关切、公众参与以及网站建设等制度化、规范化水平不断提升。

三 继续深入推进交通运输政务公开的方向与举措

党的十九大明确提出建设交通强国，这是以习近平同志为核心的党中央站在党和国家事业发展全局高度作出的战略部署，是新时代赋予交通运输行业的历史使命。交通运输政务公开工作要以习近平新时代中国特色社会主义思想为指导，深入贯彻落实党的十九大精神，坚定不移贯彻落实党中央、国务院政务公开工作决策部署，积极适应和满足人民群众对政务公开工作的新需求，以更加公开、透明、高效的政务服务助力交通强国建设。

（一）贯彻落实习近平总书记重要指示批示精神

要着力在贯彻落实习近平总书记重要指示批示精神和党中央国务院决策部署上下功夫。

一是重点围绕贯彻落实习近平总书记重要指示批示精神做好政务公开工作。深入学习领会习近平总书记对交通运输工作重要指示批示精神，准确把握其中蕴含的马克思主义立场、观点、方法，持续推动"四好农村路"建设、脱贫攻坚、保障安全生产、服务国家重大战略等重点工作公开力度，确保习近平总书记重要指示批示不折不扣贯彻落实，不断提升人民群众交通运输获得感、幸福感、安全感。

二是重点围绕贯彻落实党中央、国务院决策部署做好政务公开工作。深入贯彻落实《国务院办公厅关于推进重大建设项目批准和实施领域政府信息公开的意见》《国务院办公厅关于推进公共资源配置领域政府信息公开的意见》等文件要求，指导各级交通运输部门进一步细化有关公开事项、内容、时限、方式、责任主体、监督渠道等，纳入主动公开基本目录，不断加大公开力度。

三是统筹做好党务公开有关工作。深入贯彻落实《中国共产党党务公开条例（试行）》，牢牢把握党务公开基本原则，切实把坚持和完善党的领导这一重大政治原则和政治要求贯彻到交通运输各项工作之中。

重点做好交通运输部以习近平新时代中国特色社会主义思想武装头脑、指导实践、推动工作，积极发挥党的领导作用，履行党建主体责任，深入谋划交通运输改革发展等方面的公开工作。

（二）强化政务公开贯穿政务运行全过程

要在着力推行行政决策、执行、管理、服务、结果"五公开"，强化政务公开贯穿政务运行全过程上下功夫。

一是强化决策公开，确保民主科学。对涉及人民群众切身利益的重要改革方案、重大政策措施和重点交通工程项目等决策事项，采取多种形式广泛听取各方面意见。通过政府网站等途径向社会公布决策草案、决策依据，始终确保听取群众意见渠道有效、畅通。

二是强化执行公开，确保廉洁透明。将部门的预决算情况和行政执法的依据、资格、程序、要求等情况进行公示，加大对法律法规和重要政策文件的解读，自觉接受人民群众、新闻媒体和全社会的广泛监督。

三是强化管理公开，确保合法有序。将部门机构设置、职责分工、领导成员名单及分管领域、权力清单和责任清单、办事流程、监督方式等管理信息在政府网站上进行公示，让权力在阳光下运行。

四是强化服务公开，确保高效便民。公开部门行政审批事项，明确审批类型、对象、受理方式、审批条件、应提交的材料、联系电话、申请表格、监督投诉、救济途径等，便于群众随时了解获取。

五是强化结果公开，确保真实公正。除涉及国家秘密、商业机密、个人隐私的信息外，及时将本部门已作出的行政决策、行政处罚决定和已批准的行政许可事项等进行公开。

（三）保障群众知情权、参与权、表达权、监督权

要着力在加强政策解读、积极回应关切，切实保障群众知情权、参与权、表达权、监督权上下功夫。

一是完善公众、媒体参与机制。对主动公开目录范围内的政策措施文件按照规定及时主动公开，在制定行业政策、出台法律法规、安排重大交通建设项目时，通过召开新闻发布会、咨询会、听证会、报纸发布信息以及网上征询意见等方式，进行事前公示。

二是坚持"谁主办，谁解读"。要求主办单位和部门在制定政策的同时拟制相关解读材料，对一些涉及面广、社会关注度高的政策性信息，在政策公开发布后 20 个工作日内，通过交通运输部门户网站"政策解读""在线访谈"专栏等途径进行解读，同时根据社会反应情况调整解读的范围、重点和频次。

三是及时监测、收集并应对舆情。及时通报重要情况，提出舆情引导工作建议。组织相关单位和部门针对社会关切、群众疑惑、不实传言等作出适时回应，增进理解、扩大共识。组织召开专家座谈会、在线访谈等活动，就社会关注的政策、热点和敏感问题进行沟通和研讨，提高政策解读的针对性、科学性、权威性。

（四）切实提高交通运输政务服务质量与效率

要着力在推进"互联网＋政务服务"，切实提高交通运输政务服务质量与效率上下功夫。

一是改造升级行政许可网上办理平台。优化审批流程配置，完善电子身份认证，排查系统安全漏洞，实现行政许可事项的网上申请登记、受理状态查询、办理结果公示等，逐步实现事项申报、受理、审查、反馈、决定和查询告知等全过程全环节网上办理。

二是严格规范依申请公开工作流程。进一步完善申请受理、审查、处理、答复各环节工作流程，不断提升内部沟通效率，加强保密审查和协调会商机制，通过合理设置工作程序，依法履行职责，更好保障申请人合法权益。

三是进一步拓宽信息公开渠道。通过国务院公报、报纸、移动客户端、微信公众号等多种方式公开政府信息；健全"统一受理、网上传递、互联审批、网络监察"的行业管理政务平台，积极推行网上审批，利用网上公示、网上访谈、网上征询意见等方式公开政府信息，提高群众获取政府信息的便捷程度，提升群众获得感和满意度。

（五）提升交通运输政务公开规范化标准化水平

要着力在强化政府网站建设、建立健全工作机制、加强人员机构建设，提升交通运输政务公开规范化标准化水平上下功夫。

一是加强政府网站建设。充分发挥政府网站作为政府信息公开第一平台的作用，按照新修订的《交通运输部主动公开基本目录》及时调整网站主动公开内容和板块，根据工作中反映出来的问题不断完善依申请公开平台的功能，确保严格按照时限要求完成各项政府信息公开工作任务。

二是建立健全工作机制。开展交通运输政府信息公开规章制度体系研究，严格落实《交通运输行政机关政府信息公开工作监督评议考核办法》要求，对政府信息公开工作实行有效监督。建立健全信息发布保密审查机制，对于可能涉及国家秘密、商业秘密和个人隐私的政府信息进行管控审查，该公开的尽予公开，该保密的坚决保密。

三是加强机构队伍建设。确保专职机构和人员负责政府信息公开工作，并不断充实工作力量，完善信息公开资金保障机制，确保信息公开工作在办公场所、软硬件运行、新闻宣传、教育培训等方面都正常高效运行。加强业务交流和培训力度，不断提高政府信息公开工作人员的政策把握能力、舆情研判能力、解疑释惑能力和回应引导能力。

四是提升规范标准水平。认真梳理政府信息公开工作典型案例，不断总结政府信息公开工作经验教训，研究编制《交通运输部政府信息公开工作规程》，指导政府信息主动公开、依申请公开、行政复议应对、行政诉讼应讼等方面的工作，确保各项工作符合法律法规和政策文件的要求。

第九章　提升教育透明度的
实践与成效

教育部政务公开办公室[*]

摘　要：教育是最大的民生，是实现民族复兴中国梦的基础工程。提高教育透明度，对教育行政部门和各类教育主体接受监督、优化服务、提高质量有着重要意义。自2008年《政府信息公开条例》颁布至今，教育部始终将推进教育公开摆在重要位置，逐步构建了"四位一体"的制度体系，率先探索了"清单式管理"模式，打造了系统化的公开平台，并从组织领导、监督检查以及培训考核等方面全面强化工作保障，教育透明度不断提高。

关键词：实化制度　细化清单　优化平台　强化保障

习近平总书记在党的十九大报告中提出，"建设教育强国是中华民族伟大复兴的基础工程，必须把教育事业放在优先发展的位置，加快教育现代化，办好人民满意的教育"。在新的历史起点和事业发展的关键时期，党和国家对科学知识和卓越人才的渴求比以往任何时候都更加强烈，教育的改革发展关系着国家、民族的前途和命运，关系着广大人民群众的切身利益，一直是媒体和公众关注的焦点。教育领域的公开透明，既是管理者和服务者转变职能、提高质量、优化服务的必要前提，也是社会各方实施监督、有序参与的重要保障。

自2008年《政府信息公开条例》（以下简称《条例》）颁布实施以来，教育部严格遵守相关法律规定，认真落实国务院总体部署，按照

---

* 执笔人：张航，教育部办公厅综合处干部；詹清华，教育部办公厅综合处副处长。

"以公开为常态、不公开为例外"的原则，重点围绕"实化制度、细化清单、优化平台、强化保障"四个方面，不断规范公开内容，创新公开形式，努力提升公开工作的标准化规范化水平。

一 统筹谋划、精心设计，建立健全
"四位一体"公开制度体系

制度建设具有先决性、基础性的特点，是推进工作的突破口和切入点。《条例》颁布后，教育部立足教育战线不同主体的复杂工作实际，加强统筹谋划和顶层设计，着力建章立制，精心构建了"部机关政府信息公开制度、直属事业单位办事公开制度、高校信息公开制度、中小学信息公开制度"四位一体制度体系，确保推进公开有据可依。

（一）教育部机关政府信息公开制度规范

2008 年《条例》颁布后，教育部随即出台了《教育部机关政府信息公开实施办法》，从总体上规范了教育部机关信息公开的组织机构、公开内容以及形式、时限、程序、监督保障等事项。2013 年又出台了《教育部政府信息公开工作规定》，进一步细化公开内容，梳理和规范内部工作流程。其间陆续印发了主动公开、依申请公开、保密审查等流程规范，编制了信息公开指南和信息公开目录等系列制度文件，建立了公文信息公开属性标识、保密和法制审查、信息公开申请综合研判等工作机制，体系化的工作制度和机制逐步建立并不断完善。

同时，每年按照国务院办公厅印发的年度政务公开工作要点编制并公开工作方案，逐项细化任务、明确分工、列出举措，方便落实和督查。2017 年，为贯彻落实中央关于全面推进政务公开工作的有关精神，教育部结合教育领域工作实际，出台了《教育部办公厅关于全面推进政务公开工作的实施意见》，对教育系统全面推进、深入开展公开工作作出了总体部署。

（二）直属事业单位办事公开制度规范

直属事业单位作为履行公共服务职能的重要载体，是提供公共产品和公共服务的重要平台，在满足公共需求中起着重要作用。直属事业单位既是教育公开的重要组成部分，也是信息公开的具体责任主体。2009年，教育部专门印发《教育办公厅关于进一步改进和加强办事公开的意见》，推动直属事业单位就面向社会办事的各类项目做到"职能公开、依据公开、程序公开、收费公开、结果公开、监督公开"六公开，并进一步统一公开项目名称、设立依据、办事流程、所需手续、承诺时限、办事地点、收费标准等信息，做到精减办事程序、缩短办事时限、提高办事效率、增强服务效果。

（三）高校信息公开制度规范

2010年，教育部在对部机关制度运行情况深入总结和对高等学校工作实际充分调研的基础上，出台了《高等学校信息公开办法》（以下简称《办法》），成为全国高校开展公开工作的主要遵循。《办法》要求高校建立公开制度机制，规定了高校必须公开的12类信息，包括学校基本情况、章程和规章制度、发展规划和工作计划、招生考试录取等管理规定、学科专业设置和教学科研成果、奖助学金管理规定、教师和其他专业技术人员数量及聘用管理办法、收费项目及依据、财务管理制度等，对公开机构、方式、流程和时限等明确了统一标准。同时，参照《条例》精神配套实施高校信息公开年度报告制度，对年报内容、发布时间和方式等都进行了详细规范。

针对招生、财务等重点领域，陆续印发《教育部关于进一步做好高等学校财务信息公开工作的通知》《教育部关于进一步加强高校自主招生信息公开和监督管理工作的意见》等专门文件加强管理。自2014年起，每年10月印发文件部署、督促各高校信息公开年度报告有关工作，确保年度报告公开及时、内容全面、规范准确。各高校也高度重视信息公开制度建设，有的高校出台了本校信息公开实施细则，确保各项规章制度结合实际、落地生根；有的高校针对招生、财务等重点领域专门制定了公开制度，进一步明确范围、细化内容、规范流程、保障实效。有的高校将信息公开纳入内部管理与保障考核指标体系，设置相应权重分值，确保有效落实。

（四）中小学信息公开制度规范

2010 年，教育部印发了《关于推进中小学信息公开工作的意见》（以下简称《意见》），明确规定中小学要建立信息公开工作责任制、保密审查机制、主动公开工作机制、依申请公开工作机制 4 大机制，提出了中小学需要重点公开的 11 类信息，包括学校基本情况，规章制度及办事流程、发展规划和工作计划、招生录取及奖助学金规定、收费的项目及依据、教学科研情况、师资建设情况、重要项目招投标情况、经费收支情况、学生管理服务及突发事件处理情况、其他情况等，并要求地方各级教育部门统筹推进本行政区域内中小学信息公开工作。该《意见》为中小学开展信息公开提供了方向和参照，也为地方教育行政部门统筹推进属地中小学公开工作提供了指导和思路。

二　积极探索、不断创新，以"清单式管理"推进公开内容标准化

在稳步推进教育公开的实践中，教育部坚持问题导向，积极寻求创新，率先探索运用"清单式管理"来推动公开工作的标准化和规范化。"清单式管理"是一种更加精细的流程化管理方式，能够显著增强管理过程的规范性和统一性，便于公开、便于督查、便于评测。

（一）高等学校"清单式管理"

2014 年，教育部经过多方调研和充分征求意见，出台了《高等学校信息公开事项清单》，将高校管理中的权力运行环节、廉政风险领域以及涉及师生和人民群众切身利益的重要事项明确为基本信息、招生考试信息、财务资产及收费信息、人事师资信息、教学质量信息、学生管理服务信息、学风建设信息、学位学科信息、对外交流与合作信息和其他信息 10 大类，并进一步细化为 50 项具体信息。清单为各高校推进公

开工作提出了直接要求，提供了直接参照，极大地提高了公开内容的标准化。同时，相关文件要求高校在每年发布的年度报告中逐项列明 50 项内容的公开情况，教育部门可针对每所高校进行逐项督查，第三方机构也可以清单为基础设计指标开展评测，推动了监督检查的标准化。

清单印发后，各高校以清单为基本依据，不断将信息公开推向深入。有的高校编制了本校信息公开目录，在清单 50 条的基础上将主动公开内容拓展为近百条二级项目。有的学校结合师生和社会关切，主动增加了"校长办公会议题""重要会议、大型活动计划"等内容。有的高校拓展了特殊类型招生的公开内容，涵盖了录取学生毕业中学、特长、专业成绩、文化成绩、签约类别、科类等详细信息。除既有内容之外，各有关高校按照清单精神及时公开新内容、新信息，如"双一流"建设规划方案，中管高校巡视整改情况等。几年来的实践证明，"清单式管理"极大地规范了高校信息公开的内容、范围和形式，方便了人民群众知晓、查阅有关内容，也为教育主管部门和第三方评估机构开展督查、评估提供了便利，显著提高了高校信息公开水平和高等教育透明度。

（二）教育部直属机关"清单式管理"

根据国务院总体部署和统一安排，在总结高校"清单式管理"成效的基础上，教育部于 2017 年年底编制并公开了《教育部主动公开基本目录》和《教育部政务服务事项目录》，着力提高教育部直属机关政务公开和政务服务的标准化和规范化。其中，《教育部主动公开基本目录》对教育部各司局业务工作进行了全面梳理和细致归类，涵盖了信息发布、政策解读、回应关切、公众参与和监督渠道等内容，覆盖了决策、执行、管理、服务、结果等政务运行全过程，将应主动公开的内容细化为 18 大类、115 个工作事项和 309 条具体内容，每项内容都明确了公开的主体、时限和方式。《教育部政务服务事项目录》梳理了教育部机关和直属单位面向公众提供的 3 大类 28 项服务事项，发布了标准化的服务信息，列明政策依据、所需材料、办理流程、收费标准等，并提供网上办事渠道。两个目录的推出，进一步明确了公开的范围与内容，使人民群众能够一目了然地了解教育部政务公开和政务服务的总体格局，也可以轻松便捷地找到自己所需的政府信息和服务事项。

三　多措并举、注重协同，推进公开平台系统化建设

公开平台是信息发布的场所与渠道，平台建设水平直接关系着公开的实效。教育部通过系统化的平台建设，充分发挥信息化技术优势，优化工作流程，实现了统一平台统一操作规范，不同平台协调共同服务，全面拓展公开渠道，最大限度地为人民群众获取教育信息提供便利。

（一）规范政务公开主平台建设

教育部充分发挥门户网站作为政务公开第一渠道的重要作用，打造模块简洁、目录清晰、运维便捷的政务公开主平台。教育部门户网站开设了机构、新闻、公开、服务、互动、文献 6 大频道，分门别类集中发布教育领域重要信息和人民群众关注的热点内容。在各个频道中，不断优化栏目设置，充分利用图片、视频、专题等形式丰富公开方式，让信息呈现得更科学、更便捷、更生动。《教育部主动公开基本目录》发布后，教育部对照目录对"公开"频道进行了全面改版，集中发布各类信息、政策解读、回应关切、公众参与、监督与建议渠道等具体内容。本次改版实现了网站页面与公开目录一一对应，可以对照目录直接检索到 18 大类、115 个工作事项下的 309 项公开内容，有效解决了目录、网站"两张皮"的问题，为人民群众获取教育信息提供了极大便利。

（二）规范依申请公开在线平台建设

为方便人民群众通过提交政府信息公开申请获取政府信息，教育部较早地开发了依申请公开在线平台，实现了政府信息公开申请提交—办理—答复全流程网上运行。申请表单、答复文书均采用格式化文本，流程清晰、公开透明、责任可溯。在线平台上线运行后，90% 以上的申请均通过该平台在线提交，通过电子邮件、邮寄和现场提交的申请大幅度减少，极大地降低了人民群众提交政府信息公开申请的难度和成本，确

保了依申请公开渠道的畅通、规范、高效。

（三）规范其他政务公开平台建设

在建好门户网站之外，针对人民群众最为关注的各类重点事项，教育部组织建设了一系列专门平台，集中发布各类信息，方便人民群众查阅关注。建设了"教育部阳光高考平台信息公开平台"，全国教育部门、考试机构、高校、中学等主体统一通过该平台向社会公开高考招生录取信息，对保送生、自主选拔录取学生、高水平运动员、艺术特长生等特殊类型资格考生及有关测试结果及时公示。建设了"全国硕士研究生招生信息公开平台"，实现了硕士研究生统考招生政策、招生计划、复试录取办法以及全部录取结果统一公开。建设了"教育涉外监管信息网"，及时发布涉外办学信息、出国留学中介服务和国外院校名单等，为有需求的人民群众提供了全面、权威的信息来源。

（四）规范各高校信息公开平台建设

2014年，教育部发布《高等学校信息公开事项清单》的同时，要求部属高校在学校门户网站建立信息公开专栏，统一公布清单内容。75所部属高校均按要求开设了专栏，教育部在门户网站设置部属高校信息公开专栏，为公众查询提供统一入口。近年来，各高校持续加强专栏建设，不断充实内容、优化布局、创新方式，在保障专栏内容全面、准确的同时，充分利用技术手段提高公开平台的丰富性、互动性和便利性。不少高校按照清单内容进行专栏建设，将专栏页面与清单50条内容一一对应，所有信息集中发布、分类呈现、一目了然。此外，各高校充分利用全媒体渠道，特别是新媒体平台，有效推进信息公开工作。有的高校上线"数字化校园财务办公平台"和财务微信公众号，面向全校师生发布国家及学校财务制度和业务流程，在线提供信息化服务。有的高校利用"网上办事服务大厅"（eHall）创新应用服务模式，通过部门协作、数据打通、流程再造，实现各类事项网上申报、预审、受理、办理、监督、投诉等"一站式"服务。

四　强化领导、主动作为，做好政务公开全方位保障

政务公开是一项复杂度较高的系统性工作，需要全面、有力的工作保障来确保谋划得当、落实得力。教育部始终坚持总体部署、全面推进，全方位加强各项工作保障，为教育系统做好公开工作提供总体引领和坚实基础。

（一）不断强化组织领导

教育部始终高度重视教育公开的组织领导，2007 年成立了"教育部政务公开与依法行政领导小组"，统筹推进教育领域政务公开有关工作。明确了由一位部级领导分管并列入工作分工，主要负责同志多次听取政务公开工作汇报，带头研究工作部署。2017 年，根据工作实际，成立了"教育部政务公开与政务服务领导小组"，部长担任组长，有关司局（单位）主要负责同志为小组成员，领导小组按照职责分工统筹谋划、全面领导教育部政务公开各项工作，为做好教育公开奠定了坚实的组织和领导基础。

（二）切实开展监督检查

三分靠部署，七分靠落实。教育部始终将抓落实摆在重要位置，通过监督检查等具体抓手督促落实、推进工作。为切实指导高等学校做好公开工作，高校信息公开事项清单发布后，教育部先后分五路进行了实地督查，指导、检查落实情况。近年来，教育部将高校信息公开工作列为随机抽查事项，对照清单内容对各高校年度报告发布和清单落实情况进行抽查，督查后向各高校反馈存在问题和整改建议，有效监督并指导各高校深入推进信息公开。同时，教育部在门户网站开设专栏，统一发布直属高校信息公开专栏链接和年度报告，方便公众查阅监督。

（三）有序推进培训考核

教育部将加强教育公开队伍建设贯穿工作全过程，不断完善培训体系，探索培训方式，多次举办全国教育部门政务公开专项培训和教育系统办公室主任培训，将政务公开列为重要培训内容，极大地提高了教育公开队伍的专业素质和业务水平。紧抓教育政务公开信息报送工作，充分利用教育部门户网站专栏、教育部简报、官方微博微信等渠道，发布高校和地方教育部门先进经验和优秀做法，促进工作交流。近年来不断探索完善教育部内政务公开专项考核机制，将各司局政务公开工作情况列为年度优秀司局测评的重要内容。

2018 年是全面贯彻落实党的十九大精神的开局之年，也是教育系统实施"奋进之笔"的进取之年。立足新时代，面对新形势、新任务、新挑战，教育部将继续加强统筹规划，严格推进落实，将教育领域政务公开推向全面、推向深入，切实发挥好政务公开在推进职能转变、加强作风建设、保障社会监督和公众参与、增强公信力执行力和治理能力方面的重要作用，为实现教育强国目标、"两个一百年"奋斗目标和中华民族伟大复兴的中国梦作出新的更大贡献。

第五编

地方政府政务公开

第十章　北京市全面推进政务公开调研报告

北京市政府信息和政务公开办公室*

　　摘　要：北京市全面贯彻落实党中央、国务院关于全面推进政务公开工作要求，加大创新突破，坚持惠民便民，构建了政务公开组织管理、信息公开、政策解读、互动参与、渠道平台五大工作体系，在工作实践中探索形成了政务公开清单管理、市民对话一把手、惠民便民地图、系列政务开放日、依法规范依申请公开、全方位解读政府工作报告、推进决策公开、电子公报便民化等有益做法，并取得了积极成效。

　　关键词：政务公开辅政惠民　公信力　执行力

　　按照党中央、国务院关于全面推进政务公开工作的决策部署，北京市委市政府高度重视政务公开工作，全市各级行政机关严格落实《政府信息公开条例》法定义务，围绕增强群众获得感认同感、提升政府公信力执行力，强化法治思维、服务思维、创新思维，坚持正面导向、群众导向、问题导向，构建公开、解读、参与一体联动工作格局，加大创新突破，充分发挥公开促规范、促落实、促服务的作用，保障人民群众的知情权、参与权、表达权、监督权，增强人民群众获得感认同感，提升政府公信力执行力。

　　在国务院办公厅的大力指导下，北京市政务公开工作取得积极成

---

　　* 执笔人：朱琴，北京市政府信息和政务公开办公室公开三处副处长；宋大伟，北京市政府信息和政务公开办公室公开二处副处长；李遵伟，北京市政府信息和政务公开办公室公开一处干部。

效。在全国政务公开第三方评估中取得较好成绩，在高校院所、科研机构开展的政府透明度、法治政府等评估中得到积极肯定。

一 总体情况：构建政务公开五大工作体系

（一）构建依法规范、职责清晰、监督有力的组织管理体系

1. 着力强化组织领导。北京市委常委会、市政府常务会多次专题研究部署，新一届市政府第一次市政府常务会即专题审议政务公开议题，市委市政府主要负责同志多次做出具体指导。北京市政府工作规则中专章规定政务公开工作，明确把公开透明作为政府工作的基本制度，把政务公开贯穿政务运行全过程。成立北京市政务公开领导小组，组长由市委常委、常务副市长担任，领导小组办公室设在市政府办公厅，进一步加大统筹指导力度。

2. 着力完善制度保障。推进信息公开地方性立法，北京市政府出台《北京市政府信息公开规定》，印发全国首个省级政府信息公开五年规划，全市制定涉及依申请公开、信息发布、考核评议等事宜的40余项制度规范。2016年北京市委办公厅、市政府办公厅出台《关于全面推进政务公开工作的实施意见》，细化了5年时间100项具体任务，全面推进决策、执行、管理、服务、结果公开，涵盖行政权力运行全流程公开、管理服务全过程公开、政务公开内容标准化、政府数据开放利用、扩大政务参与、优化融合政务公开渠道等8个方面，为全面推进政务公开工作明确了时间表、路线图、任务书。

3. 着力加强队伍建设。北京市在省级政府中率先成立政府信息和政务公开办公室，为市政府办公厅内设机构，下设公开一处、公开二处、公开三处、公开四处和公报编辑室，进一步整合了信息公开、政策解读、网站管理、公报编辑等工作职能。市、区、街道（乡镇）三级组织管理体系逐步完善，各区政府建立健全专门工作机构，市、区政府各部门和各街道（乡镇）配齐配强专职工作人员。加强教育培训，将政务公开纳入公务员培训课程体系，制定培训计划，定期开展多种形式、覆盖各个层级的业务培训。

4. 着力强化考核评估。北京市每年组织工作考核，引入政务公开第三方评估，定期对市政府工作部门、区政府以及相关街道（乡镇）开展专项评估和政务公开整体评估，将第三方独立测评延伸至基层行政机关，以评估查问题、以评估促改进。自 2013 年起将政务公开工作考核纳入市政府绩效管理考评体系，分值权重提高到 5%，进一步加大考评督促落实和激励引导作用。

（二）构建全面覆盖、持续深化、标准明确的信息公开体系

1. 健全主动公开机制。北京市每年印发政务公开工作要点，大力推进财政预决算、环境保护、保障住房、食品安全、安全生产、征地拆迁、价格收费等重点领域信息公开，逐年拓展重点领域主动公开内容，细化主动公开标准，在全国率先公开部门决算和"三公"经费预决算信息，率先公开公务用车总量信息，率先实现部门职权信息一站式集中公开。

2. 率先实行清单管理。北京市将清单概念引入政务公开领域，制定并公布市、区、街道（乡镇）政务公开三级清单，逐一规范"公开什么、谁来公开、何时公开、在哪公开、什么形式公开"，基本实现政务公开标准化管理，开展清单落实情况专项评估检查，强化政务公开清单动态管理，为深化决策、执行、管理、服务、结果"五公开"提供了有效示范。

3. 推进基层政务公开标准化规范化。北京市围绕与群众关系密切的行政行为和服务事项，按照"应公开、尽公开"要求全面梳理公开事项，细化公开内容，制定政务公开事项标准，规范政务公开工作流程，建立健全标准制定、运用、监督等工作制度，进一步提高基层政务公开的针对性、有效性、实用性。在决策公开、政策解读、公众参与、公文发布、编制政务公开全清单等方面加强创新突破，不断提升基层政务公开标准化规范化水平。

（三）构建重点突出、主题鲜明、受众广泛的政策解读体系

1. 突出解读重点。近年来，北京市健全了重要文件、重大决策、重点工作与政策解读同步研究、同步部署、同步推进机制，主动传递政府声音，及时回应社会关切，引导社会合理预期。制定市政府年度重点工作宣传解读目录，对重大政策、重点工作宣传解读进行目录管理，实现"应解读、尽解读"。坚持并完善市政府工作报告全面解读、市政府常务会议重要议题深入解读、重大决策部署专题解读机制，围绕全市中心工作和重要民生事项做好深入解读，凝聚发展共识。

2. 丰富解读形式。为了提升政策到达率，近年来，北京市充分利用新闻发布、政策吹风、集体采访、媒体专访、座谈访谈等多种手段，运用数字化、图表图解、音频视频等展现方式，推进专家解读、案例解读，全面、准确、生动解读政策。全市各级政府门户网站开设"政策解读"专栏，设置"视说新政""数说北京"等板块，深度整合报纸、广播、电视、网络、政务新媒体等资源，不断提高解读传播力、影响力和公信力。

（四）构建民需汇集、民计采纳、民意监督的互动参与体系

1. 建立重大决策预公开机制。对提交市、区政府常务会议审议的涉及群众切身利益、需要社会广泛知晓的重大行政决策，在决策前向社会公开决策草案、决策依据，广泛听取公众意见，增强重大行政决策的透明度，提升行政管理的科学性、针对性、有效性。

2. 推行重大民生决策事项民意调查制度和公众建言建议反馈机制。在医疗卫生、资源开发、环境保护、社会保障等重大民生事项决策前，通过购买第三方服务、问卷调查、网上征集等形式，开展利益相关方需求调查，及时向社会公布公众意见和建议采纳情况，发挥公众在需求调查、建言献策、社会监督等方面的作用。

3. 建立健全政策落实跟踪反馈和评估制度。推进重要政策措施、重点工作任务执行情况公开，全面公开实施步骤、具体措施、责任分工、工作进展、工作成效、监督方式等信息，发挥好人大代表、政协委员、社会公众、新闻媒体的监督作用，注重运用第三方评估、民意调查等形式，科学评价政策落实效果，推进评估结果公开，促进政策措施落实。

4. 创新公众参与模式。积极探索扩大公众参与，保障公众积极有效参与政府政策制定、公共管理、执行监督。充分利用互联网新技术和大数据资源，依托"市民对话一把手"、政务开放日等政民互动平台，扩大公众参与范围，增进政府与公众的沟通，发挥互联网传播优势，借助新媒体技术，积极探索网络参与形式，不断提升公众参与实效。

（五）构建全媒融合、及时畅通、服务便捷的渠道平台体系

1. 建好政务公开第一平台。出台贯彻落实《政府网站发展指引》实施意见，坚持分级分类、利企便民、集约节约原则，推动全市政府网站集约、规范、创新发展，不断提升政府网上履职能力和服务水平。强化政府网站内容建设常态化监管，充分发挥第三方检查评估工作机制作用，对全市政府网站定期开展"拉网式"季度普查，严防各级政府网站"不及时、不准确、不回应、不实用"等问题。

2. 办好政府公报权威发布平台。发挥政府公报标准文本作用，加强文件库建设管理，推进政府公报电子化便民化，增加网页展示、高级检索、二维码分享、政策解读链接等功能。

3. 发挥好新闻媒体传播平台作用。畅通与中央媒体、市属媒体、主流网站、新媒体平台的沟通渠道，通过主动向媒体提供线索和素材、推荐专家学者、接受媒体访谈、安排记者列席会议等方式，畅通媒体采访渠道，为媒体采访提供便利，充分发挥新闻媒体发布信息、解读政策、澄清事实、回应关切、推动工作等积极作用。

4. 用好新媒体平台。适应分众化、差异化传播趋势，充分发挥政务微博微信、政务移动客户端等新媒体平台便捷灵活、用户活跃、受众面广的优势，切实增强传播效果。积极打造政务新媒体集群平台"北京微博发布厅"，覆盖 75 家单位、104 位新闻发言人、总关注量达 1. 33 亿人，拓展至《人民日报》和"今日头条"客户端，通过微直播、微访谈、微答疑等形式多样的线上活动，高频次发布政务信息，有效增强了网上政府的亲和力、认同度。

二　典型做法：打造北京公开工作特色

（一）率先制定政务公开三级清单

着眼于推进政务公开制度化标准化建设，组织编制市、区、街道

（乡镇）重点领域政务公开三级清单，建立政务公开清单管理机制，通过制度化方式巩固公开成果，为全面深化政务公开提供有力抓手。国务院办公厅《政务情况交流》刊发推广北京市经验，《人民日报》等中央媒体评价"统一'制式'的政务公开清单有助于大幅提升政务公开规范化、标准化水平"。

1. "一单"到底、分级定标准。清单从市级部门延伸到基层一线，市级清单559条目录信息2828项内容标准，区级339条目录信息1832项内容标准，街道（乡镇）61条目录信息249项内容标准，建立政务公开系统性、行业性、操作性标准。

2. "一单"到边、领域全覆盖。清单包括财政预决算、保障房、重大建设项目等47个领域，其中市级清单覆盖47个领域，区级清单覆盖44个领域，街道（乡镇）清单覆盖13个领域，实现对法律法规和国务院文件公开要求的全覆盖、全落实。持续拓展政务公开清单覆盖领域，逐步实现三级清单对所有行业和领域全覆盖。

3. "一单"管用、照单抓公开。细化各级行政机关重点领域政务公开工作任务，具体到每项信息的内容标准，落实责任主体，实现公开工作可量化、能考核、好监督。完善清单动态管理机制，加强检查评估和督促落实，持续提高政务公开标准化水平。

（二）创新办好"市民对话一把手"政民互动平台

聚焦政府重点工作和媒体关注、市民关心议题，共组织策划56期"市民对话一把手"系列直播访谈节目，邀请市政府部门"一把手"共87人次先后走进电视直播间与市民深度沟通对话，累计61万网友参与网上问题征集，网络阅读量超5340万人次，实现"对话增进认同、沟通凝聚共识"的目的，进一步树立公开透明、直面问题、为民担当的政府形象。

1. 建立长效机制。涵盖组织领导机制、沟通协调机制、意见征集机制、融合制播机制、宣传推广机制、总结反馈机制，形成了完整闭环管理制度。

2. 创新互动方式。通过"市政府联络员"走进直播间、电视直播和基层现场连线深度融合、"心语小亭"深入社区采集群众心声、市民关切大数据直达对话现场、线下提问和网上征集、网络视频、微博微信等多种形式与"一把手"沟通互动。

3. 促进全媒融合。统筹协调广播、电视、政府网站、新闻网站、微博微信和移动客户端等媒体平台，实现了"市民对话一把手"节目全媒体融合制作、全面立体呈现。

4. 实现京津冀联动。牵头策划制作"市民对话一把手·京津冀协同发展"特别节目，实现京津冀三地交通、环保、商务等18位部门"一把手"首次聚首、联合发声。

（三）率先制作政务公开惠民便民地图

围绕公众普遍需求和重点民生事项，创新"互联网＋政务公开"方式，提升政务公开信息化可视化集约化水平，推出12幅政务公开惠民便民地图，最大限度地为首都市民提供生活便利，实现政务信息的便捷查询、一目了然、一览无余。

1. 图说政务。覆盖教育入学、医疗卫生、养老服务、住房保障、百姓"菜篮子"、一刻钟社区服务、首都旅游、文化博物、空气质量监测、智慧城市建设、企业办税、政务服务等重点民生领域。

2. 图惠民生。以地图形式直观展示群众最关心、最直接、最现实的关切信息，实现1630所公办中小学、2042个医院门诊、672家养老机构、3924个蔬菜零售网点、1342个一刻钟社区服务圈、35个空气质量监测站点、5583个政务服务机构等服务信息一站查询。

3. 图解公开。积极运用大数据、移动互联网等信息技术，汇总归集重点政务信息资源，创新政务公开方式渠道，增强政务公开服务的针对性和有效性，扩大政务信息亲和力、传播力和影响力。

4. 图优服务。不断丰富地图内容和服务功能，推进地图在微博、微信、手机客户端融合应用，提升用户体验。

（四）组织开展系列政务开放日

围绕政府重点工作集中开展系列开放日，推进重要民生事项全面政务开放，公开邀请市民代表、人大代表、政协委员、专家学者走进行政机关，深入内部流程，体验政府工作。海淀区政府、丰台区政府等围绕重点民生事项，推进政务开放日向基层延伸，便于政府与市民间增进了解、拉近距离，是打造服务型政府的生动实践。

1. 政务开放连民心。坚持"民意连接"和"民声回应"导向，重点选取疏解整治促提升、城市管理服务、环境建设、科技创新中心和文化中心建设、保障改善民生等专题，开放平时看不到、不熟知、想参与的办公场所和工作场景，实现政务开放对政府运转流程、管理服务过程的全覆盖。

2. 政务开放集众智。坚持"请市民看"和"听市民说"并重，市政府部门"一把手"与市民座谈交流，将政务开放日作为政府与社会沟通互动的重要平台，精心制作市民留言册和意见卡，广泛收集市民需求反映和意见建议，问需问计问效，访民意、听民情、解民忧、汇民智。

3. 政务开放促共识。坚持"全面深入"和"真诚真实"目标，一方面请市民全面了解政府为民服务的积极努力和主要成效，另一方面请市民深入感受首都人口、资源、环境等问题的复杂性、艰巨性、长期性，坦陈政府工作面对的困难、压力和挑战，通过零距离、面对面真诚沟通互动，增进群众对政府工作的理解和支持，促进社会共识、响应和协同，为工作向好发展营造良好社会环境。

4. 政务开放树形象。坚持"统一标准"和"各具特色"协调，充分展现各行业特点和工作特色，展现了勤政务实、公开透明的政府风采和优良作风。

（五）强化依申请公开服务作用

严格履行《政府信息公开条例》法定义务，加强分析研判，强化基层指导，依法保障公众获取政府信息合法权益，不断提升全市依申请公开工作水平。

1. 细化工作流程。制定《北京市政府信息依申请公开工作手册》和《北京市依申请公开答复常见问题及工作建议》，明确申请受理、办理、答复全环节工作要求，逐项提出操作性工作标准，增加答复告知书的服务说明，畅通投诉救济渠道，指导全市各级行政机关提升依申请公开服务公众的水平。

2. 畅通申请渠道。全市推广网页申请，各市级行政机关、各区政府开通政府信息公开网页申请功能，进一步畅通申请受理渠道、提供便民服务。

3. 强化基层指导。健全败诉报备机制，研究突出共性问题。加强第三方监督检查，定期对全市各级行政机关开展依申请公开专项测评，强化测评结果运用，切实对照整改。各级行政机关尤其是区政府及其所属基层单位不答复率、超期答复率明显下降，不援引法律依据等程序性错误明显减少。

4. 完善大厅服务。在市政府信息公开大厅设立"党员先锋岗"，亮明党员身份，增设申请人会谈室，通过接待咨询充分了解申请人真实需求，完善大厅接待服务规范，落实岗位职责，明确服务标准，提升服务水平。

（六）全方位解读市政府工作报告

围绕市政府工作报告，深度整合全媒体资源，深入解读政府工作报告重点内容和民生事项，受到代表委员及社会各界好评，实现良好政策解读和舆论引导效果。

1. 互动解读。邀请部门主要负责同志走进直播间，围绕市民最迫切期待、最关心问题对话，解读政府为实现群众向往所做的努力，正在和将要采取的措施。北京电视台、北京广播电台和"北京时间""北京发布""首都之窗"等全媒体联合现场直播，增强节目的实时互动性和信息时效性。

2. 翔实解读。参照白皮书体例，组织编写《北京市政府重点工作情况汇编》系列读本，全面反映市政府重点工作进展，用更翔实的数据、更鲜活的案例、更直观的图表，更通俗的语言深入解读各项工作的总体情况、措施与成效、挑战与对策，为代表委员审议讨论《政府工作报告》提供参考材料，为参会记者提供报道素材，并通过全媒体平台向社会发布。在《北京日报》《北京晚报》等开设"北京印记"专栏，连续刊发政府工作报告解读专题内容。

3. 生动解读。适应传播媒介网络化、移动化趋势，策划制作专题动画微视频，配套情况汇编制作系列微视频、H5 等新媒体解读产品，在政务微信公众号、政务微博同步推送，综合运用图文、图表、动漫、音视频等多种形式，实现政府工作从可读到可视、从静态到动态、从一维到多维的升级融合，增强解读的吸引力、感染力和针对性。

4. 精准解读。组织开展市政府工作互联网大数据和社会关切分析，对国内外媒体报道、网友关注话题进行热度搜索、指数统计和数理分析，找准百姓关切需求。注重专题民意征集，通过网络平台，走进社区、企业，走访市民和人大代表、政协委员，广泛征集民意，提高解读的精准度和有效性。

（七）创新推进决策公开机制

把完善公众参与、专家咨询机制纳入市政府工作规则，建立健全利益相关方、公众、专家、媒体等列席市政府有关会议制度，开展市政府常务会议题深入解读，探索区政府会议全程"微直播"，得到社会各界普遍欢迎和好评。

1. 推进市政府常务会议开放。北京市政府多次邀请市民代表、新闻媒体代表等列席市政府常务会，增强决策透明度；市级行政机关和区政府绩效考评会议专门邀请市人大代表、市政协委员、专家学者、高校代表、企业代表、市民代表、新闻媒体代表等各方参加，共同考评打分。

2. 做好市政府常务会议深度解读。构建市政府常务会议深度解读机制，开设"市政府常务会解读专栏"，实现了常务会议召开次日解读材料见报上网。

3. 积极探索政府会议开放新模式。将各区政府、市政府各部门邀请相关方代表列席会议情况纳入年度绩效考核内容。试点区政府常务会议开放形式，西城区政府常务会全程进行"微直播"，形成了"场内场外代表建言献策，网上网下政民互动交流"的政府会议开放新模式。

（八）推动电子公报便民化

以便民惠民为导向，积极拓展政府公报传播新渠道，及时将政府公报推送到群众"指尖"上，提高公众获取政府信息的便捷性。

1. 一网登载，全域共享。推进政府公报网络版升级，改变原有需要下载专用浏览器才能阅览的模式，采取通用性强的网页模式和 PDF 格式双重展示，让公众浏览、分享更方便，实现全网共享传播。同时实现打印、下载等功能，方便公众使用。

2. 一键检索，提升服务。建设电子公报数据库，进一步优化电子公报检索功能，满足年度、期次、文件标题、文件关键字、发文单位、发文日期、公文种类等多种检索需求，方便群众查询。增加文件政策解读链接、无障碍阅读等便民功能，在公报网页可链接查询国务院公报、市人大公报和所属各区政府网站。

3. 一码扫描，手机适配。适应移动阅读、分享的需求，对电子公报和每个文件设置二维码，"扫一扫"直接在手机上打开政府公报网页，实现网上所有功能以及每个文件均能扫描阅读及微博、微信等多种途径分享功能。

4. 一点发布，融媒传播。加强新媒体传播，借助"北京发布"新媒体矩阵、"首都之窗"微博、微信公众号，第一时间推送电子公报，变被动服务为主动服务，提升政府公报传播效率。

三 主要成效：发挥政务公开积极作用

（一）公开助推首都高质量发展

公开透明是国家治理体系和治理能力现代化的内在要求。公开作为一种新的治理方式，改变了传统行政管理方式，提高了行政管理效率，在围绕中心、服务大局中扮演着重要角色。

1. 以公开优化营商环境。围绕京津冀协同发展、构建"高精尖"经济结构、产业创新驱动、推进高质量发展等，及时公开政策措施、解读产业形势、提示市场风险，加强软性引导，减少行政干预，发挥市场机制作用。通过做好市、区两级政府部门行政审批事项取消、下放和调整情况公开，进一步精简行政审批事项，营造良好营商环境，激发市场活力。

2. 以公开辅助监管创新。推行行政监督检查"双随机、一公开"，制定公布随机抽查事项清单，及时向社会公开抽查情况和查处结果，创新执法方式，增强执法效果；公开公示行政许可和行政处罚等信用信息，推行企业信息公示，及时发布企业良好信息、提示信息、警示信息，建立健全社会信用约束机制，推行行业管理"黑白名单"制度，提高政府监管效能；加大政府数据共享开放，为进一步加强事中事后监管提供了良好基础和支撑。

3. 以公开促进改革措施落实。推进行政权力运行全流程公开，覆盖决策、执行、管理、服务、结果全过程，强化公众监督对行政行为的约束。及时公开市政府重点工作、重要民生实事项目、政府决定事项及其落实情况。建立市政府年度绩效任务和完成情况公开制度，通过市级行政机关和区政府负责人述职述廉的方式，实现政府绩效和督查结果向社会公开。

（二）公开助推法治政府建设

"公开是承诺，公开也是监督"，通过公开将政府工作置于公众视野之下，主动接受社会监督，促进加快形成科学有效的行政权力运行制约和监督体系，在很大程度上规范了行政行为，对防止不作为、慢作为和乱作为起到了重要作用。

1. 以公开明权责。在市、区政府工作部门推行权力清单制度，将各项行政职权事项、法律依据、实施主体、运行流程、监督方式以清单的形式向社会公布；建立通用和专项责任清单制度，将行政职权共性责任和大气污染防治等专项责任向社会公布，进一步明确职责权限，加快形成边界清晰、分工合理、权责一致、运转高效政府职能体系。

2. 以公开定规范。通过公开行政依据、流程、标准等，促进纠正行政管理突出问题。通过全面推行行政执法公示制度，行政执法部门主动向社会公开职责权限、执法依据、执法流程、执法结果、救济途径等，接受社会监督。通过推行行政处罚裁量基准公示，严格规范行政执法自由裁量权，减少行政执法随意性，促进执法公平公正。

（三）公开助推服务型政府建设

围绕群众最关心、最直接、最现实的利益问题，通过公开满足公众信息需求，增进互动交流，调动公众参与社会治理的积极性，进一步增强人民群众实实在在的获得感，树立诚信担当政府形象。

1. 以公开不断满足群众信息需要。针对公众需求，增强主动公开的便民性、服务性和实用性，整合传播发布渠道，提高信息发布的覆盖面，针对不同受众，优化线上线下渠道以及新媒体手段的运用，进一步提高信息传播的到达率。创新公开方式，推进部门职权、预决算等专题信息集中公开，明确公开标准，方便公众一站式查询和获取，让人民群众切实感受到信息公开带来的便利。

2. 以公开不断优化公共服务。围绕精简办事流程、优化服务，公开公共服务事项目录和办事指南，简化办理程序，精简证明事项及前置程序，明确办理依据、受理单位、基本流程、申请材料、收费标准、办理时限等，让群众少跑腿。推进"互联网＋政务服务"，将政务服务向网上延伸，提高服务效率，打通群众办事"最后一公里"。

3. 以公开不断深化政民互动。通过决策公开，公众更大程度、更有实效地参与到行政决策过程中，充分吸收公众意见、反映公众需求，进一步提升科学依法民主决策水平。通过加强政策解读，把政策制定背景、重点内容、措施理由，向社会公众说清楚、讲透彻，让群众能看到、能听懂、能理解。通过搭建多样、便捷的政民互动平台，不断畅通政民互动渠道，增进与公众的互动交流，促进政民关系更加融洽，进一步增强政府亲和力、公信力。

第十一章　上海市政务公开的进展

上海市人民政府办公厅政务公开办公室[*]

　　摘　要： 近年来，上海市围绕人民群众关注关切，坚持改革创新和需求导向，全面推进决策、执行、管理、服务、结果公开。建立健全政务公开制度体系，大力推进"互联网＋政务服务"，统筹公开、宣传、网信等部门协调联动，大政务公开工作格局逐步形成。建立公文公开属性源头认定和发布审查机制，健全政务舆情收集、研判、处置和回应"闭环"工作机制，发布、解读、回应"三位一体"政务公开新格局已基本形成。开展基层政务公开标准化规范化试点，发布全国首个基层政府信息主动公开系列标准，实现政府信息主动公开有据可依、有章可循。探索建立新形势下多元化解依申请公开领域难点瓶颈问题的应对机制，在全国首创特殊类型政府信息公开申请分类处理方法，全市依申请公开工作依法规范水平不断提高。

　　关键词： 公开制度　标准化　政策解读　保障机制

　　2017 年，上海市深入贯彻中共中央办公厅、国务院办公厅《关于全面推进政务公开工作的意见》及其实施细则，全面落实国务院办公厅《关于印发 2017 年政务公开工作要点的通知》，建立健全政务公开制度体系，全面推进决策、执行、管理、服务、结果公开（以下简称"五公开"）。在全国省级政府中实现"两个率先，两个首创，两个第一"，继续保持在全国的领先地位。率先基本建成发布、解读、回应"三位一体"政务公开新格局；率先发布全国首个基层政府信息主动公开系列标

---

　　* 执笔人：李晓冉，上海市人民政府办公厅政务公开办公室主任科员。

准。首创公文公开属性认定和发布审查工作制度；首创特殊类型信息公开申请答复操作办法，规制滥用信息公开申请权行为。

截至 2017 年年底，全市新增主动公开政府信息约 53.1 万条，受理政府信息公开申请约 4 万余件。上海市政府办公厅全年共处理向市政府提出的信息公开申请 2000 余件，全部依法按期答复。代表市政府应对后续行政复议 96 件、行政诉讼 146 件，全部得到依法维持，继续保持了省级政府零败诉的纪录，维护了市政府依法行政、公开透明的良好形象。

一　建立健全制度体系，明确协作机制

（一）进一步完善全市政务公开领导机制

上海市政府信息公开联席会议制度已运行多年，随着全国政务公开领导小组的调整以及工作内容的不断扩展，原有的领导机制已很难适应新的工作推进要求。为更好地推进上海市政务公开工作，打造廉洁政府、阳光政府、法治政府、服务型政府，考虑到政务公开与政务服务是政府自身能力建设及职能转变的两个重要方面，且二者相互交融互为支撑，市政府创设性地成立了政务公开与"互联网＋政务服务"领导小组，统筹安排、联动部署政务公开与"互联网＋政务服务"工作。领导小组由市长任组长，常务副市长和秘书长任副组长，领导小组办公室设在市政府办公厅，市政府各部门、各区政府一把手为领导小组成员。此外，领导小组还将市委宣传部、市网信办作为成员单位纳入，上海市的政务公开顶层设计及领导机制进一步得到加强和完善。新的高规格领导小组的成立体现了市政府对政务公开工作的高度重视，各单位主要领导作为领导小组成员也更有利于凝聚各方共识，提高政务公开工作的整体定位，站在新的起点更好、更全面地推进政务公开各项工作。同时政务公开、宣传、网信等部门的快速反应和协调联动机制进一步确立，公开的准确性、及时性、针对性、有效性得到强化，大政务公开工作格局逐步形成。

（二）研究出台具有上海特色的实施意见

中共中央办公厅、国务院办公厅《关于全面推进政务公开工作的意见》下发后，政务公开办认真组织学习，并着手启动上海市《关于全面推进政务公开工作的实施意见》的起草。为更好地结合上海市实际，全面规划部署未来一个阶段全市政务公开工作，一是系统梳理了市委、市政府政策文件中有关政务公开的部署和市领导对新形势下政务公开工作的要求；二是总结吸收了2017年上海市在政府信息公开和政务公开领域取得的实践创新成果以及民众对政务公开发展方向和功能突破方面的普遍期待；三是立足于发挥政务公开聚共识、稳预期、促落实的作用，认真研究吃透上海市"十三五规划"、市政府各项重点工作等提出的任务和目标；四是组织了部分部门就重点领域公开以及政务服务、政策解读、回应关切、制度建设等方面内容逐项提出工作目标和行动路径。在此基础上，结合国务院部门和兄弟省市的成功经验和做法，起草了上海市《实施意见》的初稿。初稿形成后，又分别以召开研讨会及书面征询的形式两次全范围听取市政府各部门、各区政府及有关单位的意见和建议，并进一步修改完善，形成文件送审稿。送审稿经市政府常务会议审议通过后，《关于全面推进政务公开工作的实施意见》（沪委办发〔2017〕14号）（以下简称《实施意见》）最终由市委办公厅、市政府办公厅联合发文向社会公布。

《实施意见》共分总体要求、抓好权力运行全流程公开、深化管理服务和重点工作公开、加强政府与民众互动、规范完善公开制度体系、融合优化公开平台和渠道、切实加强政务公开的组织领导7个部分，提出26条意见，统一部署和推进到2020年全市政务公开工作。《实施意见》的出台进一步指明了上海市政务公开工作的发展方向，明确了各项重点任务和工作要求，对促进政府职能转变、提升政府治理能力和水平以及充分保障人民群众知情权、监督权、参与权等民主权利具有重要意见。《实施意见》每年以政务公开工作要点和任务分解表的形式明确工作责任部门和时间节点，力争通过几年的努力，进一步巩固和加强上海市政务公开工作在全国的领先地位。

（三）制定发布《2017 年上海市政务公开工作要点》

围绕国务院办公厅《2017 年政务公开工作要点》所明确的公开任务，上海市政府办公厅多次召集区政府和相关部门座谈，研究落实方案。在全面贯彻国办文件精神的基础上，结合市委、市政府中心工作和社会关注热点，适度自我加压，进一步扩大公开范围，体现上海先行先试的特点，拟订《2017 年上海市政务公开工作要点》，经市政府常务会议审议后印发。

要点下发后，组织各重点领域公开任务牵头部门对《2017 年上海市政务公开工作要点》各项任务进行逐项分解，排定时间节点，明确责任分工，印发了《2017 年上海市政务公开重点任务分解表》，确保每项工作可量化、可监督、可考核。同时，上海市政府办公厅强化过程监督，开展了不定期的督查检查，并于三季度结束后召集重点领域公开任务牵头部门座谈，梳理完成情况和推进中的难点问题，并及时研究解决，切实推进各项公开任务落到实处。

二　以标准化规范化为抓手，完善主动公开

（一）承担国家试点任务，提升基层政务公开标准化规范化水平

2017 年 5 月，国务院办公厅印发了《开展基层政务公开标准化规范化试点工作方案》（国办发〔2017〕42 号），将上海市浦东新区、徐汇区、普陀区、虹口区、金山区纳入 100 个试点区县，在就业创业、社会救助、社会保险、户籍管理、医疗卫生、涉农补贴、城市综合执法、养老服务等方面开展试点工作。接到任务后，上海市政府办公厅立即组织相关单位开展学习研讨，深入领会试点工作的重要意义，认真落实国办要求。印发《本市开展基层政务公开标准化规范化试点工作实施方案》（沪府办〔2017〕41 号），建立了试点区主导，市级层面统筹推进的工作格局，明确市政务公开与"互联网＋政务服务"领导小组负责统筹试点工作，市政府办公厅负责组织推进。鼓励 5 家试点单位结合区域特点，开展探索创新，努力为全国提供经验和做法。上海市政府办公

厅每月召开试点工作例会，及时掌握推进情况，研究解决疑难问题，确保试点月月推进有动作，任务项项落实有措施。2017 年，5 家试点区已完成政务公开事项清单梳理工作。

政府信息主动公开标准化试点项目取得重要阶段性成果。2016 年，上海市政府办公厅在普陀区开展政府信息主动公开标准化试点（项目期两年），并邀请专家提供专业指导，在全国省级政府中率先将标准化理念和方法引入政务公开领域。普陀区 27 家部门和 10 个街镇围绕"涉及群众利益""社会普遍关注的领域""服务事项"等重点领域，按照权责清单、服务事项及群众关切的热点内容梳理了近 60 项重点领域政府信息主动公开清单，逐项开展标准编制工作。2017 年 9 月，普陀区率先发布全国首个基层政府信息主动公开系列标准，共包含 152 个标准，其中国标 44 个、行标 1 个、地标 3 个、区标 104 个，得到国办公开办的高度认可。标准发布后，吸引全国多家省市地区考察团前来学习标准化工作经验，2017 年已接待 11 批次。

（二）在全国首创公文公开属性认定和发布审查工作制度

严格贯彻国办提出的将"五公开"落实到公文办理程序中的工作要求，制定了《上海市人民政府公文公开发布实施办法》（沪府办发〔2017〕18 号），以现行公文公开属性源头认定和发布审查内部规范为基础，进一步完善了书面报送、前置审核等发布各环节具体措施，健全动态管理、考核评估等相关工作机制。厘清了市政府办公厅和起草单位在公文公开发布工作中的职责，落实分工，推进发布工作规范有序开展，确保政府信息权威发布。截至 2017 年年底，共审核认定相关公文公开属性 337 件，严格把关，努力提高公开比例，主动公开率为 92.6%，依申请公开率为 5.9%，发布时效也进一步提高。

（三）进一步加强政策解读实效回应社会关切

切实执行《上海市行政机关政策文件解读实施办法》，健全解读政策工作机制，真正做到政策文件与解读材料同步起草、同步审签、同步发布。强化对自贸试验区、科创中心、"四个中心"建设及"放管服"改革等重大改革举措的解读说明，以公开推动各项改革举措落实。继续保持主要负责人带头进行政策解读的良好做法，鼓励采用图解、视频等形式，加强形象化、通俗化解读，让群众听得懂、好理解。

贯彻落实国务院办公厅印发的《关于在政务公开工作中进一步做好政务舆情回应的通知》（国办发〔2016〕61号），进一步发挥好政务公开在回应社会关切上的巨大作用，健全政务舆情收集、研判、处置和回应机制。高度重视国办转发的舆情处置单，稳妥应对相关舆情。2017年，上海市政府办公厅共处理国办转发的舆情处置单1件，即"携程亲子园虐童事件"。接到处置单后，上海市政府办公厅立即与市政府新闻办、市妇联和相关部门沟通，按照"快报事实，慎报原因"的要求，由主管部门及时发布回应信息，并密切跟踪舆情，持续开展回应，相关负面舆情得到有效疏导。

（四）重点领域政务公开工作取得显著成效

一是行政权力运行信息公开继续深化。建立了行政权力清单动态调整机制，完善了建议提案办理结果公开的运行机制，重大决策过程更加透明，部分单位还探索建立利益相关方列席政府有关会议的制度。二是财政资金信息公开取得新进展。各级政府、各部门和单位及时公开机关运行经费安排，财政专项资金支出及政府采购、绩效评价、国有资产、政府购买服务等信息，各区政府还进一步加大政府债务情况的公开力度，推进预决算公开向乡镇一级的单位延伸。此外，保障性住房、房屋土地征收和补偿、环境保护、食品药品安全等涉及群众切身利益的领域公开透明要求得到全面落实，国资监管、安全生产、工程建设项目等公众普遍关心的领域信息公开得到大力加强。

（五）大力推进政务数据开放增值利用

一是扎实推进政务数据资源目录体系建设，现已有27家市级部门100%完成本年度信息化运维项目目录编制工作，并上传上海市数据目录8400余条至国家编目系统。二是依托数据平台实现政务数据对内共享、对外开放，现基于政务外网的上海市政府数据资源服务平台已汇聚各部门数据资源目录1.9万余条，数据项29万个；基于互联网的上海市政府数据服务网已累计向社会开放数据资源逾1500项，涵盖12个重点领域、11 个应用场景，提供包括数据产品、接口服务、数据应用、移动应用等多种数据开放格式。其中，2017 年计划向社会开放数据资源 236 项，现已开放 240 项，提前超额完成开放计划。三是营造数据开放创新应用市场环境，引进第三方市场化运营力量对开放平台的应用场景、数据关联、数据治理、用户认证、安全管控、互动社区等功能进行了完善和优化。在成功举办前两届上海数据开放创新应用大赛（SODA）的基础上，聚焦"城市管理"主题，举办第三届大赛，30 多家政府部门和企业开展数据合作，产出 200 多个数据创新应用。

三 化解依申请公开难点问题，提升管理服务水平

（一）创新申请处理方式，规制滥用信息公开申请权行为

为厘清政府信息依申请公开工作范畴，避免不同程序交织造成相关复议诉讼的法律风险，上海市政府办公厅认真梳理汇总现有法规规章、政策文件、司法解释的有关精神和要求，参考相关司法判例和理论研究成果，经反复与法制部门、法院系统沟通协商，制定出台了《特殊类型信息公开申请答复操作办法》，对七类常见的特殊类型申请的认定标准和答复依据、口径等进行了规范，在全国信息公开领域取得较大反响。《操作办法》自 2017 年 7 月施行以来，全市信息公开类的复议诉讼量显著下降。

针对一些当事人违背信息公开制度立法本意，滥用申请及救济权利、挤占有限行政资源和司法资源的不良现象，上海市政府办公厅会同市政府法制办、市信访办对 2015 年以来的滥申请、滥复议、滥诉等情况进行了梳理，并经与市高级人民法院反复协商，提出了应对办法，规范依申请公开秩序。2017 年第三季度以来，全市申请量明显下降。

（二）升级改造上海市政府信息公开工作平台

在征求各相关部门和单位意见的基础上，在信息中心的支持下，上海市政府办公厅对该上海市政府信息公开工作平台进行了升级改造，增

加了转办、分办、通知通告、身份证上传、一周申请量排名等实用性功能，得到了各单位的好评。同时，要求各区和各部门及时接入该平台，避免成为信息孤岛。此外，该平台还将与市高法、市政府法制办等单位的信息系统对接，今后还将实现复议、诉讼的网上办理、资料传输等功能，力争把该平台打造成全市政务公开的大平台。依托全市信息公开工作平台，实现标准表单、标准流程和全过程监控，保证各类申请能够依法受理、按期办结。

（三）进一步完善依申请公开的办理制度

一是直接沟通，强化依申请服务。在后勤管理处、信息中心支持下，上海市政府办公厅引入了录音电话，经办人员对一些申请表中不明晰的事项，及时与申请人沟通，通过电话沟通，达到了解申请人真实意图、解释相关制度和规定、取得申请人的认可等目的，同时也在一定程度上避免了法律风险。二是建立信访转件的接收制度。经与信访办沟通，确立了向市政府主要领导提交的信息公开申请，市政府信访办接收后，转政务公开办办理的制度。通过接收表的签收，明确了办理时限，厘清了信访件与申请件的关系，经半年来的运作，总体效果良好。三是修订市政府信息公开指南，进一步提高了依申请公开工作的规范化水平。根据国务院办公厅近年来对信息公开工作的新要求和上海市工作实践，上海市政府办公厅组织修订了市政府信息公开指南，增加了主动公开渠道，规范了申请接收渠道和申请材料要求，细化了办理说明。

四　强化监督保障，建立政务公开工作长效机制

一是进一步强化业务培训。完善经常性教育培训机制，分级分层组织实施，将政务公开纳入公务员初任培训课程。全年共举办全市性工作培训 2 次，培训范围进一步扩大至中央在沪单位以及市级政府派出机构，参加人数 300 余人次。上海市政府办公厅精心制定业务培训计划，安排培训科目和内容，邀请政务公开、新闻宣传、行政法律等领域的专

家学者授课，确保每次培训都让大家"有所得"。此外，各市级机关及区政府对部门、街道乡镇分管领导、办公室主任及工作人员分别组织开展培训，实现对各区政府、市政府各部门公开工作分管领导、工作机构分管领导和工作人员的业务员培训全覆盖，全市政务公开队伍的专业化水平和工作能力进一步提升。

二是继续将政务公开工作纳入市政府重点工作和各单位党政领导班子年度绩效考核范围。对照 2017 年度政务公开工作要点，完善考核项目，并按国务院办公厅要求，将分值权重提高至 4 分。强化激励和问责，对 2016 年排名靠后的单位进行约谈，并于年底进行重点督察，督促提高整体公开工作意识和水平。开展政府信息公开第三方测评，以公众视野检验公开实效。

三是进一步加强对基层政务公开工作的指导。针对基层政务公开工作中的难点问题，组织调研、加强沟通、现场解答，提出解决方案，2017 年度共组织调研 100 余次；主要领导带头，积极参加各区、各部门组织的政务公开培训并授课，通过形象生动的授课，帮助基层政务公开工作人员增强意识、开阔视野、了解政策，2017 年度共开展授课培训 50 余次。

五　拓展政府公报发放渠道，发挥标准文本的指导和服务作用

2017 年起，《上海市人民政府公报》（以下简称《公报》）由政务公开办负责编辑。为了进一步规范《公报》的编辑和发放工作，控制财政成本，上海市政府办公厅通过大量调查研究、实地检查等方式，综合考虑《公报》历年发放数据、发放方式有效性、《公报》领取对象特点、微信微博等新媒体发展等因素，经领导同意，《公报》由每期印刷 20 万册减少为 8 万册，年度预算 750 万元减至 300 万元。在减少《公报》数量的基础上，大力优化《公报》发放宣传机制，一方面，与"上海发布"等新媒体发布平台管理方沟通，探索在网络平台上对《公报》进行宣传和推送；另一方面，督促各发行渠道单位将《公报》宣

传和发放充分结合起来，在各发放渠道和网点推广《公报》获取方式（包括《公报》发放意义，电子版和纸质版的获取方式、范围、订阅途径，等等）。同时加强对《公报》发放的管理，在维持发放网点基本不变的前提下，督促各发放单位定期统计各渠道《公报》发放完成情况，并对数据进行汇总和整理，为进一步完善发放机制提供数据支持。

第十二章　贵州省推进政务公开
调研报告

贵州省政务公开调研课题组[*]

　　摘　要：贵州省在全面推进政务公开工作中进行了大量探索和创新实践，为贵州经济社会发展、扶贫攻坚和决胜全面建成小康社会发挥重大作用，为推进全面依法治国、推进地方政府治理现代化提供了宝贵的地方经验。调研报告从新时代对地方政府政务公开的新要求，贵州省全面推进政务公开的创新性做法，贵州省全面推进政务公开创新做法的特点，新时代全面推进地方政府政务公开的发展展望四个方面进行了阐述。
　　关键词：新时代　政务公开　法治政府

一　新时代对政务公开的新要求

　　党的十九大站在历史与未来、中国与世界的新高度，着眼于实现"两个一百年"奋斗目标，作出了中国特色社会主义进入新时代、中国社会主要矛盾已经转化为人民日益增长的美好生活需要和不平衡不充分的发展之间的矛盾等重大战略判断，对社会主义现代化建设"两个阶段"的重大战略安排进行了部署，绘就了高举中国特色社会主义伟大旗

　　* 课题组负责人：罗琳，贵州省人民政府办公厅秘书七处处长，政务信息处原处长。项目组成员：刘文国、黄其松、聂独席、杜丹、许鹿、汪磊、金元哲、唐小红、李凯、张弛。执笔人：许鹿，贵州大学公共管理学院副院长、教授；汪磊，贵州大学公共管理学院教授。

帜、决胜全面建成小康社会、夺取新时代中国特色社会主义伟大胜利的新蓝图。

"新时代"特指中国特色社会主义发展的新的历史定位，具有特有的鲜明特征和中国标志。经过 40 年的改革开放，社会主要矛盾的内涵发生了深刻变化，过去人们还停留在对较低层次的物质文化产品的消费需求，当前在物质文化需要逐步得到满足的基础上，人们对更高层次、更高质量生活的需要日益广泛、更加强烈，对民主、法治、公平、正义、安全、环境等方面的要求也日益增长，人民的需求已然提升到包括满足物质文化需求的对"美好生活"全方位、高层次的需要。社会主要矛盾的历史性转化，是判断中国发展新历史方位的客观依据，开启新征程，以前所未有的力度推进全面依法治国将为新时代坚持和发展中国特色社会主义、实现"两个一百年"奋斗目标和中华民族伟大复兴的中国梦提供坚强的法治保障。

全面依法治国是习近平新时代中国特色社会主义思想的重要组成部分，是"四个全面"战略布局的重要内容。习近平总书记指出："法律是治国之重器，法治是国家治理体系和治理能力的重要依托。全面推进依法治国，是解决党和国家事业发展面临的一系列重大问题，解放和增强社会活力、促进社会公平正义、维护社会和谐稳定、确保党和国家长治久安的根本要求。"

作为现代行政的基本制度，政务公开是现代政府的重要制度安排，是政府性质和职能的内在要求，是法治政府建设的重要内容，是国家治理现代化中基础建设的核心要件，是新时代中国特色社会主义思想的重要组成部分，也是坚持和发展中国特色社会主义的重要内容。全面推进政务公开有利于加快行政管理体制改革，推动简政放权与职能管理方式转变相结合；有利于强化对权力的约束和监督，从源头上预防和治理腐败；有利于推进公民参与政府治理，繁荣中国特色社会主义民主政治。中国特色社会主义进入新时代，对全面推行政务公开提出了新要求。

一是紧紧围绕党带领人民贯彻依法治国基本方略，坚定不移走中国特色社会主义法治道路；积极推进多层次多领域的依法治理，不断推进国家治理体系和治理能力现代化；提高全面推进政务公开法治化、规范化和科学化水平。

二是深刻领会新时代发展理念和发展方式发生的重大转变。坚持党领导人民科学把握社会主义本质要求和发展方向，坚持以人民为中心的创新、协调、绿色、开放、共享的新发展理念，形成新发展理念导引下的全面推进政务公开工作新的发展方式。

三是准确把握新时代发展环境和发展条件的深刻变化。把全面推进政务信公开和落实与保障公民权益、改善政府管理绩效、提升公共服务质量结合起来，通过决策公开、执行公开、管理公开、服务公开、结果公开，实现公开、回应、服务、互动等功能的整合，通过政务公开建设，实现公民权利，提高社会的信息沟通、互动的能力，发展社会主义民主政治，把坚持党的领导、人民当家作主、依法治国有机统一起来。

四是认真落实新时代发展水平和发展要求提出的更高目标。在全面推进政务公开工作中，党员干部特别是领导干部要全面增强执政本领，不断提高政治领导本领、改革创新本领、科学发展本领、依法执政本领、群众工作本领、狠抓落实本领、驾驭风险本领，提高贯彻新发展理念的能力和水平，通过"以公开为常态、以不公开为例外"的全面政务公开，实现权力监督阳光化。增进施政的民意基础，促进社会的协同合作。推动新时代中国特色社会主义不断朝着更高质量、更有效率、更加公平、更可持续的方向前进。

二　贵州省政务公开的创新做法

全面推行政务公开，让权力在阳光下运行，是现代政府管理的基本要求。政务公开是保障公民知情权、参与权、表达权和监督权，加强对公共权力制约与监督的一项制度安排，同时还是满足公众对公共信息的需求，及时回应公众的期盼和关切的重要途径。随着中国进入新时代，政务公开已成为建设法治政府的基础性工作。贵州省在推行政务公开的实践中，结合贵州经济社会发展的具体实践，探索出一些具有创新性的做法。

（一）构建完善的政策支撑体系

习近平总书记指出，政务公开是法治建设的一项重要制度，要以制度安排把政务公开贯穿政务运行全过程，权力运行到哪里，公开和监督就延伸到哪里。2007 年国务院出台了《政府信息公开条例》，2016 中共中央办公厅、国务院办公厅颁发了《关于全面推进政务公开的意见》，明确提出要坚持以公开为常态、不公开为例外，让权力在阳光下运行。贵州省委、省政府高度重视政务公开的相关工作，按照每年国务院办公厅印发的《政务公开工作要点的通知》精神，结合贵州省"大扶贫，大数据，大健康"的具体战略，自 2012 年以来，贵州省委、省政府根据中共中央办公厅、国务院办公厅关于政务公开的总体部署，连续 6 年制定了政务公开工作要点，构建了年初印发公开要点、年中逐项抓好落实、年底开展督查评估的工作机制，扎实推进重点领域信息公开、政策解读、回应关切、制度建设等工作。法无授权不可为，法定职责必须为。围绕如何高效推进政务公开，按照"公开什么，谁来公开，如何公开，效果如何"的逻辑思路，贵州省先后出台了《贵州省政府信息公开暂行规定》《贵州省政务公开工作要点的通知》《贵州省政府部门办事公开办法》《关于全面推进政务公开工作的实施意见》《贵州省开展基层政务公开标准化规范化试点实施方案》等一系列相关的政策措施，在全省范围内形成了推动政务公开工作的政策支撑体系，实现了贵州省各级政务公开由被动到主动，由分散到集成，由局部到整体，由抽象到标准的相对完备的政策体系。

（二）创立政务公开监督员制度

政务公开工作作为涉及权力运行、民生工程、机制体制、政策法规等诸多领域的政治性强、政策性强、综合性强、技术性强的系统工程，涵盖了从体制到机制的政策维度，从宏观到微观的空间维度，从决策到执行的流程维度，从效率到效益的评价维度等不同维度，社会关注度高，群众反响性大。好的政策制定以后，如何落实相关政策是关键的一环。三分靠政策，七分靠落实，为了保持贵州省政务公开的常态化长效机制，有效推进相关政策的实施，贵州省制定了基础政务公开监督员制度，即由省级政府层面主导，将政务公开监督员制度纳入政务公开要点安排部署，作为全省政务公开的规定性要求，政务公开监督员由各县政府统一管理，代表县政府对政务公开工作开展监督巡视，直接对县政府政务公开工作机构负责。具体而言，首先明确以县为单位自行确定监督员招募方式、招募人数、监督形式等，出台县级层面的政务公开监督员制度，在充分调动县级政策政务公开工作的创造性的基础上，避免重复部署带来的行政资源浪费。县级政府自行确定监督员招募方式、招募人数、监督形式等。在招募对象上，坚持从群众中来、到群众中去，兼顾监督员群体的广泛性和代表性，将乡镇人大代表、政协委员、党员代表、离退休干部、村民代表、社会团体以及基层群众中工作经验丰富、热心公共事务、作风公道正派的群众纳入监督员队伍。2016 年全省共招募监督员 1.5 万名，其中 94% 以上来自村、社区和企业一线，涵盖工人、农民、村干部、企业家、律师、教师、民主党派人士等多个行业和领域。① 通过在全省大力推行政务公开监督员制度，创新引入社会力量，将政务公开监督与社会评议、民意调查、民生特派等社会监督机制相结合，实现了对基层行政权力运行全流程、政务服务全过程进行监督，有效提升基层政务公开标准化、规范化水平，实现基层政务阳光透明。

（三）构建立体式的政务公开渠道

宏观层面上已经明确了"公开为常态，不公开为例外"的总体性原则，但在微观层面涉及"如何公开"的手段和途径均未作出具体的安排，而公开渠道的多样性直接影响着政务公开的质量。贵州省在推进政务公开的具体实践中，以群众需求为导向，公开形式丰富、公开渠道便捷，涵盖手机 APP、微信、微博、客户端以及融查询打印于一体的触屏式自助终端机等立体式信息公开渠道。从公开载体来看，充分体现了线上与线下相结合，虚拟与实体相结合的特点；从公开形式来看，体现了漫画与文字相结合，汉语与少数民族语言相结合的特点；从功能的角度

① 参见《贵州推动基层政务公开监督员制度》，网址：http://news.cnr.cn/native/city/20161123/t20161123_ 523285047. shtml，最后访问日期：2018 年 3 月 8 日。

来看，体现了查询与打印相结合，宣传与服务相结合的特点，立体式的
政务公开渠道已经形成。贵州是全国贫困范围最广、贫困程度最深、脱
贫难度最大的省份，脱贫攻坚是"十三五"时期的头等大事和第一民
生。以精准扶贫领域的信息公开为例，贵州创造性地摸索出来"纸质明
白卡＋微博微信＋手机短信＋网站查询＋便民点咨询＋政策口袋书"的
扶贫公开渠道，强化了脱贫攻坚相关政策解读公开。通过构建多渠道、
全方位、立体式的信息公开渠道，让基层群众及时知晓扶贫政策，了解
扶贫信息，用好政策红利。此外，贵州省政务公开渠道创新还紧扣全省
的大数据发展战略，随着 2017 年"云上贵州"APP 平台正式上线，该
平台已成为国内第一个省级政务民生服务综合平台。通过不断实现各级
政府部门政务信息在"云上贵州"平台上的集成，借助手机 APP，群众
可轻松获取贵州省各级政府及相关职能部门提供的 24 小时在线政务和
民生服务，最终构建"一机在手，公开所有"的政务公开平台。

（四）建立第三方评估机制

客观公正的第三方评估是测度各级政府政务公开质量的有效手段，
是回答"效果如何"的重要途径。为不断提升贵州省政务公开的质量，
贵州省政府从省内高校和科研院所选聘从事电子政务、政务公开、行政
法、公共管理等相关领域研究的 22 名专家学者，组建全省政务公开咨
询顾问团队，为透明度评估、法律咨询、政策研究等提供有力的智力支
持。近三年来，先后委托中国社会科学院法学研究所、贵州省委党校、
贵州大学等独立的第三方评估机构，本着客观、公正的原则，结合贵州
经济社会发展的客观实际，构建了符合贵州省情的评价指标体系，并对
全省 35 个省直部门、9 个市（州）、88 个县（市、区、特区）开展政
府透明度评估，并对外公开发布评估结果，影响范围不断扩展，影响力
显著增强，最终实现了省、市、县三级政府政务公开评估的全覆盖。评
估过程中评估团队既聚焦于问题的存在，又收集政务公开中的成绩和亮
点，并将相关问题反馈给各级政府部门，作为限期整改的客观依据。第
三方评估的结果不仅作为问题整改的依据，同时还是各级政府目标绩效
考核体系的重要组成部分。根据贵州省委办公厅、省政府办公厅《关于
全面推进政务公开工作的实施意见》，自 2017 年起，各级政府要把政务

公开纳入年度目标绩效考核体系，分值权重不低于4%。通过引入第三方评估，有效促进了各级政府的政务公开质量提升，形成了管理流程上的闭环，最终达到了"以评促建，以评促改，以评促管，评建并举"的目的，推动贵州省政府政务公开质量再上新台阶。

三 贵州省政务公开的经验总结

总体而言，由于中国政务公开起步相对较晚，加之不同省区之间存在地理区位、经济发展，以及治理能力等方面的差异，省级政府层面并没有形成标准化的成熟的政务公开模式，多数省区尚处于推进政务公开的摸索阶段。由于贵州省委省政府领导的高度重视，同时受大数据战略的有力驱动，贵州省在推进政务公开的过程中不乏亮点，推陈出新，呈现了一些具有创新性的做法。从理论和实践两个维度予以总结，主要体现出以下特点。

（一）理论层面凸显了政务公开的内在逻辑

1. 缓解了不同主体间的信息不对称

无论是政府、企业、社会还是公众，做出科学有效的决策都必须依赖信息。长期以来，由于全能型政府对公共事务的处理处于相对垄断状态，政府一直是国家和社会信息的垄断者，据统计，信息数据资源80%以上掌握在各级政府部门手里。由于顶层设计的缺失与历史因素的影响，政府信息不透明，公共信息被据为己有，利用信息垄断牟取私利等现象十分普遍。"数据烟囱""信息孤岛"以及碎片化信息广泛存在，严重影响了社会资源的有效配置，制约了不同主体决策质量的提升。自2007年国务院发布《政府信息公开条例》以来，贵州省委省政府高度重视政务公开的正外部性，通过实施政务公开，满足了不同主体的信息需求，有效提升了政务公开的质量。具体而言，对外不仅有效缓解了政府与公众之间的信息不对称程度，真正做到了以信息公开为常态，不公开为例外，而且还保障了公众的知情权、参与权和监督权；对内借助政务公开，实现了不同职能部门之间的信息共享、数据融合，拆除了"数据烟囱",破解了"信息孤岛",降低了不同部门之间的交易成本,提高了政府工作效率和效能。实践证明,近年来,贵州省经济增长连续多年位居全国前列,与不断增强各级政府透明度、打造服务型政府有着密切的关系。

2. 实现了管理流程的有效闭环

当前,政务公开仍处于起步阶段。不同省份的工作重心主要着眼于政务公开的内容、主体等问题,而作为政务公开管理中的最后一环"效果如何"往往容易被忽视。按照管理的职能理论,计划—组织—领导—控制是四个逻辑严密、首尾闭合、不断循环的过程。如果忽略了控制环节,整个管理环节会陷入无序状态。贵州省在推行政务公开的实践中,积极引入基层政务公开监督员以及独立的第三方评估正是管理中控制职能的具体体现,是提升政务管理质量的有效手段,符合现代管理理论的内在逻辑。具体而言,贵州省的政务公开做法,一方面借助全省大数据战略优势,以信息化手段提高政务公开质量和效率;另一方面借助独立的第三方评估,构建了"政策部署—合理分工—基层监督—第三方评估—信息反馈—绩效考核"闭环管理模式,从而实现了从决策到执行,从政策到绩效,从目标到结果的闭环路径,提炼出了符合贵州实际、符合理论逻辑的现实路径。实践证明,贵州省创新的这种"政策部署—合理分工—基层监督—第三方评估—信息反馈—绩效考核"闭环管理模式取得了很好的效果。

3. 切合了不同群体的信息需求

政务公开不仅是满足公民与社会对政府信息需求的基本手段,同时也是实现政府治理能力现代化、提高公民有效参与的重要手段。当前,不同省份的政务公开过程中,政府信息供给与公众信息需求之间仍然存在着较大的差距,主要表现为一些部门公开的信息陈旧老化、更新不及时,或者变成了部门领导人的日记,远离了公众信息需求。随着信息时代的来临,人民群众对公共信息的需求日益迫切。信息需求形式日益呈现出多样化、个性化、瞬时化的特点,只有不断拓宽信息公开渠道、变革信息公开途径才能顺应公众信息需求的特点。贵州省的政务公开实践中体现了这一特点。整体而言,贵州是一个欠发达的贫困省份,截至 2016 年年底,全省还有贫困人口 372.2 万人。建档立卡贫困户就是贵州省最大的贫困群体，该群体的信息需求就是政务公开工作的重点，因此，在贵州省出台的《关于全面推进政务公开工作的实施意见》中专门设置条块内容，对扶贫领域的相关信息进行顶层设计，如建立扶贫信息公开目录，制作扶贫惠农政策"口袋书""明白卡"等宣传资料，加强和规范社会扶贫款物管理，搭建社会扶贫信息平台等，极大地满足了贵州建档立卡贫困户对扶贫政策、扶贫资金以及其他相关信息的需求。

由上述分析可知，贵州省在政务公开领域的创新性做法符合管理学、信息科学、经济学以及其他相关学科的内在逻辑，形成了"政策部署—合理分工—基层监督—第三方评估—信息反馈—绩效考核"闭环管理模式，具有制度上的成熟性、流程上的稳定性以及模式上的可复制性。

（二）实践层面践行了贵州发展的时代新要求

党的十九大报告明确指出，中国特色社会主义进入新时代，社会主要矛盾已经转化为人民日益增长的美好生活需要和不平衡不充分的发展之间的矛盾。当前，新时代背景下贵州省的新要求首先是完成脱贫攻坚任务，2020 年与全国同步进入小康社会。作为"十三五"时期贵州省经济社会发展的头等大事和第一民生，大扶贫战略正是这种新要求的具体体现。《贵州省 2017 年政务公开工作要点》（以下简称《要点》）中提出了 24 个领域的 80 项重点工作任务，其中，大力推进大扶贫信息公开被置于重要位置。《要点》中提及的面向重点行业和重点民生领域，开展大数据推进政务公开应用的 50 个典型示范应用中，扶贫领域的典型应用示范被置于旅游、医疗、教育、粮食、食品、交通、民政、人社、国土、工商、环保、税务、安全生产等其他 49 个典型示范应用之前。

从发展战略来看，发展大数据产业是当前贵州省实现弯道超车和产业结构调整的重要战略。贵州省在推行政务公开的实践中实现了政务公开与发展大数据的有机融合。在《要点》中，重点提到了应用大数据提升公开水平，具体包括依托"云上贵州"平台，推动政府数据资源开放共享，以及面向重点行业和重点民生领域，开展大数据推进政务公开应用示范。2016 年，贵州启动政府数据开发领域的"聚通用"战略，实现省、市两级 481 个应用系统迁入"云上贵州"，涵盖法人单位、人口、空间地理、宏观经济四大基础库，实现整合共建无缝共享，建设成全省统一的政府数据中心，这为全省政务公开提供了硬件平台。实际上，依托"云上贵州"平台，借助"互联网＋"模式，贵州全面推进政务公开，打造了覆盖省、市、县三级政务、事务、商务服务"三务合一"的省网上办事大厅，初步实现"进一张网办全省事"的大审批服务格局，极大地释放了政府部门拥有的海量数据，有力地推动了政府治理领域的大数据产业发展，反过来，也有效提升了政务公开质量，真正实现了阳光透明政府。

当前，贵州省政务公开的具体实践，一方面紧扣国家层面政务公开领域的相关政策要求，完成了国家层面的规定性动作；另一方面，践行了贵州省大扶贫大数据的发展战略，体现了贵州发展的自身特点。总体上，贵州政务公开顺应了新时代贵州经济社会发展的新要求，实现了政务公开与发展战略的有机融合，在全国范围内闯出了政务公开的一条新路。

四　新时代全面推进地方政务公开展望

（一）政务公开贯穿政务运行全程

政务公开是实现国家治理现代化必然需求。现代国家治理必须依赖政务公开才能有效运作。第一，现代国家治理主体的多元性，既包括政府，也有公民、法人和其他组织，这些多元治理主体参与国家治理，不仅需要政府信息公开，而且需要整个政务活动公开。第二，新时代中国国家治理的目标是以人民为中心的发展思想，不断促进人的全面发展、全体人民共同富裕，这只能在政务公开的政治生态环境中形成、深化。第三，新时代中国现代国家治理要通过打造共建共治共享的格局，采用合作、协商、柔性的手段，不同于传统国家管理手段的单方性与强制性。这在很大程度上依赖政务公开，以政务公开为前提，或以政务公开为保障。第四，政务公开是新时代实现国家治理现代化、法治化的保障。政务公开通过对公权力的监督、制约，成为关住公权力的制度笼子。政务公开，特别是事前、事中、事后的动态公开，可以防止公权力偏私、公权力寻租、公权力为少数人利益服务，以保障社会公平正义，以公开确保公正，提高政府的公信力，增强人民对依法治国、建设法治国家的信心。

（二）推动政务公开体制机制创新

移动互联网时代，政务公开制度要跟上时代发展步伐，必须根据党的十九大总体要求，总结实践经验，推动政务公开体制机制创新。

一是拓宽政务公开的广度与深度，全面推进政务公开。在新形势下，要落实"公开为常态、不公开为例外"的原则，在义务主体方面，还应该加大力度落实法律、法规授权的具有管理公共事务职能的组织以及提供社会公共服务的企事业单位的信息公开工作，并鼓励、引导、推动各种社会组织、中介机构等的信息公开，尽量实现公开全覆盖。在公开内容方面，尝试推进诸如决策会议公开、政府数据开放、电子参与、执法过程公开、政府绩效公开、专家咨询论证意见与过程公开等，以丰富公开的内容与形式。在公开实效方面，要适应互联网与自媒体时代的全新形势，开创政务公开工作的新局面，实现以公开促改革、以公开促稳定的良性循环。二是促进不同制度之间的融合，形成集聚效应。充分发挥政府信息资源的基础性作用，通过信息化手段将政府信息公开与决策科学化、公众参与、风险预警、舆情研判、政务服务、投资环境打造、对外宣传、反腐倡廉、政府数据开放、信访维稳、投诉举报处理、执法信息共享、诚信体系建设与电子政务建设等工作紧密结合，改变政府信息公开制度单线条运行格局。三是加强顶层设计，推动部门信息共享与业务协同。现在的行政管理制度是一种供给主导、部门分工的行业管理方式，这种部门管理体制是工业时代社会分工与流水线作业方式的体现，带来的问题是增加合作的成本，容易形成管理真空。借助信息化手段，通过信息共享与业务协同可以实现不同职能之间的互联互通。通过加强顶层设计，为打造全面政务公开制度提供体制机制保障。四是调整评价与考核标准，扩大公众参与。实现从供给主导向需求主导的转变，以是否能够满足人民群众的需要为判断政务公开工作的最终评价指标。促使政务公开从单向、被动向多向、主动转变，从以行政机关为中心向以公众为中心转变。

（三）补齐短板推进"五公开"

党的十八届四中全会通过的《中共中央关于全面推进依法治国若干重大问题的决定》提出，推进决策公开、执行公开、管理公开、服务公开、结果公开"五公开"，《法治政府建设实施纲要（2015—2020年)》也坚持推进"五公开"。"五公开"是指政务公开的主要环节和履行职能方式。政府机关的权力运行流程按环节可以分为决策环节、执行环节和结果环节。管理与服务则是行政机关履行职能方式。在"五公开"中，做好决策公开，是政务公开中的重中之重。首先，决策公开是决策项目议题的公开，涉及经济社会民生的发展、自然资源环境的利用保护等重大的政策，从将它作为决策项目以及将它的简要提示列入议题开始就要进行公开；其次，决策公开是决策相关内容的公开，那些可以和理应公开的决策，将其拟出台的政策方案，进行社会公示，举行听证，听取公众和各方面的意见、建议；再次，决策公开是决策讨论过程的公开，公开征集决策议题、网选公众代表、电子邮件来往联系、决策讨论过程的网络视频直播和现场对话等，强化公众参与机制；最后，不断提升结果的公开程度。行政许可、行政处罚、行政收费、行政征收等执法行为要做到依据明确，结果可查。

（四）公开方式渠道大胆创新探索

一是信息公开的载体要突破报纸、广播、电视等传统媒体形式，突出政务微博、微信发布和政务 APP 等移动终端应用，形成多元化、全方位的立体信息公开模式，围绕公众关注热点，通过领导信箱、公众问答、网上调查等方式，接受公众建言献策和情况反映，掌握公众需求，回应公众诉求，引导政策方向，把握舆情走向。二是智能终端、云计算、物联网以及大数据等信息技术和产品在政务信息公开中不断应用和发展，构建基于用户需求的定制化的信息公开方式成为重要方向。三是利用智慧城市发展契机，智能化的公众政务信息获取手段和工具成为必然趋势。四是担当第一责任，从政务公开工作讲，谁有公开的权限，谁就要承担相应的责任。发布是义务，不发布被追责，这是领导尽到责任最直接的体现。要亲自喊话，发号施令，提要求给压力定目标。五是从政务公开标准化入手，重点围绕基层土地利用总体规划、税费收缴、征地补偿、拆迁安置、环境治理、公共事业投入、公共文化服务、扶贫救灾等群众关切的信息，以及劳动就业、社会保险、社会救助、社会福利、户籍管理、宅基地审批、涉农补贴、医疗卫生等方面的政务服务事项，探索适应基层特点的公开方式。

（五）多管齐下增强精细化和实效性

政务公开涉及国家行政权的整体运作，不仅包括行政权运作形成的静态信息的公开，还包括行政权运作过程的动态活动的公开。政务公开需要特别注重增强公开的精细化和实效性。在精细化方面，一是利用"清单管理"等管理工具，明确政务公开的范围和边界。清单是"详细登记有关项目的单子"。清单管理是指以列举的方式详细记录管理对象的基本情况并借此开展管理控制活动的一种管理手段。在规范行政权力运行过程中，地方政府首创"权力清单"，后续又逐渐扩展到"责任清单"和"负面清单"等。作为一种管理工具，清单具有明确、具体的特征，且基于权力运行形成的清单具有严格的行政法属性。因此，政务公开可以充分利用清单管理这一工具，使政务公开的范围和边界更加清晰。二是以标准化为抓手推动政务公开工作的程序化和操作化。标准化源于企业管理领域的质量控制。标准化的管理工具适用于政务公开的全过程。在决策公开领域，标准化的管理可以明确决策公开的类型、程序、公民参与的方式以及咨询意见的处理等内容。在管理和执行公开领域，标准化则有利于约束执行中自由裁量行为，保证行政权力的透明规范运行。三是明确考核标准，重视结果运用。政务公开的精细化管理还要明确公开工作的考核标准，实现考核内容的量化计算，重视考核结果运用。量化考核和重视运用是精细化管理的实施保证，同时也是持续改进的基础。要将公开工作纳入政府整体绩效考核体系，探索鼓励第三方机构参与政务公开评价以保证考核结果的客观公正。在实效性方面，其一，要更好地发挥媒体的作用，加强对政策的同步解读，政府和政府部门主要负责人应带头解读政策；另外，应加强热点舆情收集、处置、回应和突发事件信息的发布。其二，提高政务公开工作制度化、标准化的水平。推进政府信息主动公开基本目录建设，进一步明确重点领域、重点行业公开的主体、内容、时限、方式等。其三，提高政务公开工作信息化、集中化的水平。制定出台全国政府网站发展指引，增强政府门户网站发布信息、解读政策、回应关切、引导舆论的功能。其四，提高政务公开队伍专业化、理论化水平。

第十三章　以政务公开提升社会治理能力的四川样本

四川省人民政府信息公开办公室[①]

摘　要：全面深入推进政务公开，是新时代加强和创新社会治理的必然要求，是促进形成民主、公开、高效治理状态的重要抓手。近年来，四川坚持以人民为中心的发展理念，从增进政府与社会公众关系、增强社会组织活力出发，在进一步优化政府信息传播环境、建立健全政民良性互动机制、运用政务公开平台创新"互联网＋"社会治理模式、构建社会广泛参与的政务公开监督评价体系等方面开展了积极探索，取得了较好成效。但同时，还存在一些亟待解决的问题，需要继续开拓创新，以更大力度推进政务公开，最大限度地提升群众对政府工作的"获得感"和"认同感"。

关键词：政务公开　社会治理能力　抓手

习近平总书记在党的十九大报告中指出："打造共建共治共享的社会治理格局。加强社会治理制度建设，完善党委领导、政府负责、社会协同、公众参与、法治保障的社会治理体制，提高社会治理社会化、法治化、智能化、专业化水平。"这一重要论断，为在新时期有效发挥政务公开联系群众、沟通群众的优势功能，通过深化政务公开加强和创新社会治理指明了方向。近年来，四川坚持以人民为中心的发展理念，从增进政府与社会公众关系、增强社会组织活力出发，把政务公开作为提

[①] 执笔人：冯雪，四川省人民政府信息公开办公室干部；李佳奇，四川省宜宾市南溪区人民政府办公室信息公开办公室主任。

升政府社会治理能力，促进形成民主、公开、高效治理状态的重要抓手，深入贯彻落实党中央国务院和省委省政府关于政务公开的一系列决策部署，聚焦行政权力、公共服务、财政资金、民生保障等重点领域，积极推进决策、执行、管理、服务、结果"五公开"，规范公开制度，创新公开机制，拓展公开内容，丰富公开方式，强化公开监督，使促进社会治理创新的价值与作用逐渐显现。

一　四川省以政务公开加强和创新社会治理的做法及成效

（一）构建及时有效的政府信息公开机制

信息公开是实现良好社会治理的前提和保障，只有以信息公开为常态、不公开为例外，才能有效保障公民知情权，公众才能参与到对公共事务管理之中，才能对政府行为进行评议和监督。四川省着力构建及时有效的政府信息公开机制，打造公开、透明、接地气的政府信息传播环境。

一是组织领导和制度建设持续加强。2016 年，省委办公厅、省政府办公厅联合印发《全面推进政务公开工作的实施意见》（川委办〔2016〕53 号），对"十三五"时期推进政务公开工作的总体目标、重点施力方向、关键着力点、能力提升和组织保障等提出了明确要求。同时，针对群众反映集中的公开行为不规范、公开效果不理想等情况，印发《四川省人民政府办公厅关于进一步提升依法公开政府信息工作水平的通知》（川办函〔2016〕31 号），不断提升政府信息公开法制化、规范化水平。2017 年，四川省对应国务院调整省政务公开领导小组，由常务副省长任组长，成员单位由 9 个扩充为 34 个，进一步充实了工作力量，形成了"党委重视、政府主导、各方支持、部门实施"的良好格局。

二是规范信息发布工作。搭建"四川省政府信息公开目录管理系统"，实现全省政府信息公开工作平台、工作流程、分类体系、核心元数据、展现形式、填报格式、数据库和监管方式"八统一"，引导各地各部门向省政府网站报送信息，形成全省政府信息公开合力。建立信息公开月度通报机制，确保省政府全体会议、常务会议等重大会议、政务活动在 24 小时内公开，省政府出台文件在纸质件印毕后 2 小时内公开，突发性事件及时发布，群众信息获得感稳步提升。

三是健全政策解读机制。针对市场经济时代群众对具体政策的需求，多措并举向社会阐述政策基本内容、内涵实质、决策背景，特别是与群众利益密切相关的，确保群众"听得懂、信得过、用得上"。2016 年 7 月以来，四川将政策解读纳入省政府办公厅办文办会环节，把"是否进行政策解读"作为省政府常务会议议题审核把关的必要程序，凡提交省政府常务会议审议的政策文件，同步报送解读方案；没有解读方案的，实行退文处理；无须解读的，书面说明理由。该制度实施以来，省政府网站共发布省政府常务会议图解 41 次、政策解读信息 860 余条、政策解读图解 240 余次。除对省政府常务会议政策文件进行解读外，还与《四川日报》《华西都市报》和四川电视台等媒体开展紧密合作，对出台的省政府重要会议、重大决策以及涉及群众利益的重要文件进行解读；在解读方式上，改变以文字陈述为主的单一解读方式，通过在线访谈、答记者问、撰写评论文章等形式，用简单、直白、通俗的语言展示解读内容。

四是开展政务公开标准化规范化建设。坚持问题导向，强化标准引领，以开展基层政务公开标准化规范化试点工作为契机，在新津县、攀枝花市西区等 8 个试点县（市、区），围绕征地补偿、义务教育等 8 个民生领域，全面梳理公开事项，编制公开事项标准，规范公开工作流程，完善公开渠道方式，推动发布、解读、回应的政务公开工作全流程优化再造和决策、执行、管理、服务、结果公开全过程制度固化，力求打造各领域事项梳理彻底、标准搭建严密、流程再造精细、公开方式便民的政务公开标准体系，促进政务公开实效性不断提升。试点仍在推进之中，已取得初步成效，政务公开的范围基本确立、机制持续完善、载体进一步健全，逐步形成可持续发展的内在动力，激发了各级行政机关改善行政管理方式、促进政府职能转变的积极性。比如，在省级层面，发改、财政等 20 个涉及重要民生事项、重点项目工程、重大行政决策的省级部门结合试点工作探索制定主动公开基本目录，明确本部门公开事项、主体、时限、内容、渠道、责任单位、投诉咨询电话等标准，20个部门的公开目录已于 2017 年年底在省政府网站上向社会集中公布。

五是丰富政府网站传播方式。发挥省政府网站龙头作用，优化栏目设置，策划"一图快览""媒体视角""专家评论""热点解读"等栏目，运用公众喜闻乐见和通俗易懂的数字化、图表化、可视化方式公开政府信息，增强政府网站发布信息的可读性、权威性、准确性、及时性。

（二）建立公众诉求表达与政府回应的良性互动机制

承认和尊重多元化主体的利益诉求，是现代社会治理理念的标志之一。在此前提下，才能引导政府与公众在平等沟通、协商一致的基础上达成利益共识，有效预防和化解社会矛盾，共同参与社会治理，共同分享发展成果。四川省努力建立公众诉求表达与政府回应的良性互动机制，促进形成相互信任、相互理解、和谐包容的政民关系。

一是加强政府网站互动栏目建设。针对群众参与社会事务的需求，精心做好省长信箱、在线访谈、新闻发布会、阳光政务热线、意见征集等栏目，为公众提供政策咨询、投诉受理、需求收集及意见收集等服务。进一步提高在线访谈水平，与《四川日报》、"四川发布"等省内多家媒体合作，将原有单一的互动模式改进为"访谈前征集问题、访谈中实时交流、访谈后线下反馈"的"互动＋解读回应"访谈模式，推动政府网站成为"听取民意、了解民愿、汇聚民智"的重要平台。2017 年，共举办在线访谈 24 期，邀请 24 位省直部门、市（州）负责同志与网友在线交流，回答网友热点问题 205 个；围绕省第十一次党代会、"8·8"九寨沟地震抗震救灾、"6·24"茂县叠溪山体突发高位垮塌灾害抢险救灾等舆情，举行新闻发布会 35 场；会同省纠风办、省广播电台办好"阳光政务热线"栏目，全年共在省政府网站播出 57 期；围绕立法、经济运行公开征集社会意见 83 期。

二是健全舆情回应工作机制。建立完善政务舆情收集、研判、处置和回应常态化工作机制，密切关注重要政务舆情，捕捉敏感性、预警性信息，加强分析研判，提前制定工作预案，及时采取应对措施，将矛盾化解在萌芽状态。加强与省网信办等部门及各级媒体横向沟通和合作，确保工作责任明确、回应及时、处置得当。2017 年，四川"8·8"九寨沟地震发生后，省政府网站在 30 分钟内发布灾情信息，开设专题持续集中跟进。茂县山体高位垮塌、无人机扰航等舆情事件得到及时回应与处置，引导舆论向正面、健康、积极的方向发展。2017 年，共发布舆情回应信息 3500 余条。

三是加强网络问政平台建设。网络问政是贯彻落实习近平总书记关于新时期通过网络走群众路线重要指示精神，创新社会治理方式的重要途径，是听取民声、汇聚民智，推进科学民主决策的重要渠道。省政府办公厅专门发文对统筹网络问政平台建设，规范网民留言办理工作作出规定，进一步完善网民在领导信箱、"两微一端"以及《人民日报》地方领导留言板的留言办理工作，建立完善联动机制，规范办理程序，强化对网民留言办理情况的督查考核。同时，将工作触角延伸到各大网站、论坛、社区，定期搜集涉及本地本部门的网民留言，关口前移、主动回应，进一步拓宽群众参与渠道。

四是实现新媒体融合发展。加强与"四川发布""川报观察"等政务新媒体的合作，入驻"头条号""百家号"等媒体平台，主动向用户推荐有价值的、个性化的政务信息，提高政务信息传播影响力。2017 年，全省 21 个市（州）政府和 54 个省直部门基本开通了政务公众号，大部分有专业团队维护管理，活跃度较高，进一步拓展政民互动的深度。

（三）运用政务公开平台创新"互联网＋"社会治理模式

一是搭建全省统一的办事服务平台。依托四川省行政权力运行平台和电子监察平台，推进全省一体化政务服务平台建设，推动与企业和群众息息相关的服务事项纳入网上政务服务平台公开运行，改变群众"办证多、办事难、多头跑、重复跑、跨地跑"的问题。2017 年 12 月，覆盖全省 64 个省级部门、21 个市（州）、183 个县（市、区）的"四川政务服务网"正式开通上线，构建起集行政权力、公共服务、阳光政务、效能监察、互动交流等功能于一体，整体联动、部门协同、省级统筹、一网办理的"互联网＋政务服务"体系，将实现大部分政务服务事项全程网办。

二是积极探索公开理政。近年来，市、县政府在推进社会治理实践中，坚持将社会治理与政务公开相结合，取得明显成效。例如，成都市坚持"网上访民意、网下解民忧"的工作理念，重点在政民互动、政务公开、办事服务等领域积极推动网络理政工作，整合市、区（市）县、乡镇（街道）2659 个领导网络信箱，打造全市一体化网络理政平台，实现了受理平台、办理系统、工作标准、办理流程、考核监督、数据共享"六个统一"，群众来信的处理和回复全部在网络理政平台上流转，实现民生诉求事事有着落、件件有答复。平台充分运用大数据分析技术，挖掘群众聚集热点、政府管理的盲点和民生服务短板，逐步构建多元化、智能化、智慧化的网络理政辅助决策体系，有效推动社会治理模式创新。上线运行一周年来，成都市网络理政平台已处理群众来电来信 236.3 万余件，办结率 99.2%，群众满意率 86.7%，诉求解决率 84%。

三是推进政务公开与政务服务融合发展。在开展基层政务公开标准化规范化试点过程中，各试点地区采取多种形式将政务服务向基层延伸，实现服务范围全覆盖、服务流程无缝对接、服务质量群众认可。新津县探索试点工业项目"零审批"，变"先批后建"为"先建后验"，优化审批工作流程，设立专门机构提供"一站式"过程服务，企业只需完成环境影响评价、施工图审查两项手续就可开工建设，办理时间缩减 6 个月、不到原来的 20%，最快的项目只用 1 个月就实现开工。成都市对村（社区）证明事项进行清理规范，依法"砍掉了"95%的不合法、不合理证明材料，把证明事项从 298 项"瘦身"到 15 项，全面公开村（社区）15 项证明事项保留清单、办事指南和证明样本，努力把服务送到群众身边。

四是地方领导开通个人政务公众号。近年来，部分地方领导以实名认证开通个人政务公众号，通过专业化团队管理运维，在宣传地方政府执政理念，宣传重要政策文件和重大政务活动，倾听百姓心声，解决民生实事，拉近干群关系等方面开辟出新的阵地。比如，巴中市集中开通了 79 个包括市、县两级政府领导及市政府组成部门主要负责人在内的领导干部个人政务微信公众号，市长微信由专人录入台账，分类批转相关部门办理，成为群众实时与政府交流、表达诉求的政务"私人助手"。德阳市政府主要领导开通个人政务微博号，以幽默、活泼的风格，在短时间内赢得了不少粉丝。

（四）构建群众广泛参与的政务公开监督考核体系

四川省探索构建政府主导、群众广泛参与的政务公开监督考核体系，推进公开公平公正的现代社会建设。将政务公开工作与经济社会发展同安排、同部署、同考核，2017年，四川把政务公开工作纳入省直部门绩效考核体系，所占分值权重提升至4%；同时，进一步强化外部监督，避免政府工作"自拉自唱"，自己给自己"唱赞歌"。

一是建立政务公开常态化监督机制。为实时监测各地各部门政务公开工作情况，搭建"四川省政务公开监管平台"，以21个市（州）和53个省级部门为分析对象，结合政务公开、政府网站建设发展规划及年度重点工作，建立科学、合理、有效的量化评估指标体系，设立了4类一级指标、17个二级指标，按月形成全省政务公开情况报告，实现工作有平台、监管有手段、数据有支撑、问责有依据。2017年，结合工作实际，对指标进行修订调整，新增了行政审批事项公开及在线申报实现率、公共服务事项公开及在线申报实现率、"我为政府网站找错"平台转办件办理情况等指标，实现对政务服务和政府网站运行的实时监测。

二是推进行政权力运行情况公开。省政府办公厅牵头，组织省直部门，以行政权力清单为依据，逐项录入省、市、县三级行政权力事项并在行政权力平台上统一运行，实现了对部门职权运行的实时监管。成都市依托政府门户网站，建成覆盖"市、县、乡、村"统一的全市基层公开综合监管平台，公开内容涉及市级部门15项、区（市）县部门14项、乡镇（街道）61项、村（社区）76项，实现"事前预防、事中监控、事后处置"全过程监督。截至2017年年底，累计公开村级公共服务和社会管理专项资金16万余项，涉及近千万亩集体资源、数十亿元农村集体资金资产。巴中市巴州区白庙乡政府坚持"单笔明细"方式首推财务公开，小到一张打印纸的支出都一律晒出，被网民称为"裸账乡"。该乡坚持每月一汇总、每月一公示，把乡机关干部的"当月主要工作和下月工作安排""干部工作记录""干部工作评分表""干部下乡、出差、加班情况"等工作轨迹全部公开，全程接受群众监督。万源市作为四川"四大片区"脱贫攻坚的主战场之一，抓住村务管理与群众利益关节点，把惠农扶贫资金作为各级政府党员干部不能触碰的"高压线"，在52个乡镇411个村（社区）创新建立"互联网＋"阳光村务网络监督平台，全面晾晒村集体"三资"、扶贫、惠农资金兑现等29项内容，村民可以随时通过电脑、手机快捷查询村务情况，发表看法、反映问题、提出建议，人人成为村级事务的参与者和监督者，既确保惠农扶贫资金给群众一个明白账、放心账，又避免扶贫资金被"脱缰"的权力所"劫持"。

三是建立政务公开社会监督评议员制度。人民群众是权力的最终来源，政务公开社会监督评议制度作为外部监督的一种重要方式，是四川深化法治政府建设和第三方评估机制的有益实践。2016年，建立社会监督评议员制度，首批聘请7位政务公开社会监督评议员。第一批评议员受聘后，认真履职，积极参与四川省政务公开各项活动，在健全公开制度、规范公开流程、加大公开力度、提升公开实效等方面提供了许多有价值的意见和建议。2017年，聘请了新一批13位评议员，进一步扩大队伍范围，优化队伍结构，将更好地发挥评议员监督、参谋和宣传作用，推动全省政务公开取得更大实效。

二　四川省以政务公开加强和创新社会治理的问题与不足

四川在全面深化政务公开提升政府社会治理能力方面做了一些工作和探索，取得了一定成效。但与党中央、国务院的要求相比，与新时期人民群众的期盼相比，与兄弟省市的先进做法相比，还存在一定差距。

（一）基层政府的信息公开落实力度还不够

县级政府是经济社会发展的基础行政区域，涉及群众具体利益的大多数行政行为是由县级政府作出的，直接面向群众的大多数公共服务事项是由县级政府提供的，可以说县级政府政务公开工作水平，很大程度上决定着政务公开整体水平和人民群众的获得感。但在实地调研中发现，个别地市级政府特别是县级政府在政府信息公开的方式、质量、时效方面尚有很大的提升空间。部分基层政府公开意识不强，尤其是对与群众切身利益相关、方便群众办事、群众关心关注的信息公开不及时、不全面、不具体，公开的信息更新慢，随意性强，"含金量"较低，缺乏一种政府信息发布的有效机制，公众难以及时、准确获取有效信息，直接影响了基层社会治理效果。

（二）政府信息公开的操作性有待进一步增强

《政府信息公开条例》实施以来，对于构建透明、阳光政府具有不可估量的价值和作用，各级政府也在具体实践中不断增强共识、拓展主动公开领域。但由于各地情况不一，对信息公开事项、内容、时限、主体、渠道等缺乏统一标准，导致"选择性公开"成为一些部门深入推进信息公开制度的现实障碍，"力度不够"则是其最大的"短板"。如何更贴近公众需求，使公众获取政府信息更加快捷与便利，减少重复申请和咨询，是地方政府和部门应下大力气解决的现实难题。

（三）依申请公开工作面临较大压力

当前申请信息公开具有多样性与复杂性，申请门槛过于低下，存在无理、反复提出申请的现象，进而容易引发大量的行政复议和滥诉案件，大大增加了行政成本，在一定程度上阻碍了政府信息公开的良性发展。如何在避免法律风险的前提下，提高行政机关信息公开工作积极性，推动政务公开健康发展，是当前亟须研究的重要课题。

（四）政务公开监督考核体系有待进一步完善

四川虽然已将政务公开工作纳入省直部门绩效考核体系，市级政府政务公开考核体系却未完全形成，且大部分监督检查和评估多由考核对象自身或内部成员组成，外部参与监督不多，部分地方已建立的现有的责任追究制度执行效果不够理想。

三　四川省以政务公开加强和创新社会治理的发展展望

下一步，四川省将在党中央、国务院的坚强领导下，学习兄弟省份先进经验做法，按照党中央、国务院和省委、省政府关于全面推进政务公开的工作要求，在全面加强和创新社会治理过程中，进一步深化政务公开，提升政务公开标准化规范化信息化水平，促进形成以人民群众为中心、多主体协同治理、个性化便民服务的良好社会治理状态。

首先，完成基层政务公开标准化规范化试点各项任务。抓住基层政务公开标准化规范化试点工作的良好契机，坚持省、市、县三级联动，全面梳理政府信息公开有关法律法规和政策文件，围绕关系群众切身利益的政务服务事项和公共服务事项制定公开目录，确保公开要素分类科学、指向明确、名称规范。力求在政务公开方式、公开机制、公开管理上求得创新突破，圆满完成基层政务公开标准化规范化试点任务贡献四川力量。

其次，坚持将"五公开"要求落实到文会办理程序。进一步健全工作制度，开展行政机关公文公开属性源头认定，市（州）和部门向省政府办公厅报送代拟稿时应注明公开属性，对不予公开的应说明理由，对未说明不予公开理由的，文电运转部门予以退文处理。尽快建立会议开放制度，邀请利益相关方、公众代表、专家、媒体等列席政府有关会议，增强决策透明度。对涉及公众利益、需要社会广泛知晓的电视电话会议，除涉及国家秘密的外，要积极通过网络、新媒体直播等向社会公开，畅通公众了解政府工作的渠道。

再次，持续深化省直部门主动公开目录编制发布。推动已完成目录编制工作的省直部门进一步调整完善已公开的基本目录，优化规范公开流程，促进其他省直政府部门参照建立主动公开目录，逐步覆盖政府工作全领域，不断提升省直部门主动公开的标准化规范化水平。

然后，依法规范做好依申请公开工作。持续健全依申请公开办理制度措施，加强依申请公开流程监管督查，通过规范依申请公开办理推进各级行政机关依法行政。积极对接、提前谋划，做好修订四川省《贯彻〈中华人民共和国政府信息公开条例〉实施办法（试行）》前期准备工作。

最后，强化政务公开督查评估和业务培训。定期对政务公开工作开展情况进行督查，强化政务公开工作责任追究。建立健全科学、合理、有效的量化评估指标体系，根据评估结果不断调整完善政务公开的方式方法。优化"四川省政务公开监管平台"指标设置，加强监测结果运用，提升整体水平。督促各市（州）、省直各部门及时准确推送相关数据，扩大监测报告印送范围，提高监测结果影响力。抓好政务公开教育培训，及时收集各地各部门在政务公开工作中遇到的困难和问题，邀请专家和有关部门同志开展专题讲解，加强交流沟通，提升业务水平。

第十四章　安徽省提升政务公开实效的实践与探索

李　左　高勋炳[*]

摘　要： 安徽省根据党中央、国务院全面推进政务公开工作的决策部署，围绕重大决策公众参与、政府文件宣传解读等关键领域创新发力，初步建立起全面推进政务公开工作的制度体系；规范政府信息公开目录和公开平台建设，实施基层政务公开标准化规范化试点，有力促进全省政务公开信息的量质齐升；实施政府文件政策解读工作流程再造，不断提高解读频次和质量，切实打通政策落地"最后一公里"；科学设计考评指标，建立常态化考评机制，实现政务公开工作常抓不懈、常态化推进。

关键词： "五公开"　标准化　政策解读　常态化考评

中共中央办公厅、国务院办公厅《关于全面推进政务公开的意见》（中办发〔2016〕8号，以下简称《意见》）印发以来，安徽省紧密围绕党和政府中心工作，深化改革创新，全面加强决策、执行、管理、服务、结果公开（以下简称"五公开"）和政府信息发布、解读、回应工作，全省政务公开体制机制进一步完善，公开范围进一步拓展，公开平台建设水平进一步提升，公开标准化程度显著加强，公开效果再上新的台阶。根据国务院办公厅政府信息与政务公开办公室组织的第三方评估结果，安徽省政府透明度连续多年居全国省级政府前列。国务院办公厅

---

　* 李左，安徽省政务公开办公室业务二处借调干部，安徽省经济信息中心电子政务服务处副处长；高勋炳，安徽省政务公开办公室业务二处处长。

政府信息与政务公开办公室于 2017 年 9 月在《政务公开工作交流》上刊登文章，充分肯定安徽省政府文件宣传解读工作和基层政务公开试点工作经验。

一　科学谋划部署，全面推进政务公开制度体系初步建立

党的十八大以来，安徽省先后出台《安徽省政府信息公开办法》（安徽省人民政府令第 256 号）、《安徽省人民政府办公厅关于建立重要政策解读机制的通知》（皖政办秘〔2014〕3 号）、《安徽省人民政府办公厅关于建立政务舆情收集研判和回应机制的通知》（皖政办秘〔2014〕127 号）等一系列制度文件，全方位规范和推进政务公开工作。《意见》印发后，安徽省根据党中央、国务院对全面推进政务公开工作的决策部署，强化对政务公开工作的全局部署，做好对重点工作的精准安排，率先在关键领域创新发力，初步建立起全面推进政务公开工作的制度体系。

（一）做好部署自上而下有序推进

根据《意见》精神，安徽省委办公厅、省政府办公厅配套出台了《关于全面推进政务公开工作的实施意见》（皖办发〔2016〕47 号，以下简称《实施意见》），《实施意见》就全面推进政务阳光透明、扩大政务开放参与、提升政务公开能力等作出全面部署，明确到 2020 年，政务公开工作要总体迈上新台阶，公开内容覆盖权力运行全流程、政务服务全过程，公开制度化、标准化、信息化水平显著提升，公众参与度高，用政府更加公开透明赢得人民群众更多理解、信任和支持。

2017 年，为贯彻落实《国务院办公厅印发〈关于全面推进政务公开工作的意见〉实施细则的通知》（国办发〔2016〕80 号）要求，安徽省人民政府办公厅出台《安徽省全面推进政务公开工作实施细则》，从推进"五公开"、加强政策解读、回应社会关切、加强平台建设、扩大公众参与、强化组织保障等方面，细化工作要求，明确工作部署。

（二）深化关键领域环节制度创新

在推进决策公开方面，按照把公众参与等确定为重大行政决策法定程序的要求，安徽省勇于担当，强化机制创新，率先制定并印发了《安徽省人民政府重大行政决策公众参与程序规定》，设置条款共二十三条，突出公众参与对省政府重大行政决策的重要依据作用，对重大行政决策公众参与的适用范围、结果应用、考核监督等方面作出规定，明确了决策前、决策中、决策后公众参与的形式要求和操作规程。文件出台后，安徽省政府举办"推进决策公开　扩大公众参与"新闻发布会，安徽省政务公开办负责同志向社会公众和新闻媒体解读《安徽省人民政府重大行政决策公众参与程序规定》的主要内容和工作要求，做好政策解读，强化工作落实。

为加强政务公开新闻发布工作，做好安徽省政府重大行政决策对外宣传解读工作，安徽省委宣传部、省政府办公厅联合印发《关于进一步加强政务公开新闻发布工作的通知》，进一步明确政务公开新闻发布工作的责任主体、工作机制、工作程序和发布实效等。

在做好安徽省政府文件宣传解读方面，出台了《安徽省人民政府办公厅关于做好省政府文件宣传解读工作的通知》（秘函〔2017〕117号，以下简称《通知》），明确安徽省政府文件宣传解读的范围、形式、工作流程和职责分工，让社会公众更好地理解政策、用好政策，推动安徽省政府重大行政决策早落地、见实效。

在规范依申请公开工作方面，安徽省政府办公厅出台《关于进一步规范依申请公开工作的通知》（秘函〔2017〕33号），进一步明确了安徽省政府信息依申请公开受理、办理和答复环节的各项要求，完善依申请公开行政复议和行政诉讼跟踪办理的相关制度。

为进一步做好征地信息公开工作，安徽省政务公开办公室会同省国土资源厅联合印发《关于进一步规范征地信息公开工作的通知》（皖国土资〔2017〕101号），规范了征地信息主动公开和依申请公开工作，进一步落实征地信息公开责任，细化工作要求，加大征地信息公开力度。

（三）扎实推进重点任务贯彻落实

在密集出台文件，做好工作谋划的同时，安徽省通过印发年度工作要点、召开会议、实地调研、培训指导等多种方式，进一步细化明确各地、各部门工作任务，建立与安徽省直单位和各市、县（市、区）的工作"直通车"制度，形成责任到位、上下联动、共同推进的良好工作局面。

2017 年上半年，安徽省政务公开办公室对照国家年度政务公开工作要点，细化分解年度政务公开重点任务，印发《安徽省人民政府办公厅关于印发 2017 年全省政务公开政务服务工作要点的通知》（皖政办秘〔2017〕110 号），明确了 37 项政务公开重点工作和时限要求，具体落实到 34 家安徽省直部门。年度工作要点印发后，安徽省政务公开办公室于 6 月 9 日召开安徽省直单位政务公开重点工作推进会，就 37 项年度政务公开工作重点任务对相关安徽省直部门集中培训，并围绕国办对政务公开工作的决策部署，明确工作责任，细化工作要求，布局全年工作。

为推进基层政务公开工作，安徽省政务公开办赴各市和安徽省直各部门开展调研和培训，宣讲年度重点工作任务，对做好全年政务公开工作提出具体要求。在调研过程中，深入县区、乡镇，与基层具体从事政务公开工作的人员进行面对面交流，了解工作开展情况，找出薄弱环节和工作短板，研究破解工作难题，取得了良好的成效。

二 强化机制落实，全面发挥政务公开工作实效

为把全面推进政务公开工作的各项创新机制落到实处，安徽省在政务公开标准化规范化、加强政策文件宣传解读、强化政务公开监督考核三个方面发力，各级行政机关公开范围不断拓展，公开质量显著提升，全省政务公开工作实现了规范化、常态化、长效化。

（一）突出标准引领，实现政务公开工作量质齐升

推进标准化规范化一直以来是安徽推进政务公开工作的主要抓手，自《政府信息公开条例》颁布实施以来，安徽省统一编制实施了省、市、县、乡四级政府信息公开基本目录规范和政府信息公开网络平台技术规范，并每两年进行修订、完善，基本实现全省各级行政机关公开信息格式、内容要求和信息元数据的统一规范。《意见》印发后，安徽对基本目录规范和技术规范进行了大幅度的修订完善，大力推进基层政务公开标准化规范化试点，有力促进了全省政务公开信息的量质齐升。

1. 通过标准规范充分体现全面推进政务公开工作要求

在2016年版全省政府信息公开基本目录规范的编制过程中，安徽省严格依据《意见》和安徽省实施意见的各项要求，力求全面体现党中央、国务院和安徽省委、省政府对政务公开工作的新要求、新举措，构建起了结构严谨、内容丰富同时可操作性强的政务公开标准规范体系。目录标准完整覆盖了决策、执行、管理、服务、结果公开的各项内容，体现了政府信息发布、解读、回应各环节要求，并且汇聚了历年来国家对重大项目建设、环境保护、公共资源交易、安全生产、食品药品监管、教育卫生等40余项重点领域信息公开工作的要求举措。

在力求全面的同时，新版目录标准进一步专业化、精细化，就各类公开事项的公开内容、公开格式进行了明确要求，突出对政府重大决策过程、行政权力运行结果、惠民资金分配结果、监督检查执行结果等长期以来政务公开工作的薄弱环节和社会公众关注的热点领域的公开要求。新版目录标准较过去的版本在全面性、精细化和可操作性上有了大幅度的提升，其中市级政府信息公开目录增加到200多项，县区公开目录增加到400多项，基本实现了对政务公开工作要求的全覆盖、无遗漏。

在推进公开平台标准化方面，新版政府信息公开网络平台技术规范总结了自2008年以来安徽省推进公开平台建设的好的经验做法，从栏目设置、数据格式、平台功能、交换共享、安全保障等各方面，从更加科学化、人性化，以及推进政府数据开放、提升公开实效的角度，对今后一个时期内全省政府信息公开网络平台建设进行了规划设计。

2. 以标准化推动全省主动公开水平不断提升

新版目录规范和技术规范印发后，安徽省组织开展全省"政务公开标准化深化年"活动，全面实施各级政府信息公开目录和网站升级工作。安徽省政务公开办牵头组织各标准编制单位和相关领域行业主管部门，深入各地、各部门开展对新版规范的讲解培训，协助各单位部署实施。截至2016年年底，新版目录规范在全省各地各单位全面实施到位，新增公开目录和内容要求得到全面贯彻实施。

在新版标准规范的有力推动下，2016年安徽全省年主动公开信息数跃升至324万余条，2017年前三季度主动公开信息数突破250万条，关键环节和重点领域公开质量显著提升。在决策公开方面，各市、安徽省直各单位大力推进重大行政决策前、决策中、决策后公众参与，积极做好重要政策文件草案向社会公众征集意见及意见采纳反馈情况的发布工作。在执行公开方面，各级行政机关积极主动公开重点改革任务、重要政策、重大工程项目的执行措施、实施步骤、责任分工、监督方式，并及时发布取得的成效和后续举措。在管理公开方面，在做好权力清单、责任清单、公共服务清单和中介服务清单规范发布的同时，不断强化权力运行结果和环境保护、安全生产、质量价格、公共资源交易等监管信息公开。在服务公开方面，"互联网＋政务服务"工作加速推进，安徽省政务服务网上线运行，各级政务服务事项全部网上公开。在结果公开方面，不断加大重大决策、重要政策落实情况的发布工作，重点推进发展规划、政府工作报告、政府决定事项落实情况的公开。在推进重点领域政府信息公开工作方面，脱贫攻坚、重大项目建设、社会保险、环境保护等重点领域信息工作有了长足进步，行政权力运行结果、惠民资金分配结果等原有薄弱环节得到明显增强。

3. 全面推进基层政务公开标准化规范化试点

根据国务院办公厅《关于印发开展基层政务公开标准化规范化试点工作方案的通知》（国办发〔2017〕42号）安排，安徽省围绕权力运行全流程、政务服务全过程，开展基层政务公开标准化规范化试点工作，努力形成可复制、可推广、可考核的基层政务公开标准和规范，为全国深入推进基层政务公开工作发挥示范效应，提供参考经验。

国家试点方案印发后，安徽省政府领导高度重视，批示要求安徽省政务公开办公室做好与国家主管部门的沟通汇报，会同安徽省直各相关部门和各试点单位，有序推进试点工作，抓出特色和成效。安徽省政务公开办公室加强组织调度，建立工作"直通车"机制，对各试点单位分片包干、责任到人，对试点工作进度实时掌握、精准调度。各试点县（市、区）将试点工作列为"一把手"工程，主要负责同志亲自部署指挥，分管负责同志直接推进调度，政务公开工作机构狠抓工作落实。为确保试点任务保质保量完成，各地普遍为政务公开工作机构增配人手，把业务能力强、政策水平高的同志抽调到试点工作队伍中。

根据国家试点方案，合肥市庐阳区、亳州市蒙城县、宿州市灵璧县、滁州市定远县、六安市金寨县、宣城市宁国市、铜陵市义安区、黄山市徽州区8个县（市、区）为国家试点单位。为进一步深化试点成效，安徽省选取合肥市巢湖市和包河区、淮北市濉溪县、蚌埠市怀远县、阜阳市界首市、淮南市寿县、马鞍山市和县、芜湖市南陵县、池州市贵池区、安庆市迎江区10个县（市、区）为安徽省级试点单位，在征地补偿、拆迁安置、保障性住房、农村危房改造、扶贫救灾、市政服务、公共资源交易、义务教育公开事项中至少选择1项开展标准化规范化试点工作。同时，安徽省明确要求，承担试点任务的单位在做好试点工作的同时，可以结合实际适当增加试点内容，鼓励各市在做好国家和省级试点工作的同时，适当扩大试点单位范围，并可以市为单位整体开展试点。

在工作推进方面，安徽省政务公开办会同省直相关行业主管部门组成工作推进小组，安徽省政府办公厅印发《开展基层政务公开标准化规范化试点工作实施方案》，明确了试点工作目标、实施路径、重点任务和保障措施，安徽省政务公开办会同相关单位编制并印发《基层政务公开事项梳理指南（试行）》，指导各地、各部门开展事项目录、公开标准和公开流程的梳理工作，为试点内容梳理工作提供了较为科学规范且可操作性强的参考依据。

至2017年年底，全省18个试点县（市、区）已全部出台试点工作方案，公开事项梳理工作已初步完成。全省大部分市均已出台全市整体试点方案，在所辖各县（市、区）及部分市直单位全面开展试点工作，部分试点县（市、区）在国家划定的试点领域外，增设惠民资金等基层群众关注度高的试点内容。安徽省直各相关单位严格按照工作安排，编制完成了相关领域的全省统一基层政务公开标准规范试行稿。

全省基层政务公开标准化规范化试点专题已上线运行，并集中发布安徽省级各相关单位和各试点单位试点方案、进展举措。各试点县（市、区）均通过政府门户网站或政府信息公开平台开通基层试点工作专题，部分试点单位（定远县、宁国市、金寨县、徽州区等）在梳理工作基础上，对本地公开目录进行了丰富完善，并通过试点专题公开相关领域信息。

（二）加强政策解读，切实打通政策落地"最后一公里"

只有把政策宣传好、解读透，把政策的"最后一公里"真正联通到人民群众心里，才能切实发挥政府重大决策的实施效果，使群众真正体会到全面推进政务公开的工作成果。2017 年以来，安徽省围绕政府重大行政决策多措并举、精准发力，以体制机制创新激发改革动力、凝聚民意民心，强力推进政府文件政策解读，有力打破了过去政府重大政策"深居闺中"的局面，提高了人民群众获得感，切实打通政策落地"最后一公里"。

1. 打好宣传解读攻坚战，不断扩大政策知晓度

2017 年以来，安徽省集中出台了一批事关经济社会发展和民生稳定的重大政策，安徽省政府文件宣传解读频次显著提高，解读材料公开数量显著提升。安徽省政府新闻办密集组织召开 33 场安徽省政府新闻发布会，围绕《安徽省人民政府关于促进经济平稳健康发展的意见》《安徽省人民政府关于印发支持"三重一创"建设若干政策的通知》《安徽省人民政府关于印发支持科技创新若干政策的通知》《安徽省人民政府关于印发支持制造强省建设若干政策的通知》《安徽省人民政府关于扎实推进民生工作的意见》等一系列事关经济社会发展和民生稳定的重大政策，第一时间权威发布，安徽省政府领导和部门主要负责人带头宣传解读，频次高、内容新、影响大，吸引了社会各界和新闻媒体的高度关注，赢得了广泛好评。7 月 21 日下午，安徽省政府新闻办组织召开全省首次重大政策媒体吹风会，安徽省发展改革委、省经信委、省交通运输厅、省水利厅、省能源局等部门负责同志集中解读《安徽省现

代基础设施体系建设"1+9"规划》，人民日报安徽分社、新华社安徽分社、中央人民广播电台安徽记者站等19家安徽省内外新闻媒体参会。

配合系列新闻发布会及政策吹风会的召开，各新闻媒体发布各类原创稿件近300篇，"安徽发布"发布的相关微博文章阅读量达106万条，受到普遍关注，纷纷点赞、评论，有效扩大了政策知晓面，有力推动了政策执行到位。

2. 围绕人民群众关注关切，切实增强解读效果

在做好安徽省政府文件宣传解读的同时，安徽省以服务企业和基层群众为重点，采取多种方式提升解读实效。2017年5月下旬至6月上旬，安徽省政府组成8个政策宣传解读组，由安徽省直单位厅级负责同志带队，分赴各市集中宣传解读2017年以来安徽省政府出台的促进经济平稳健康发展的重要政策文件，共召开政策宣讲会16场，参会规模超过5000人；召开企业座谈会16场，近600家企业参加座谈，通过系统宣传解读活动，推进政策落地，取得了良好的效果。下半年，全省统一组织开展"四送一服"双千工程集中活动，各地各有关部门共抽调5138名干部深入13552家企业，送新发展理念、送支持政策、送创新项目、送生产要素，为企业排忧解难，得到社会各界特别是广大企业的欢迎。

针对基层群众的切实需求，安徽省一方面通过县、乡两级政府信息公开平台政策解读专题，重点宣传解读农业生产补贴补助、生活保障补贴补助、社会救助补贴以及扶贫攻坚4大类40余项惠民补贴政策；另一方面在城区重点宣传解读棚户区改造、房屋征迁、保障房建设、公租房租赁以及生活保障、社会救助、创业就业等方面政策，方便公众和利害关系人随时查询。特别是在惠民政策实施中，全面落实"立体式"宣传解读机制，突出工作推进前的会议宣传解读，工作推进过程中的宣传册、"明白纸"、一封信和广播电视解读，村民会议（居务会议）解读，以及在村委会、居委会的公告栏进行宣传等，切实把惠民政策解读贯穿惠民政策宣传、政策受益对象申报与评议、政策受益对象确定等全过程、各环节，取得了明显成效，促进了扶贫对象、补贴对象、保障对象的精准识别、精准确定和政策的精准实施，因政策实施方面引发的上访数量大幅度降低，政府公信力进一步提升。

3. 强化机制创新，保障宣传解读工作长效化运行

宣传解读工作政策性强，时效性要求高，安徽省把机制创新和常态化考评作为加强政策文件宣传解读工作的重要保障措施，确保宣传解读工作纳入规范化、常态化轨道。

在工作机制方面，安徽省政府办公厅出台了《关于做好省政府文件宣传解读工作的通知》，对宣传解读工作流程进行了全面优化再造，明确了在安徽省政府门户网站公布全文和解读材料、在安徽省政府网站安排在线访谈、在安徽省级相关媒体发布通稿、在《安徽日报》等省级主要媒体公布全文、在相关媒体和网站（含微博、微信）刊发解读文章、举办安徽省政府新闻发布会、举办媒体政策吹风会七种解读形式，建立了从收文把关到解读方案审核，再到解读工作落实的工作流程。新机制运行以来，89份安徽省政府文件通过不同渠道进行宣传解读，其中，在安徽省政府网站刊发解读材料69篇、开展专题在线访谈3次，《安徽日报》刊发安徽省政府文件全文6篇，省级媒体刊发解读文章200余篇次，召开专题新闻发布会8次，举办媒体政策吹风会1次。

为进一步做好新闻发布工作，安徽省委宣传部、省政府办公厅联合印发《关于进一步加强政务公开新闻发布工作的通知》，明确了新闻发布"4·2·1+N"工作机制，即：承担政务公开重点任务的牵头部门，特别是与宏观经济和民生关系密切、社会关注事项较多的安徽省直部门，每季度至少举办一次新闻发布会，新闻发言人或相关负责人每半年至少出席一次安徽省政府新闻发布会，部门主要负责同志每年至少出席一次安徽省政府新闻发布会。发生重大突发事件和出现社会关注度高的热点敏感问题时，相关部门主要负责人和新闻发言人要及时主动发布信息。

安徽省委宣传部将各地、各部门政务公开新闻发布工作纳入党委宣传部年度考核范围，定期对政务公开新闻发布工作进行督查考核，对重要信息不发布、重大政策不解读的，有关部门依法依纪追究相关单位和人员责任。安徽省政务公开办安排专人负责宣传解读工作的督促、协调，实时跟踪宣传解读工作进展，建立工作台账，实行流程化管理，精准掌握工作进度，把宣传解读工作纳入对安徽省直部门政务公开工作的常态化考评指标，实行月监测、季通报、年考核，切实保障宣传解读工作落实到位。

（三）加强监督考核，确保政务公开工作长效化推进

常态化公开是政务公开工作的重点和难点，安徽省在加强督促检查和培训指导的同时，把政务公开测评工作摆上突出位置，通过开展常态化测评来推动工作落实、检验工作成效、提升工作水平。安徽省围绕基础工作、日常工作、重点工作制定测评指标体系，有计划高频次开展测评，着力构建"月度巡查、季度测评、年度考核"的常态化测评机制，强化问题整改和结果运用，层层传导压力，在全省形成你追我赶、争先进位的工作氛围，实现政务公开工作常抓不懈、常态公开。

1. 围绕科学合理，强化指标制定

根据年度工作任务和日常工作要求，针对月巡查、季测评、年考核的不同特点，分别制定月巡查指标、季测评指标和年考核指标，形成有机统一的测评指标体系。月巡查指标围绕日常信息发布、政策文件解读、新闻发布、依申请公开办理等常态化工作，设立 10 个一级指标、50 多个二级指标；季测评指标围绕阶段性工作任务完成情况、年度重点工作推进情况、反馈问题整改情况和政策解读、新闻发布、回应关切等内容，设立 4 个大类 120 项指标；年考核指标围绕年度重点工作完成情况、组织推进情况、工作创新、机构和人员队伍建设等，设立 8 个一级指标、50 个二级指标、140 个三级指标，三级指标分不同情况确定分值权重。在测评指标制定过程中，广泛征求意见，进行专家论证，反复修改完善，确保指标体系科学、全面、可行。三套指标体系既自成体系，又相互衔接，可以多角度、全方位实时监测和反映各地各单位工作进展和任务完成情况。

2. 围绕公平公正，强化组织实施

安徽省坚持"开门考核"和知情者参与的原则，扩大参与评价的范围，增加相互验证的环节，保证测评结果客观准确和公平公正。一是月度巡查上下结合查。各地各单位根据日常巡查制度，开展巡查自查。各市政务公开办对县（区）、县（区）对乡镇进行巡查，安徽省政务公开办对重点领域信息公开牵头单位进行巡查并适时召开月度调度会，安徽省直单位对本系统下一级单位进行巡查，从而形成自上而下、双向互动的巡查机制。二是季度测评第三方独立测。安徽省政务公开办公室每年

公开招标第三方评估机构，第三方评估机构根据年度重点工作任务制定测评方案和指标体系，在每季度第一月上旬测评上一季度政务公开工作开展情况，测评对象延伸至县区和乡镇，测评结果经安徽省政务公开办审核后，反馈存在问题，提出整改意见。三是年终考核多方参与考。年终考核设置专业机构、第三方独立机构、省市互评打分等考核环节，各环节独立开展测评，成绩相互验证。最终将月度巡查、季度测评和年终考核成绩按比例合成年度测评成绩。在每次测评开始前，安徽省政务公开办公室公开测评指标和方式，所有测评不要求报送纸质材料、不需要实地察看，被测评单位网上公开考评材料，减少基层负担和人为因素。测评结束后公开测评结果，接受各方监督。

3. 围绕整体提升，强化问题整改

一是对照清单改。历次月巡查、季测评、年考核之后，测评结果以"成绩单＋问题清单"形式反馈给各测评单位，要求对照问题清单立即整改，整改情况上网公开。二是限期改，对问题突出的单位，安徽省政务公开办发整改通知书，要求限期整改到位。三是督促改。根据各地各单位整改情况，适时开展"问题整改回头看"活动，对整改情况进行督查，同时将整改情况纳入下次测评内容。

4. 围绕促进工作，强化结果运用

安徽省每年根据年度测评结果，对先进单位以安徽省政务公开领导小组名义进行表彰，对年度测评后三名的市和安徽省直部门发整改通知书，提出整改建议，限期反馈整改结果。全省政务公开年度测评结果按一定分值纳入安徽省政府目标管理绩效考核、安徽省直机关效能建设考核、依法行政考核和安徽省管领导班子和领导干部综合考核等考核项目，成为安徽省委、省政府评价各地各部门工作成效的重要组成部分。通过奖优罚劣和扩大结果使用范围，激发了各地各部门开展政务公开工作主动性和积极性，达到以考评促公开工作的目的。

实践效果是检验政务公开工作的根本标准，2016年以来，安徽省从改革、发展、稳定的全局高度全面推进政务公开工作，砥砺前行，不断开拓创新、攻坚克难，各项工作成效明显。一是政务公开工作服务中心大局、促进经济社会发展的作用进一步凸显，公开工作贯穿安徽省促进重大政策部署落实、创优营商环境、激发市场活力、增进人民福祉的各项举措，以公开促落实、促规范、促服务成为各地各部门的共识。二是公开的深度、广度得到大幅度拓展，从过去单纯的文件公开、办事结果公开升级为决策、执行、管理、服务、结果全过程和发布、解读、回应全环节公开，公开内容覆盖权力运行全流程、政务服务全过程。三是公开工作进一步提高了政府公信力，提升了人民群众的获得感，把安徽省各项惠民政策的"最后一公里"真正联通到人民群众心里，促进了扶贫对象、补贴对象、保障对象的精准识别、精准确定和政策的精准实施，让群众看得到、听得懂、能监督。

三 安徽省政务公开工作仍存在的问题

2016年以来，安徽省政务公开工作砥砺前行，成绩斐然，但对照党中央、国务院全面深化改革、全面推进政务公开工作的目标要求，还存在一些不足，主要包括以下三个方面。

第一，对政务公开工作的思想认识不到位。一些地方和部门对政务公开的重要性、全局性认识不到位，仍将其作为一项事务性工作，没有从转变政府职能、建设服务型政府的高度来认识和推进，一些单位缺乏公开的主动性，特别在一些人民群众普遍关注的热点、难点领域，存在畏难情绪，主动突破意识不强。

第二，政务公开工作水平尚不均衡。各地各单位公开工作水平参差不齐，先进单位和后进单位在公开内容的全面性、规范性、时效性及公开平台的建设等方面差异较大，基层政务公开工作总体水平还需进一步加强，一些薄弱环节有待完善。

第三，政务公开工作的效果有待进一步加强。各地各单位在重大政策、重要文件制定过程中向社会公众征求意见，扩大公众参与的工作力度还不够，对社会公众意见的采纳反馈情况公开不足。领导解读、图文解读、面对面解读等效果好、作用大的解读信息比重还不大。主动加强对舆情的收集研判，主动编发回应文章，采取多种渠道提升回应效果等工作还需要进一步加强。

四 安徽省继续提升政务公开实效的展望

2018 年，安徽省将深入贯彻落实党的十九大精神，紧密围绕党中央、国务院和安徽省委、省政府中心工作，聚焦经济社会发展和人民群众关切，坚持以公开为常态、不公开为例外，继续改革创新，继续加大工作力度，推进全省政务公开工作向更加均衡、更加充分不断迈进，让党中央、国务院全面推进政务公开工作的决策部署在江淮大地落地生根。

2018 年安徽省政务公开工作的目标是，"五公开"工作再上台阶，在办文办会、主动公开和基层公开中全面落实"五公开"工作要求；政策解读频次效果显著提高，不断创新宣传解读方式，提升宣传解读效果，助推政策措施落地；主动回应全面加强，完善回应机制，加强重点舆情监测与收集，提高回应效果；平台建设水平不断提升，将新要求、新举措体现在各级各类公开平台中，强化平台服务能力和服务水平；进一步扩大公众参与，让社会公众更大程度参与政策制定、执行和监督；强化组织保障，继续做好政务公开常态化考评和培训指导，加强考评结果运用；完成基层政务公开标准化规范化试点任务，加速推进基层政务公开工作。下一步将重点做好以下工作。

首先，围绕中心服务大局，充分发挥以公开促经济社会发展的重要作用。深入贯彻落实党的十九大精神，紧密围绕党中央、国务院和安徽省委、省政府中心工作，全面落实全面推进政务公开工作的重要决策部署，紧紧围绕经济社会发展和人民群众关注关切，坚持以公开为常态、不公开为例外，推进决策公开、执行公开、管理公开、服务公开和结果公开，以公开促落实、以公开促规范、以公开促服务。

其次，坚持改革创新，不断在推动重点改革任务中取得突破。针对当前政务公开工作中存在的问题，对照《实施意见》明确的各项任务，在推动政府重大决策公众参与、全面规范重点领域信息公开标准、健全政务舆情收集与回应机制、发挥新闻媒体桥梁纽带作用、提高政务公开信息化集中化水平等方面，继续加大改革创新力度。大力推进基层政务公开标准化规范化试点工作，努力形成在全省乃至全国可复制、可推广的经验。

再次，强化工作落实，不断提高政务公开工作实效。深入贯彻落实国办关于推进重大建设项目批准和实施、公共资源配置等专项领域政府信息公开工作的新要求、新举措，重点做好国办年度工作要点的安排部署和落实工作。加大《安徽省人民政府重大行政决策公众参与程序规定》落实力度，推进各地各单位做好重大决策征求意见和采纳反馈工作，完善重大行政决策公众参与工作机制。继续推进政策宣传解读，通过多种方式做好重大政策文件的宣传解读工作，让公众更好地知晓、理解政府经济社会发展政策和改革举措，让人民群众"看得见""听得懂"，继续推进通过新闻发布会发布重点领域政府信息。进一步完善政务舆情收集、研判、回应机制，做到主动发声，及时回应。根据国家年度重点工作任务安排，继续加强与涉及重点领域公开工作的安徽省直部门对接，推动各项重点工作落实到位。推进政务公开数据中心建设，整合各地各单位重点领域公开信息，为公众提供便捷的信息查询服务。

最后，完善监督机制，进一步发挥考评的引导作用。坚持督察工作常态化，灵活运用实地检查、集中抽查、网上巡查等各种方式持续保持工作压力、强化工作落实。进一步完善考核办法，做好季度网上测评和年终考核工作，提升考核结果的客观性和有效性。同时，强化测评结果运用，依据每次测评结果向各市、省直各相关单位提供详细的反馈意见，强化问题整改。结合国家年度工作要点，通过常态化考评保障全年重点工作落实到位，努力实现全省政务公开再上新台阶。

第十五章 陕西省政务舆情回应的
实践与展望

陕西省人民政府政务公开办公室[*]

摘　要：加强政务公开、做好政务舆情回应是政府提升治理能力的内在要求。本文从陕西省具体工作入手，从落实工作责任，形成工作合力；积极主动发声，强化正面引导；加强平台建设，畅通回应渠道；加强督查督办，网上网下联动四个方面总结了陕西省的政务舆情回应工作。同时提出了目前存在的问题和下一步工作重点。指出舆情是社情民意的集中反映，只有扎实做好舆情回应，全面推进政务公开，才能不断提升政府治理能力，让政府的开明形象得到提升，让公众的知情权得到满足，让社会发展更为和谐。

关键词：政务舆情　政策解读　政府门户网站　政务双微

2016年7月30日，国务院办公厅印发《关于在政务公开工作中进一步做好政务舆情回应的通知》（以下简称《通知》），意在加强政务公开，完善政务舆情回应的工作机制。《通知》的发布反映出一种新的转变：政府与公众的关系不再是自上而下单方面的关系，而是开始向双向互动式转变。近年来，互联网的快速发展将网民带入了新媒体时代。在"人人都有麦克风，人人都是通讯社"的网络时代，政务舆情不再仅仅是简单的发布消息，舆情背后关系着政府的形象、公众的知情权、政民互动机制等。因此，加强政务公开、做好政务舆情回应日益成为政府提升治理能力的内在要求。近年来，陕西省夯实基础，着力创新，不断推进政务舆情回应工作。

---

* 执笔人：王沛，陕西省人民政府政务公开办公室主任科员。

一 落实工作责任，形成工作合力

（一）加强制度建设

为推进舆情回应工作规范化、制度化、常态化，省委办公厅、省政府办公厅制定《关于全面推进政务公开工作的实施意见》，对政务舆情收集、研判、处置和回应工作提出明确要求，确立了属地管理、分级负责、谁主管谁负责的工作原则，明确了政务舆情回应工作责任主体，推进舆情回应工作规范化、制度化、常态化。省政府办公厅每年制定政务公开工作要点，对舆情回应工作提出具体要求。各市县、各部门普遍建立了相关工作制度，为有效应对各类突发舆情奠定了基础。通过完善制度建设，提高了全省各级领导、各个单位的重视程度、舆情意识和反应速度，使全省上下形成舆情回应工作合力，为有效应对各种突发舆情提供了坚实保障。

（二）完善工作机制

舆情管理没有章法，必然导致事件处置的被动局面，这就需要从体制机制上完善。在实际工作中，省委宣传部、省委网信办、省政府办公厅等部门分工协作，齐心协力做好舆情回应。一是建立信息发布解读工作机制。省委宣传部制定了《关于加强信息发布和政策解读工作的实施细则》，从工作要求、工作机制、平台建设、发挥媒体作用等多个方面细化措施。二是建立互联网舆情研判引导机制。省委网信办建立了互联网舆情研判引导机制和舆情危机应对处置流程，制作了网上舆情处置流程图，根据舆情信息按照紧急程度、发展态势、可能造成的后果程度、涉事利益群体大小确定舆情等级，对不同等级的舆情设置专门的处置流程，做到准确研判，快速应对，积极引导，确保稳定。三是建立舆情监测报送机制。进一步加强舆情信息的监测报送力度，安排专人每天对中省各级重点媒体、网站的信息定岗定时查看，实行轮岗值班；同时强调补位、合作，确保监测覆盖范围广，重要舆情能在第一时间发现，做到不漏看、不漏报。省政府办公厅每个工作日编发《今日媒体要情》，向省政府领导及时报送，做到敏感信息随时报、重大信息连续报、日常信息每日报，保证了省政府领导能够及时全面掌握涉陕舆情。省应急办建立突发事件信息报送机制，监测各类突发事件舆情，及时上报处置，及时向公众发布动态信息。

二　积极主动发声，强化正面引导

透明度决定公信力，话语权决定主动权。随着互联网技术的迅猛发展和信息传播方式的深刻变革，公众对政府工作知情、参与和监督的意识不断增强，各种诉求和表达方式日益多元。政策宣传和解读工作作为政务公开的重要渠道和方式，对树立政府形象至关重要。互联网等新兴媒体的普及应用，形成了人人都有麦克风、人人都是传播者的局面。在信息海量、纷繁复杂的舆论场中，来自官方的声音是最具权威性的。因此，加强和改进政策宣传和解读工作，用好政务信息这种公共资源，满足公众的信息需求，变得越发重要。近年来，从中央到地方，各级政府越来越重视政策解读工作，陆续出台了一系列文件，对政策发布和解读的主体、形式、流程等提出明确要求，政策发布和解读已经成为一种制度性安排。借助媒体的渠道，主动发布政务信息，把政府的工作告诉公众，让群众知道政府在干什么、干得怎么样，争取更多的理解和支持。主动说、及时说，说准确、说充分，对有效引导舆论、凝聚社会共识、促进和谐稳定，显得非常重要。在这种情况下，不断创新工作形式，主动设置议题，不断丰富发布解读形式，及时发布信息，解读政策。

（一）举办省政府政策例行吹风会

创新工作形式，主动设置议题，召开省政府政策例行吹风会。吹风会的主题主要有三个方面：一是解读省政府出台的政策文件，通报省政府常务会议的相关议题；二是介绍省政府的重大决策部署，跟踪重大项目、重点工程建设进展情况；三是公开社会和公众希望获得的政务信息。进行政策发布和解读，不仅仅是要让"群众看得到"，更重要的是要让"群众听得懂、信得过"，这样才能取得实效。因此，在与会人选的选择上，邀请与主题相关的政府部门领导、专家学者和媒体记者参加，通过政策制定者、特邀嘉宾和媒体记者之间交流互动的形式，解读政策文件、介绍重大决策、跟踪重大项目、公开重要信息，紧紧围绕省政府中心工作，贴近民生，解读政策，关注执行，找准发布方（政府和各部门）、传播方（新闻媒体）和接收方（社会公众）共同关注的结合点，做到"三结合"，即把"政府想说的、媒体关注的、公众关心的"话题有机结合起来。营造政府、媒体和公众良性互动的舆论环境。

在旁听观众方面，注重多元化。前期参加人员多以媒体记者和在政府见习的大学生代表为主，后期逐渐扩展到政策相关群体。来自西安交通大学的见习大学生代表表示："参加'政策例行吹风会'让纸面上的政策变得生动立体了，感觉自己参政议政的热情越来越高。"来自西安市雁塔区电子城社区的代表认为："'政策例行吹风会'形式挺好、很接地气。"在每场吹风会主题选定之后，还邀请媒体记者深入基层、实地拍摄，不仅丰富了吹风会的形式，也使社会和公众更加明晰了省政府重大决策部署的落实和进展情况。

政策例行吹风会举办以来，截至 2018 年 4 月 10 日，先后围绕《陕西省"十三五"加快残疾人小康进程规划纲要》《陕西省推动非户籍人口在城市落户实施方案》《陕西省自由贸易区成立半年来的发展情况》《陕西省人民政府关于加强困境儿童保障工作的实施意见》和"两座城市一张蓝图深入推进西咸一体化"等社会关心的内容举办了 17 期栏目，得到了主流媒体及多媒体平台的大力支持。首场"政策例行吹风会"在新华社"现场云"进行了直播，人民网、新华网、凤凰网、《陕西日报》、陕西卫视、新浪网等 20 余家新闻媒体进行了宣传报道。从第二场开始，各大媒体进行原创报道。从 2018 年开始，陕西电视台制作专题电视节目，在陕西二套播出。媒体报道力度不断增强，网民关注度持续提升，旁听代表意见建议给力到位，取得了明显成效。

（二）开展"一张图"解读政策工作

与单纯信息发布相比，解读更为重要。尤其在制定出台重大公共政策和措施时，一定要做好解读，全面深入地解读政策出台的背景、基本取向、主要内容，让正确、正面的解读成为主流声音。为不断提高政策文件解读工作的质量和水平，从常务会议通过的重要政策措施中选取与社会民生关系密切的议题，在省政府常务会结束或政策文件发布 3 天内，用简洁明了的图表、贴近群众的语言，把群众关心、社会关注的政策说清说透，统筹各方面力量，对一些涉及面广、社会关注度高或专业性比较强的政策性信息及重要信息，充分发挥新闻媒体、研究机构、专家学者的作用，通过"多维拆解"，采用各种方式进行全方位解读，让公众更好地知晓、理解政府经济社会发展政策和改革举措。"一张图"解读政策文件在新华社客户端、省政府门户网站、省政府微博和微信平台同步发布，内容包括"沿黄公路""一带一路""贫困儿童救助政策"等社会关注的热点，平均每条阅读量均在 10 万次左右，最多单条阅读量超过 50 万次，取得了良好的传播效果。

三　加强平台建设，畅通回应渠道

（一）充分发挥各级政府门户网站作为政务公开第一平台的作用

政府门户网站是政务公开的第一平台。为了促进全省政府网站建设水平，从 2010 年开始，陕西省开展了全省政府网站绩效评估工作。经过几年不懈的考核检查，政府门户网站的建设和管理工作越来越得到各级政府的重视，不断改版升级，成为建设服务型政府的重要抓手。省政府门户网站对标中央政府网站和先进省市网站，简化页面设计，紧紧围绕政府网站政府信息公开、网上办事服务和政民互动三项功能，提升网站效能，切实增强服务能力。一是强化信息发布，主动公开政府信息，策划专题专栏，着力推动重点领域信息公开，以点带面促进信息公开工作全面开展。尤其是针对民生等领域的政府信息公开，利用省内主流媒体、省政府门户网站和部门网站发布信息。例如，在稳定市场预期和市场监管方面，发布重要商品监测情况和价格走势分析，宣传税收改革和降费减税政策，对清理取消、停征免征和保留的收费收税项目逐项明确。在促进就业创业方面，除媒体宣传、组织招聘会等方式外，按照"创新带动创业、创业拉动就业"的思路，举办专题活动周、创业论坛、创业大赛、"高校行"等丰富多彩的活动，为创业就业者提供集中展示和宣传交流的平台。在扶贫、环保、棚户区改造、政府和社会资本合作项目等社会关注度较高的领域，各有关部门在本部门网站上开设了专栏，根据自身业务特点，细致公开了相关政策、资金使用情况、项目进展情况等，主动接受社会监督。在集中式生活饮用水水源水质公开方面，省卫计委网站发布了各市（县、区）用户水龙头水质监测信息的公开网址，提升了公众查询信息的效率；铜川市城管局做到了按日公开，远远高于国务院办公厅"按季度公开"的频率。二是拓宽互动渠道，设立了"舆情反馈""网民留言回复""政民互动""我向省长说句话""建言献策"等各类互动栏目，并加大新媒体的应用，如微博、微信、APP 应用，以适应移动终端用户的需求。依托省政府门户网站开设的在线访谈栏目，紧紧围绕政府工作重点、时事政策焦点、社会民生热点和突发公共事件等群众关注度高的内容，邀请有关部门和市级政府负责同志，发布权威信息，解答网友疑问。在线访谈栏目开播至 2017 年 6 月，已制作播出 183 期，邀请各地各部门负责同志 400 多人次。从 2016 年 4 月开始，增加了解读省政府常务会专题节目，受到了网民的关注和好评。

（二）办好政务微博、微信

政务微博、微信等新媒体平台，有效实现了政府与群众的双向互动，为满足广大网民多样化、多层次的信息需求，不断创新内容、形式、方法、手段，利用微博快速发布、互动性强和微信定向推送、精准服务的特点，拓展工作平台，与公众进行互动交流，进行政策宣传答疑和舆情回应。

政务"双微"作为密切联系群众的纽带之一，最突出的特点是互动，做好百姓声音的"上传"和政策的"下达"。一是紧跟时事，及时发布涉陕相关信息。在第一时间发布"西安地铁电缆事故""西汉高速重大交通事故"等突发事件的相关信息，并在后期对事件进展、领导批示等信息也及时通过微信平台向受众发布，让受众能及时了解整个事件的发展进程。二是为政府与群众之间搭建沟通的桥梁。对于群众所关心的问题，及时反馈给相关部门，并在"陕西发布"微博、微信平台及时发布处理事件的结果。针对西安市出台的"户籍新政"，对于准入政策、如何通过网上办理、非户籍人口如何落户等问题，及时将网友问题链接到"陕西公安""西安公安"等相关部门，并将他们的专业回复直接在微博中发布，为更多有同样问题的粉丝答疑解惑。三是及时回应突发事件。2017 年 8 月 8 日晚九寨沟地震时陕西多地受到影响，微博上出现了发生余震的预测信息，对此信息的真实性及时联系陕西省地震局核实，在事实清晰、意见统一后，及时发布辟谣的相关信息，并设置与地震相关的话题，让民众及时了解地震后的情况。四是精心策划，开展粉丝福利活动。"陕西发布"双微联合省文化厅等部门共推出粉丝福利活动 23 期，其中微信赠票活动 16 期，微博"粉丝福利"活动 7 期。活动内容包括丝绸之路国际艺术节演出门票、秦岭国家植物园门票、乾坤湾景区门票、西安音乐厅演出门票的赠票活动及演出彩排探班活动等。通过策划与粉丝互动福利活动，扩大了"陕西发布"的影响力，也收到了来自粉丝的及时反馈，整体反响良好，有助于"双微"的改进和优化传播内容，实现了政务微博与民众之间的良性互动。除此之外，还加强与西部网、陕西传媒网、华商网等传播媒体的合作，建立联动机制，互相转发重要舆情信息。有的市县和部门还建立了网络评论员和监督员队伍，及时发现、有效回应政务舆情。"陕西发布"微博粉丝 117 万余人，重点关注的"西成客专""宝兰高铁""白鹿原""2017 陕西高考""西安户籍新政"等热门话题，单条最高阅读量超过 81 万次，影响力持续扩大。"陕西发布"政务微信用户数量不断增加，策划的"丝博会专栏""春之校园摄影大赛""最美沿黄公路"等专题活动受到广泛关注。

四　加强督查督办，网上网下联动

做好政务舆情回应，关键在于网上网下联动，通过舆情回应解决实际问题。坚持网下处理和网上回应相结合，积极研究解决现实问题，为有效引导舆情奠定基础。重要舆情由各有关部门和地方迅速调查处理，省政府办公厅跟踪督办，处理结果在省政府门户网站"舆情反馈"栏目中向社会公开，回应社会关切，接受社会监督。部分地区和部门已将政务舆情回应工作纳入目标责任考核。持续开展网民留言办理工作，先后出台了《关于人民网致省政府主要领导同志留言处理暂行办法》《关于改进留言交办方式提高办理时效性的通知》等一系列规章制度，建立了以督查系统为主要支撑的办理队伍，形成了上下联动、左右互动、协调运转的工作体系。以办理网民致书记、省长的留言工作为切入点，以人民群众的角度审视工作成效，自下而上促落实。一是以留言办理作为检验政策落实与否的"试金石"。如拖欠农民工工资问题，党中央、国务院历来高度重视，先后出台了一系列政策措施，国办发 2016 年 1 号文件就是《国务院办公厅关于全面治理拖欠农民工工资问题的意见》。但是网民留言显示，部分行业特别是工程建设领域拖欠农民工工资问题仍然比较突出，对此加大工作力度，督促各地政府坚决贯彻国家相关政策，从快处理、想方设法兑现拖欠工资，保护农民工合法权益，收到了较好效果，多位网民发帖感谢，表示拿到了拖欠工资。二是以群众满意作为检验工作接地气与否的"标准尺"。一段时间，陆续有网民反映二孩上户口难问题，这说明新老计生政策接续环节还存在一些问题。对此，省政府督查室联合省卫生计生委，在全省范围开展二孩政策专项督查，使同类问题得到了有效解决。为推进解决网民留言中的热点焦点问题，省政府督查室先后协同省级有关部门，对全省脱贫攻坚、"放管服"改革、不动产统一登记、公租房建设和安置等开展了督查调研，出台了移民（脱贫）搬迁工作实施细则、"放管服"改革第三方评估等政策措施，推动重点工作落地生根。真正做到了以群众满意为目标，小中见大，举一反三，力求回复一条小留言、解决一类大问题，不断促进工作落实，取得了良好的成效。

五 存在问题及下一步工作重点

虽然陕西省政务公开工作进行了一些探索，也取得了一定成效，但是与中央的要求和群众的期盼还有差距。一是有的地方和部门对政务公开和政务舆情回应工作的重要性认识还不够到位，主动回应意识不够强。二是对政务舆情工作的财力投入不足，舆情监测的信息化程度不够高。三是政务舆情研判分析能力尚需提高。主要表现在政务舆情收集研判专业性不强，收集监测、研判引导队伍薄弱，各地各部门普遍缺乏舆情分析的专业人员，专职人员较少，有时影响了工作的连续性、前瞻性。由此导致舆情研判工作中常常出现识别政务舆情不够精准，容易出现"小题大做"现象。面对海量的信息和庞大的舆论领域，拥有一支专业的网络舆情人才队伍非常必要。四是不同部门之间的沟通协调仍有待改进。虽然各单位都有负责舆情工作的人员，不同系统也分别设立了舆情监测机构，但在舆情信息之间的沟通、交互、协调、处置方面，各自为政、沟通不畅的情形一定程度地存在着，导致工作内容既有重复，又有空白，缺乏统一、协调、高效的沟通体系。

对此，在以后的工作中，一是进一步健全舆情回应工作机制，细化固化舆情监测、研判、处置和回应工作流程，制定完善政务舆情应急预案，把舆情回应工作责任落实到政府工作的每一个环节。二是加强业务培训，把舆情管理纳入公务员培训科目，增强公职人员公开意识，提高舆情应对能力，坚决避免因应对不力引发次生舆情。三是加大投入，加强技术检测，推进第三方服务，提高获取舆情的时效性和准确性。四是树立"全省舆情一盘棋"的理念，探索建立党委、政府、媒体多方参与的舆情会商制度，加强部门、市县之间的信息沟通协调，形成舆情回应工作合力。五是加强对舆情回应的监督考核，把舆情回应制度、回应机制、回应政策及相关的政务新媒体建设等工作纳入政务公开工作考核。

舆情素有社会"晴雨表"之称，是社会热点问题的直接体现，是社情民意的集中反映。在实践中，越是强调开放、包容、对话的社会治理环境，发生舆情事件的概率相对就越低。这就要求政府不断加大政务公开范围和力度，畅通与公众交流对话的渠道。一个总是走在信息发布前端的政府，一个总是满足公众知情权的政府，群众才更愿意认同它。只有扎实做好舆情回应，全面推进政务公开，才能不断提升政府治理能力，让政府的开明形象得到提升，让公众的知情权得到满足，让社会发展更为和谐。

第十六章　福州市政务公开的做法与成效

叶伟奇[*]

摘　要： 2008 年以来，福州市认真贯彻实施《政府信息公开条例》，加强组织领导，完善工作制度，以便民为原则创新工作方法，以培训和考核为抓手，不断增强政务公开实效，依法保障了人民群众知情权、参与权和监督权。本文总结了 2008 年以来福州市政务公开工作做法与成效，希望能够为各地区推进政务公开工作提供借鉴。

关键词： 福州市　政务公开　便民高效

2008 年 5 月，《政府信息公开条例》（以下简称《条例》）正式实施以来，福建省福州市各级政府及其工作部门紧紧围绕市委、市政府中心工作，认真贯彻实施《条例》，不断健全完善政务公开工作制度，细化政务公开工作任务，深化公开内容，加强政策解读，回应公众关切，严格监督考核，不断增强公开实效，政务公开、政府信息公开工作步入常态化、长效化、规范化发展轨道，依法保障了人民群众知情权、参与权、表达权和监督权。截至 2017 年 12 月 31 日，福州市各级政府及其工作部门历年累计主动公开政府信息 276142 条，其中：市、县（市）区、乡镇（街道）各级政府累计主动公开政府信息 94849 条，各级政府工作部门累计主动公开政府信息 181293 条；累计受理办结政府信息公开申请 11650 件，其中市本级政府受理办结 798 件，县（市）区、乡镇

---

　*　叶伟奇，福建省福州市"数字福州"建设领导小组办公室副主任、福州市人民政府信息公开工作办公室主任。

（街道）等各级政府受理办结 1357 件，各级政府工作部门受理办结 9495 件。① 根据中国社会科学院法学研究所、社会科学文献出版社历年联合发布的《中国法治发展报告》（法治蓝皮书）中公布的《中国政府透明度指数报告》测评结果显示，福州市政府透明度指数排名一直位居全国各省会城市和较大的市前列。

一　加强组织领导，建立长效工作机制

福州市委、市政府历来高度重视政务公开工作，要求将推进政务公开、政府信息公开与服务经济社会发展、转变政府职能、规范行政权力运行紧密结合，以公开促落实，以公开促规范，以公开促服务，加快打造法治、廉洁和服务型政府。成立了全市政务公开工作领导小组，明确由市委常委、常务副市长分管政务公开工作，列入市领导工作分工并对外公布。明确市政府办公厅是全市政务公开工作的主管部门，指定市"数字福州"建设领导小组办公室（加挂"福州市人民政府信息公开工作办公室"牌子）作为政务公开、政府信息公开工作机构，具体负责指导、协调、监督、推进全市政务公开所辖工作。

福州市所辖 12 个县（市）区政府和 57 家市直公开单位均已确定了本地区、本部门政务公开工作的分管领导、工作机构和经办人员，形成各单位主要领导亲自抓、分管领导具体抓、职能处室抓落实的工作机制，合力推动工作开展。至 2017 年年底，除闽侯县外，其余 11 个县（市）区都已成立了专门的工作机构，确定专门人员负责政务公开、政府信息公开工作。

主管部门指导推进、各级各部门分级管理、层层负责的政务公开工作格局已经形成，政务公开理念已深入人心，逐步形成政务公开意识，营造政务公开的良好氛围，推进政务公开工作常态化、规范化、长效化开展。

① 本文有关福州市政务公开的数据均来源于"福建省政府信息公开统计分析系统"，由本地区各级各公开单位每季度填报汇总而成。文中数据统计时限均截至 2017 年 12 月 31 日。相关数据已在《福州市 2017 年政府信息公开工作年度报告》中公布。

二　以便民为原则，不断创新工作方法

（一）压缩主动公开时限，在公开时限上体现便民

《条例》第三章第十八条规定："属于主动公开范围的政府信息，应当自该政府信息形成或者变更之日起 20 个工作日内予以公开。法律、法规对政府信息公开的期限另有规定的，从其规定。"福州市明确要求各级各公开单位，应在政府信息形成或者变更之日起 7 个工作日内公开属于主动公开范围的政府信息。福州市人民政府及市政府办公厅制作的属于主动公开范围的政府信息，一般在政府信息形成或者变更之日起 4 个工作日内上网公布，让政府制定出台的政策文件尽快公之于众，保障人民群众的知情权。

（二）聚焦社会公众利益，在公开内容上体现便民

坚持以公开为常态、不公开为例外，加快推进决策、执行、管理、服务、结果"五公开"。及时公开涉及社会公众利益的重大公共政策、产业政策和重要事项，重点公开财政资金、减税降费、重大建设项目、公共资源配置、"放管服"改革、国资国企、农业供给侧结构性改革、财税体制改革、环境保护、公共服务、食品药品安全、市场监管、扶贫脱贫、社会救助、教育、医疗卫生、安全生产监管、防范金融风险、促进房地产市场平稳健康发展等政府信息。

（三）重视做好解读回应，在公开效果上体现便民

市政府办公厅于 2015 年 8 月印发了《关于加强政策解读工作的通知》，规定对属于主动公开的，涉及面广、社会关注度高、专业性强的重要政策应做到"三同步"（同步起草、同步报审、同步公布）解读，明确解读原则，落实解读责任，坚持"谁起草、谁解读"，将政策解读工作情况列入政务公开与政府网站绩效考核指标体系，并纳入政府信息公开社会评议范围。2015 年 9 月、2017 年 3 月，市政府办公厅又多次发文强调落实政策解读"三同步"，要求起草政策文件时要同步制定解读方案，

将政策解读稿作为政策文件的附件，实现政策解读稿与政策文件同步起草、同步报审、同步公布。丰富解读形式，运用部门领导撰稿解读、专家解读、政策问答、在线访谈、媒体专访、新闻发布会等解读形式，发挥政府网站、政府公报、政务微博微信等重要载体作用，拓展社会公众喜闻乐见的解读形式，扩大传播范围和受众面。适应网络传播特点，更多运用图片、图表、图解、视频等方式，使政策解读传播可视、可读、可感。市政府网站开设"政策解读"专栏，"福州发布"政务微博、"e 福州"政务微信、市直各部门政务微博微信同步发布政策解读材料。2017 年市政府网站共发布福州市制定出台的政策文件文字解读稿 301 件、图片解读稿 100 件。通过新闻发布会、在线访谈等方式，积极运用政务微博微信等新媒体发布权威信息，积极回应社会关切，释疑解惑，将政策意图及时准确地传递给企业和公众。建立健全政府新闻发布体系，进一步健全完善新闻发布制度，做好组织指导工作，增强各级各部门新闻发布工作水平。完善"4·2·1＋N"新闻发布模式，2017 年选定市发改委等 27 家与宏观经济、民生关系密切和社会关注事项较多的部门作为试点单位，落实市级新闻发布会年初立项和自主新闻发布会指导备案相结合的做法。年初公布全年重大主题重大活动新闻发布会计划，做到重大主题重大活动新闻发布早谋划早安排，各单位自主新闻发布有请示有报备。在市政府网站开设"新闻发布会""在线访谈"专栏，及时发布和解读公众关注度高的重要政策等政府信息。2017 年，共召开新闻发布会 61 场，市政府网站开展在线访谈 170 场，其中省直部门主要负责同志出席新闻发布会 33 场、市政府网站在线访谈 38 场，实现高层次和高频次的新闻发布常态化。健全公开回应机制，建立政府信息公开、信息发布与舆情回应相协调的工作机制，坚持"谁主管谁发声、谁处置谁发声"，及时发布权威信息，提升网上传播、回应能力。

（四）不断拓展公开渠道，在公开形式上体现便民

充分发挥政府网站作为政务公开第一平台的作用，在市政府门户网站首页显著位置设置了政务公开专栏，规范各级政府网站信息公开专栏建设。继续发挥"两微一端"服务平台作用，拓宽信息公开和服务渠道。2012 年在福建省各设区的市率先开通政务微博服务平台——"福

州发布"政务微博服务平台,至 2016 年年底,"福州发布"政务微博群成员单位达 94 家,基本覆盖了与群众生活关系密切的行政机关、社会团体、企事业单位。截至 2017 年年底,"福州发布"官方微博累计发布微博信息超过 23000 条,回应网友评论诉求超过 4000 条,微博粉丝（听众）数量达 56 万人。"福州发布"持续入选福建十大党政新闻发布微博。2016 年开通"e 福州"微信服务号及"e 福州"APP,方便公众查询政府信息,随时随地提供政务服务。继续办好政府公报,丰富公开内容,提升政府规章、规范性文件的发布质量和时效,扩大公报赠阅范围,按时出刊发行,发挥政府公报标准文本的指导和服务作用。继续提升档案馆、图书馆、行政服务中心等各类公共查阅点服务水平。各级各部门主动公开信息,定期送交政府信息查阅场所;市档案馆、行政服务中心和各县（市）区 12 所档案馆、7 所图书馆已建成政府信息查阅场所,开展信息查阅服务。市档案局加强政府信息查阅场所管理,制定查阅场所管理办法,加强日常督查与沟通,每季度向市政府办公厅报送工作情况报告,及时通报各单位报送政府公开信息有关情况。截至 2017 年年底,市档案局（馆）政府信息公共查阅场所已累计接收、保存市本级政府信息公开单位报送的政府公开信息共 48522 条（份）,其中:2003—2016 年产生的政府公开信息 44380 条（份）,2017 年产生的政府公开信息 4142 条（份）。截至 2017 年 9 月 30 日,福州市各级政府信息公共查阅场所共接待现场查阅政府信息的社会公众 40941 人次。此外,还通过报刊、广播、电视、新闻发布会、便民服务信息屏等形式主动公开政府信息。

（五）规范依申请公开,在畅通申请渠道上体现便民

依托市政府门户网站建设统一的依申请公开平台,提供在线申请、在线查询、在线反馈办理结果、在线举报等服务,规范完善当面申请受理流程,还提供信函、传真、电子邮件等多种申请方式,及时受理、答复社会公众申请,并将办理结果上网反馈,接受社会公众监督,确保社会公众申请件件及时办理回复。2008 年以来,福州市各级各公开单位依社会公众申请公开政府信息不收取任何费用,方便社会公众查询、利用政府信息。

三 以制度建设为保障，逐步规范工作开展

（一）完善政务公开相关配套制度

福州市先后制定并落实政府信息主动公开、依申请公开、保密审查、工作考核、社会评议和责任追究等配套工作制度。建立完善信息公开保密审查、历史文件梳理、信息公开指南和目录更新维护、主动公开信息送交公共查阅场所、公开信息数据季度统计、政府信息发布协调、政府新闻发言人、年度报告编制和发布、考核评议、举报办理等工作机制，进一步明确开展政务公开工作应完成的"规定动作"，明确工作任务，落实工作责任，促进政务公开工作规范有序开展。

（二）推动公开工作标准化和规范化建设

统一规范政府部门政府信息公开工作规则，规范主动公开政府信息发布主体、内容、形式、范围、时限等环节。建立健全政府信息公开申请受理答复各环节制度规范。制定完善依申请公开工作处理规程，健全工作机制，进一步规范政府信息公开申请受理、审查、办理、答复、送达及保存备查等各个环节的流程，要求各单位收到申请后及时登记编号，加强与申请人沟通，做好解疑释惑工作，根据不同情况在规定时限内书面答复申请人，并在办理完毕后按照"一申请一卷"进行归档，提升依申请公开服务能力，依法依规满足人民群众的特殊信息需求。进一步加强申请答复文书的标准化建设，推行申请答复文书标准化文本，统一答复文书格式，要求各单位在答复文书上载明收到时间、申请内容、答复依据及决定、救济途径、落款、答复时间等事项，不断提高申请答复的合法性、科学性、规范性。

（三）探索建立依申请公开促进依法行政机制

福州市将行政机关因政府信息公开被申请行政复议、被提起行政诉讼情况纳入依法行政考核范围。福州市政府信息公开工作办公室每季度汇总全市依申请公开工作案例，加强对依申请公开典型案例的学习研

究，着重围绕加强依法行政开展研究分析和跟踪调研。对依申请公开工作中发现的依法行政方面问题，及时向相关单位提出工作建议，促进依法行政水平不断提升。

四 以电子政务为支撑，不断提升公开效率

福州市政务公开、政府信息公开工作机构依托市电子政务及信息化主管部门——福州市"数字福州"建设领导小组办公室开展工作，因此政务公开工作开展始终与电子政务工作紧密结合，两项工作统筹考虑，相互支持，共同推进。以政务公开的要求，指引电子政务发展的方向；以电子政务发展的成果，支撑保障政务公开，不断提高公开效率和服务质量。

（一）初步建成"互联网＋政务服务"体系

2017年6月，福州市被国务院办公厅电子政务办公室确定为国家"互联网＋政务服务"综合试点和政务服务协同化专项试点城市。构建全市"一体化"网上政务服务平台，实现网络通、系统通、数据通、业务通、服务通"五通"，初步建成"一号、一窗、一网"政务服务体系。2017年3月15日，福州市在全国率先实行行政审批全流程电子证照应用，首创"两同步两优先两支持"的电子证照应用机制，将电子证照生成作为审批服务环节纳入办事流程，服务行政审批与公共服务事项全流程网办。福州市已登记证照目录的市直部门51个、区县部门325个，登记证照及批文类别2581类，电子证照累计入库总量1155万份，位居全省首位、全国前列。取消行政审批和公共服务事项318项、下放256项，调整合并行政审批和公共服务事项75项，取消前置审批74项；减证便民行动取消申请材料2200份、证明材料104项，实现政务服务事项清单、办事指南、审查细则标准化、全公开。各级政务服务大厅、社区综合受理点、网上办事大厅、手机APP等，提供多渠道便捷政务服务。95.3%市级政务服务事项实现"最多跑一趟"，群众办事满意率达99.99%，政务服务水平全省领先。

（二）完成政府网站集约化建设

2008 年为贯彻实施《条例》，福州市各级各部门认真编制《政府信息公开工作指南》，梳理《政府信息公开目录》，建设本地区本单位网站，设置"政府信息公开专栏"，公布《政府信息公开工作指南》《政府信息公开目录》，开展政府信息公开工作。2009 年福州市即建立"统一规划、协同建设、分级管理、资源共享、集群发展"的政府网站建设管理机制。市政府明确规定市直各部门不再单独建立新的部门网站，若要新建部门网站，应统一依托市政府门户网站群平台建设，避免资源浪费；已经建成但运转不正常的市直部门网站，应予以撤销，将原有部门网站功能整合到市政府门户网站群。2017 年又进一步制定出台全市政府网站集约化建设实施方案，依托市政府网站，加快整合各县（市）区及市直部门网站。全年共关停 123 家部门网站，撤销 12 个县（市）区政府独立网站，各县（市）区政府全部依托市政府网站建设子网站。至 2017 年年底，覆盖市、县（市）区、乡镇（街道），高度集约化的市政府网站群初步建成。市、县（市）区、乡镇（街道）各级政府及其工作部门政务公开专栏统一建设、集中展示，提供"一站式"查询服务，为社会公众获取信息提供极大方便。

（三）实现信息公开情况统计和考核监督电子化

依托福建省政府信息公开统计分析系统，每季度组织全市各级各公开单位在线填报政府信息公开统计数据，并做好审核汇总工作，及时掌握本辖区各公开单位政府信息公开工作动态。2015 年年底启动建设"福州市政府信息公开电子监察系统"，2016 年 7 月正式上线运行，对市直各公开单位和各县（市）区政府信息主动公开、依申请公开、年度报告编制和公布、政策解读等工作开展情况进行实时在线监测，推动政务公开工作考核从人工定期考核向系统实时考核转变，提高了考核效率和精确度，为监督推进政务公开工作落实提供有力保障。

五　以培训和考核为抓手，持续推动工作落实

（一）持续有效开展业务培训

福州市将政务公开、政府信息公开工作纳入公务员年度培训计划，对全市机关干部特别是新招录的机关工作人员进行全面培训。将《条例》《福建省政府信息公开办法》等作为公务员应知应用的内容安排到公务员学法用法考试中，提高公务员对政务公开工作的知晓度，提升政务公开工作水平，依法、全面、准确、及时地做好政务公开工作。2008年以来，全市各级各部门共举办政务公开工作业务培训班128场，6507人次参加了业务培训。在全面培训的基础上，重点加强对政务公开工作经办人员的业务培训，不断提高经办人员的工作能力。2017年全市各级公开单位609家，专兼职从事政务公开、政府信息公开工作人员677人。他们是推进全市政务公开、政府信息公开工作的基本骨干，2008年以来分级分层次进行了两轮以上的业务培训。

（二）不断强化监督考核

2010年福州市研究出台了《福州市政府信息公开工作考核办法（试行）》《福州市政府信息公开工作社会评议办法（试行）》和《福州市政府信息公开责任追究办法（试行）》，确立了考核的主体、内容和程序等制度。从2011年开始将政务公开、政府信息公开工作纳入市委、市政府对各县（市）区政府及市直机关绩效管理考核体系。政务公开工作绩效考核分值不断增加，2017年考核分值比例不低于4%。几年来不断研究细化绩效考核评估指标，将政务公开工作中六个方面的典型问题纳入绩效考核督查范围，实行日常考核与年终考核相结合的考核办法，确保考核实效。市政府办公厅每季度对全市政务公开工作情况进行检查，重点检查各级各部门政府网站信息公开专栏建设、主动公开政府信息报送公共查阅场所、年度报告编制与公布、依申请公开办理等情况，对检查情况进行通报并公布，督促被通报单位按要求整改到位。建

设运行"福州市政府信息公开电子监察系统"，将电子监察系统监察结果作为政务公开绩效考核的主要依据。2018 年拟建设政府信息公开电子监察系统二期项目，将 12 个县（市）区政府部门、乡镇（街道）纳入电子监察范围，实现政府信息公开电子监察全覆盖。

（三）积极开展社会评议

2011 年开始，福州市政府信息公开工作办公室每年度委托第三方机构对各县（市）区政府和市直各公开单位贯彻实施《条例》、开展政务公开工作情况进行测评、分析，并形成测评报告，准确掌握各行政机关开展政务公开工作的实际情况，强化对政务公开工作的社会监督，推进落后地区和部门改进问题与不足，促进全市政务公开工作平衡发展。

政务公开是贯彻依法治国基本方略、建设法治型政府的要求，是改进机关作风、建设廉政型政府的需要。做好政务公开工作，助力稳增长、促改革、调结构、惠民生、防风险，向社会公众展现一个透明、开放、自信的服务型政府，意义十分重大。政务公开是法律赋予行政机关的职责，是行政机关必须履行的义务。

政务公开工作任重道远，福州市政府将按照国务院、福建省政府的部署，继续认真抓好贯彻落实，推动本地区政务公开工作不断深入开展，争取取得新的成效。

后　记

　　公开透明于政府管理、法治发展之重要，无论是其他国家和地区，还是在中国，都经历了一个不断发展的认知和实践过程。"我想知道！但我能知道吗？"这大概是十年前或者更早些时候普通群众的想法——心里极其渴望，却又十分胆怯。"为什么要告诉你？和你有关吗？"这大概是十年前或者更早些时候政府机关及其工作人员的想法，抑或现阶段仍有人持此看法——理直气壮甚至带有几分傲慢。"我有权知道，你必须告诉我！"这已越来越成为当今中国人民群众的共识。"我可以告诉你，很多事情还很需要你知道！"则在今天中国政府机关及其工作人员越来越普遍的态度。从过去的要或者逼政府机关公开到现在政府机关知道不公开不行，从过去的群众单方面想知道到现在政府机关逐步也想要群众知道，这是中国在十年间或者稍长一点时间跨度内逐步发生的变化。对此，有的人或许会质疑，政府机关和公众在公开方面不应该是相互对立的吗。但事实上，只要政府机关意识到公开不只是约束了自己用权，更会在形成良性政民关系上发挥积极作用，那么，政府机关就不会简单排斥公开。应当说，这种变化表明社会在进步、政府管理在进步、法治建设在进步。

　　21世纪以来，中国经历了加入世界贸易组织、"非典"等事件，借助《政府信息公开条例》的颁布与实施，依靠各级政府机关自上而下和来自社会自下而上的推动，中国的政务公开与政府信息公开取得了显著的进步。反对公开的意见在今天大概已经很难听到了，甚至会让人觉得十分另类。

　　对于为什么要公开，我们可以从各个角度去发掘其中的意义和价值，诸如建设法治政府、倒逼依法行政、开放与共享政府信息资源、建设诚信社会、实现从他治向自治与共治的转变、打造服务型政府、反腐倡廉等等，其功能之多不得不让人赞叹，公开真是个好东西。当然，也有观点认为，公开就是公开，不要为其附加太多的功能和追求，那会成为公开不可承受之重。听上去这个观点很有道理，也很容易受到来自政务公开一线工作人员的青睐，因为受到法规不健全等的影响，他们饱受各种复杂疑难申请的煎熬。大概在其看来，唯有如此，公开的任务才会减轻、压力才会降低。但这恐怕有点鸵鸟心理吧！政务公开推动到今天，政府的大门越开越大，通过公开所能实现的功能必然会被慢慢挖掘出来，回避无济于事，并不可能因此让公众对公开政务活动和政府信息的需求降低。尤其是，如果让各级政府机关及其负责人深切感受到公开不仅仅是向公众告知自己的活动和产生的信息，更可以帮助政府治理事半功倍，在助力国家飞速前进迈向更美好新时代进程中发挥四两拨千斤的作用，那么，也许他们会更加接受公开，也更有助于从消极公开转变为主动公开。也有观点认为现在公开泛化了，什么都和公开扯上关系。公开确实不能解决所有的问题，但不公开或者试图回避、掩盖，最终可能引发更大的问题，甚至会把简单的事情搞得越来越复杂、越来越糟糕。将公开与其他工作扯上关系，恰恰说明公开是个好东西，做公开工作、研究公开问题的恰恰应该欢欣鼓舞才对吧！

公开什么、怎么公开，这关系到能否真正落实"以公开为常态、以不公开为例外"的原则，也关系到公开的效果。长期以来，在很多领域，关于公开的标准规定得十分笼统，导致实践中缺乏操作性，公开责任难以落实。为此，不少地方和部门根据公众需求和实践需要，探索细化公开标准、明确公开要求，甚至不少地方和部门将确定的标准、清单"晒"给了公众。这也是一种态度！但也有观点认为，这大可不必，因为标准越细、越公开，越会束缚自己，特别是会留给公众尤其是专家学者太多评点的依据，一旦政府机关做不到或者做得不好就会授人以柄。这样的说法十分可笑，只在乎是否被人批评，不在乎自己做得是否足够好。

事实上，除去圣贤之外，任何人几乎都是在自我反省与接受外人的批评点拨中不断进步的，离开了别人的批评与指摘，人们很容易自我满足、裹足不前。政府管理亦然。就以政务公开和政府信息公开为例，有的人大概会说十余年尤其是最近四五年的进步是自上而下推动的结果，是政府机关自我革命的必然，来自社会公众、专家学者乃至政府信息公开申请人的推动微乎其微。听上去这是一种毫不掩饰的居功自傲和夜郎自大。《政府信息公开条例》率先提出要引入社会评议制度，自己做得好不好要让社会去评价，这在理念和方式上是一种巨大的进步，因为，其将打破长期以来政府机关埋头做事、不理会相对方需求的旧模式。近年来，大批的社会公众、专家学者、新闻媒体通过个案评点、第三方评估等方式，肯定了公开进程中取得的成效，也经常毫不留情地指出存在的问题。这难免让很多管理者脸红脖子粗，但好在公开乃大势所趋，政府不再是老虎屁股摸不得，许多地方和部门也能放下身段，虚心听取意见建议，由此才慢慢扭转了"不识庐山真面目，只缘身在此山中"、自认为做得兢兢业业但群众却没有获得感的尴尬局面，逐步找准社会大众对公开的真实需求。当然，外界的点评始终只是敲边鼓，最终能否转换为政府的行动，还有赖于主管者的自觉自省与勇于担当，所以，内外结合、合力推进是必不可少的。

中国社会科学院法学研究所课题组自 2009 年开始开展政府透明度指数评估，坚持到今天也属不易。十年弹指一挥间，课题组研发了一套套评估指标体系，坚持依法设定指标、公众需求导向、依赖客观数据等原则，见证了政府公开透明的切实进步，也和社会各界一道或多或少在推动公开上发挥了些作用。这项研究让我们自豪，因为通过研究不仅仅发现了一些真问题，而且更加深入了解了政府管理的状况，更关键的是一些领域政府管理的日益公开透明让我们每个人都或多或少受益。

公开透明没有止境。习近平总书记指出，中国特色社会主义进入新时代，我国社会主要矛盾已经转化为人民日益增长的美好生活需要和不平衡不充分的发展之间的矛盾。人民群众对政府活动公开透明的需要永无止境，对快速高效获知政府行为与政府信息的要求越来越高。可以说，政务公开和政府信息公开的工作和研究始终不会停歇，为此，必须不断分析政府推动公开透明面临的形势，以判断公开该往哪里去；总结取得的成效和积累的经验，以知晓公开该向谁学习；发现面临的问题和存在的不足，以明确该如何改进和提升。这，就是我们要编辑出版本书的目的。

这是一本年度性的报告，每年在相对固定的时间发布。这是一本理论联系实际的报告，既探讨政务公开和政府信息公开的理论问题，又不会空谈理论，而是要立足公开的实践，发现亮点、总结问题、提出建议。对实际情况的把握和分析主要通过实证调研和量化分析得来。这是一本立足中国实际的报告，是关于中国政务公开和政府信息公开现状的分析与总结，因此，撰稿者既有学术机构的人士，也有来自政府机关等实务部门的人士，既包括全面分析政务公开和政府信息公开工作的报告，也包括某些特定领域的内容。我们希望这是一个见证中国政府提升透明度的成果，是一本理论与实务紧密结合的报告，是提供给理论界和实务界交流政务公开和政府信息公开成果与经验、探讨有关疑难与问题的平台。

2018 年是一个很特殊的年份，于政务公开和政府信息公开更加特殊，因为十年前，《政府信息公开条例》正式实施，标志着中国法治政府建设进入新的历史阶段。十年后的今天，《政府信息公开条例》有望完成修订并实施。对于中国社会科学院法学研究所课题组而言，2018 年也是独立开展政务公开和政府信息公开第三方评估的第十个年头。因此，在这个时间节点，推出第一卷《中国政府透明度》特别有纪念意义。本卷报告包括了中国社会科学院法治指数研究中心、中国社会科学院法学研究所法治指数创新工程项目组推出的政务公开第三方评估报告和社会救助、回应关切、决策预公开、政务公开标准化调研报告，还汇集了分析教育部、交通运输部、生态环境部以及北京市、上海市、安徽省、四川省、贵州省、陕西省、福建省福州市等特定领域、特定区域公开成效与面临问题的报告。

真心希望《中国政府透明度（2018）》可以帮助社会各界全面系统了解中国政务公开和政府信息公开的进程，可以帮助理论研究者找到研究的素材，可以帮助实务工作者找到推进工作的方向，盼望着我们能通过这个年度性报告凝聚更多推进公开的共识，找到更多助力透明的路径，也衷心欢迎各界朋友关心和支持这份报告！

编　者

2018 年 4 月于北京